TRANSFORMAÇÃO ESSENCIAL

Dados Internacionais de Catalogação na Publicação (CIP)
(Câmara Brasileira do Livro, SP, Brasil)

Andreas, Connirae
  Transformação essencial : atingindo a nascente interior / Connirae Andreas, Tamara Andreas ; [tradução Heloísa Martins-Costa]. – São Paulo: Summus, 1996.

  Título original: Core transformation : reaching the wellspring within.
  ISBN 978-85-323-0484-1

  1. Andreas, Connirae 2. Andreas, Tamara. 1961- 3. Autorrealização (Psicologia) 4. Comportamento - Modificações 5. Comportamento - Modificação - Estudo de caso 6. Mudança (Psicologia) 7. Programação neurolinguística I. Andreas, Tamara, 1961- II. Título.

96-0312   CDD-158.1

Índice para catálogo sistemático:
1. Transformação pessoal: Psicologia aplicada

EDITORA AFILIADA

Compre em lugar de fotocopiar.
Cada real que você dá por um livro recompensa seus autores
e os convida a produzir mais sobre o tema;
incentiva seus editores a encomendar, traduzir e publicar
outras obras sobre o assunto;
e paga aos livreiros por estocar e levar até você livros
para a sua informação e o se entretenimento.
Cada real que você dá pela fotocópia não autorizada de um livro
financia um crime
e ajuda a matar a produção intelectual de seu país.

Connirae Andreas
com Tamara Andreas

TRANSFORMAÇÃO ESSENCIAL

Atingindo a nascente interior

summus editorial

Do original em língua inglesa
CORE TRANSFORMATION: REACHING THE WELLSPRING WITHIN
Copyright © 1994 by Connirae Andreas, PhD
Direitos desta tradução adquiridos por Summus Editorial

Tradução: **Heloísa Martins-Costa**
Revisão técnica: **Gilberto Craidy e Maria Amelia Valim de Oliveira**
Capa: **adaptação, por Brasil Verde, da capa original
de Dan Ragland, com foto de Nicholas DeSciose**

Summus Editorial
Departamento editorial
Rua Itapirucu, 613 – 7º andar
05006-000 – São Paulo – SP
Fone: (11) 3872-3322
Fax: (11) 3872-7476
http://www.summus.com.br
e-mail: summus@summus.com.br

Atendimento ao consumidor
Summus Editorial
Fone: (11) 3865-9890

Vendas por atacado
Fone: (11) 3873-8638
Fax: (11) 3873-7085
email: vendas@summus.com.br

Impresso no Brasil

Para nossos pais, Lois Jean e William Andreas

Agradecimentos

Gostaria de agradecer a todas as pessoas que nos ajudaram a tornar este livro uma realidade. Foi minha irmã e co-autora, Tamara Andreas, quem teve a idéia de escrever este livro há muitos anos. Seu talento, sua inspiração e sua dedicação tornaram possível sua publicação. Ela escreveu o primeiro esboço, quando eu estava muito ocupada e já tinha desistido de escrever um livro que tornasse este importante material acessível a todos. Estou feliz por ter contado com sua sensibilidade, sua compreensão conceitual do Processo de Transformação Essencial e sua experiência junto aos clientes e no ensino do processo.

Meus agradecimentos também a Virgínia Hopkins, que teve um papel importante em todo o processo de edição. Tamara e eu ficamos felizes em poder contar com alguém que não apenas compreendeu imediatamente a essência deste livro, como foi capaz de nos ajudar a tornar este material compreensível para todos. Como ela se apaixonou pelo processo, sua dedicação em torná-lo possível foi tão grande quanto a minha e a de Tamara.

Agradeço do fundo do coração a meu marido Steve, que, com suas técnicas editoriais e idéias sobre a organização e a seqüência deste livro, contribuiu de maneira significativa para o produto final.

Nossos agradecimentos também aos muitos leitores que nos forneceram informações detalhadas e aos funcionários da NLP Comprehensive, em Boulder, Colorado, pelo apoio organizacional. Agradecemos ainda a todos os participantes dos seminários do Aligned Self (Ser Equilibrado) e sobretudo aos clientes e participantes que quiseram compartilhar conosco suas experiências, que enriquecem profundamente o material aqui apresentado. E, por fim, nossos agradecimentos aos profissionais que têm utilizado este processo com seus clientes: John Parmater, Colleen McGovern, Gerry Schmidt, Mark Hochwender, Christina Boyd, Jan Prince, Jessie Milan e Larry Iverson, que contribuíram com as experiências de seus próprios clientes para os relatos pessoais que apresentamos.

Gostaria de agradecer também aos muitos professores que tive no decorrer dos anos: Richard Bandler, John Grinder, Leslie Lebeau, Robert Dilts, David Gordon e Judith Delozier. Foi a partir de seu trabalho no campo da PNL que criei o Processo de Transformação Essencial. Gostaria de agradecer especialmente a Leslie Lebeau, cujo trabalho tem se desenvolvido, de certa maneira, paralelamente ao meu.

Agradeço a meus amigos e colegas Mark Hochwender, Laing Reynolds e Richard Schaub, por me ajudarem a aprofundar minha compreensão da parte espiritual, quando comecei a entrar neste território que para mim era até então desconhecido.

E, finalmente, aos leitores, sem os quais não teria valido a pena ter escrito este livro.

Sumário

INTRODUÇÃO
O caminho para a fonte interior   11

PARTE I
COMO MAPEAR O TERRITÓRIO
Acesso à transformação essencial

1 O INÍCIO DA JORNADA
Como chegar lá?   17

2 COMO CONHECER O INCONSCIENTE
Por que a compreensão raramente produz mudança   24

3 DESCOBRIR OS OBJETIVOS POSITIVOS
Aprender a se comunicar com os aliados internos   30

4 OS CINCO ESTADOS ESSENCIAIS
A natureza da fonte interior   34

PARTE II
O EXERCÍCIO DO ESTADO ESSENCIAL
O núcleo do Processo de Transformação Essencial

5 DEMONSTRAÇÃO COM CATHY
Fazendo do nosso jeito   45

6 O EXERCÍCIO DO ESTADO ESSENCIAL
Entendendo a estrutura   52

7 QUESTIONÁRIO
Como identificar o comportamento, sensação ou reação
indesejável que se quer modificar   57

8 *AGINDO!*
O EXERCÍCIO DO ESTADO ESSENCIAL
Chegar à fonte interior   61

9 AGINDO SOZINHO
Como fazer sozinho o exercício do estado essencial   67

10 COLOCANDO EM PRÁTICA A
TRANSFORMAÇÃO ESSENCIAL
Como estados essenciais podem modificar
comportamentos, sentimentos e reações indesejáveis   72

PARTE III
CRESCIMENTO DA PARTE E SUA INTEGRAÇÃO PLENA
Tornando os Estados Essenciais mais acessíveis

11 INTRODUÇÃO: FAZENDO A PARTE CRESCER
Obtendo recursos e sabedoria   79

12 DEMONSTRAÇÃO COM LISA
A importância do crescimento das partes   82

13 FAZENDO A PARTE CRESCER
Compreendendo a estrutura   93

14 *AGINDO!*
EXERCÍCIO DE "CRESCIMENTO DA PARTE"
Abraçando a criança interior que foi deixada para trás   96

PARTE IV
COMPLETANDO O PROCESSO COM TODAS AS PARTES
Trabalhando com todos os aspectos de um problema

15 *INTRODUÇÃO*
COMPLETANDO O PROCESSO COM TODAS AS PARTES
Integrando os estados essenciais de maneira mais profunda   101

16 DEMONSTRAÇÃO COM GREG
Paz interior como uma maneira de ser   102

17 COMPLETANDO O PROCESSO COM
TODAS AS PARTES
Compreendendo a estrutura   117

18 COMO RECONHECER PARTES QUE
PRECISAM SER INCLUÍDAS
Orientações e exemplos   119

PARTE V
O EXERCÍCIO INTEGRAL DE TRANSFORMAÇÃO ESSENCIAL
O processo de A a Z

19 *AGINDO!*
O EXERCÍCIO INTEGRAL DE
TRANSFORMAÇÃO ESSENCIAL
Reunindo todas as etapas   133

PARTE VI
REIMPRESSÃO DA LINHA TEMPORAL PARENTAL
Levando os estados essenciais ao passado, presente e futuro

20 *INTRODUÇÃO*
REIMPRESSÃO DA LINHA TEMPORAL PARENTAL
Levando os estados essenciais ao passado, presente e futuro   143

21 DEMONSTRAÇÃO COM DAVE
Como criar uma infância feliz   148

22 REIMPRESSÃO DA LINHA TEMPORAL PARENTAL
Compreendendo a estrutura   160

23 *AGINDO!*
O EXERCÍCIO DE REIMPRESSÃO DA LINHA
TEMPORAL PARENTAL
Oferecendo os estados essenciais a si mesmo e à
sua família interior   164

24 A HISTÓRIA DE VICTORIA
Os benefícios de levar os estados essenciais através do tempo   170

PARTE VII
INTENSIFICAÇÃO DOS RESULTADOS
Transformando algo bom em algo ainda melhor

25 *INTRODUÇÃO*
INTENSIFICAÇÃO DOS RESULTADOS
Transformando algo bom em algo ainda melhor 177

26 DESCOBRINDO OUTRAS PARTES A SEREM
TRANSFORMADAS
Recebendo bênçãos internas ainda maiores 178

27 COMO AS PARTES SE FORMAM
Dividindo e separando aspectos de nós mesmos 189

28 QUEM ESTÁ NA DIREÇÃO?
Transformando padrões básicos de personalidade que
não nos servem 195

29 TRANSFORMANDO A DOENÇA
Tirando vantagem dos desafios 207

30 GENERALIZAÇÃO DO PROCESSO DE
TRANSFORMAÇÃO ESSENCIAL
O todo é maior do que a soma das partes 217

31 COMO AS PESSOAS USAM A
TRANSFORMAÇÃO ESSENCIAL
Aprendendo com a experiência dos outros 221

32 TRANSFORMAÇÃO ESSENCIAL E
ESPIRITUALIDADE
Contatando o nosso Deus interior 241

33 INTEGRAÇÃO DA TRANSFORMAÇÃO ESSENCIAL
NA NOSSA VIDA
Os estados essenciais podem estar sempre conosco 247

Introdução

O caminho para a fonte interior

*O vento sopra sobre o lago e agita a superfície
da água. Assim, do invisível manifestam-se efeitos visíveis.*
Verdade interior, I Ching

Neste livro, o leitor será convidado a identificar os comportamentos, sensações e reações de que menos gosta e a utilizá-los numa profunda e renovadora jornada interior até as profundezas do seu ser. Esta jornada chama-se Processo de Transformação Essencial.

O Processo de Transformação Essencial surgiu naturalmente quando eu estava fazendo aquilo que mais gosto de fazer, ou seja, examinar a maneira como as pessoas sentem o mundo através das palavras, gestos e expressões faciais que usam. Nos últimos vinte anos em que venho estudando e aprendendo na área de crescimento e mudança pessoal, usei e desenvolvi muitas técnicas e exercícios que ajudaram as pessoas a modificar comportamentos indesejáveis, curar emoções e atingir seus objetivos. Demonstrei essas técnicas em vários livros, alguns escritos ou editados em co-autoria com meu marido, Steve Andreas. O público-alvo desses livros era basicamente profissional — terapeutas, assistentes sociais, educadores e outros profissionais de áreas afins. Este livro é diferente. Ele é acessível a qualquer pessoa que queira fazer uma mudança essencial na sua vida.

O material aqui apresentado foi um avanço na minha vida pessoal e profissional, e acredito que também seja um avanço no campo da terapia e da psicologia. Quando comecei a explorar e desenvolver o Processo de Transformação Essencial com meus clientes e comigo mesma, fui dominada por um sentimento de espanto e respeito por aquilo que testemunhava. Emergiam naturalmente estados de consciência poderosamente transformadores, aos quais chamei de estados essenciais. Esses estados pareciam idênticos aos estados de consciência que as pessoas procuram nas tradições espirituais, descritos como experiências transcendentes ou espirituais. Através do Processo de Transformação Essencial, esses estados transformam-se em algo mais permanente — um "centro" a partir do qual se pode criar uma nova maneira de viver.

A forma como essas experiências surgiram foi surpreendente e inesperada. Eu não tinha intenção de desenvolver um processo que tivesse conotações espirituais. Achava que esse campo de experiência estava fora da minha alçada, e portanto não me interessava muito por ele. Meu objetivo era criar um processo que fosse fundo na essência da nossa experiência e produzisse resultados eficientes em todos os níveis de nossa vida, desde os mais triviais até os mais significativos. Desejava algo que fosse mais fundo do que tudo que eu havia conhecido até então — tanto para mim mesma como para meus clientes.

Nessa procura, impus-me o desafio de trabalhar com pessoas que tivessem fortes limitações que não conseguissem modificar. Eram pessoas que há anos vinham tentando mudar, sem sucesso. Os problemas iam desde a dor crônica e problemas de maus-tratos a bulimia, raiva, disfunção sexual e co-dependência. Alguns desses problemas não eram fáceis de classificar, como por exemplo o do homem que sentia que não estava utilizando plenamente seu potencial. Embora fosse uma pessoa bem-sucedida, tinha um lado interior que se sentia estúpido e sem confiança para ir atrás daquilo que ele queria.

Intuitivamente, segui um caminho com o qual o leitor tornar-se-á mais familiarizado à medida que ler este livro. O ponto de partida foi a limitação pessoal. Em seguida, aprofundando cada vez mais a limitação através de um processo simples e incrivelmente delicado, observei que emergia naturalmente, por si só, um nível de experiência que eu jamais tinha visto.

Ao tentar descobrir como transformar essas grandes questões, vime diante de um processo que ia muito além dos meus objetivos iniciais. A maioria das pessoas que ajudei a passar por esse processo obteve os resultados desejados — mudanças completas ou um movimento significativo na direção desejada. Além disso, essas pessoas me mandaram cartões e cartas em que escreviam: "É um milagre", ou "Tudo mudou". Uma pessoa que não conseguiu o resultado desejado disse: "Consegui algo melhor. Algo maravilhoso está acontecendo e é difícil expressar isso em palavras".

A descoberta desses estados essenciais profundamente poderosos que se encontram no âmago de todas as pessoas transformou minha percepção da natureza espiritual que existe dentro de cada um de nós. Essa natureza espiritual não é um sistema de crenças; trata-se de uma experiência, que talvez o leitor prefira descrever com outros termos. Não é necessário ter uma crença espiritual para usufruir do Processo de Transformação Essencial. Quando aplicamos este processo a nossos clientes ou em seminários, geralmente não mencionamos que tipo de experiência se deve esperar. Os resultados serão fortes quer se descreva a experiência como espiritual ou com qualquer outro termo.

Enquanto desenvolvia o Processo de Transformação Essencial, tive a sorte de que minha irmã, Tamara Andreas, se interessasse em aprender o processo e ensiná-lo a outras pessoas. Suas experiências pessoais, com seus clientes e nos seminários de Aligned Self, contribuíram muito para o conhecimento e a experiência do processo, e para o conteúdo deste livro.

Cheguei ao campo do crescimento pessoal através da Programação Neurolingüística (PNL), um brilhante e poderoso modelo de comunicação, crescimento pessoal e desempenho do nosso potencial, desenvolvido no início dos anos 70 pelo professor de lingüística John Grinder e pelo programador de informática Richard Bandler. O Processo de Transformação Essencial tem suas raízes em várias abordagens e técnicas de PNL criadas, durante vários anos, por Bandler, Grinder e outros. Agradeço imensamente a sorte de ter podido basear meu trabalho em tantos bons professores, e sinto que a PNL aumentou enormemente minha capacidade de me aprofundar o suficiente para poder desenvolver o Processo de Transformação Essencial.

A PNL já foi criticada no passado por ser excessivamente "mental" e "manipuladora", o que pode ser verdade, se for usada com esse objetivo. O Processo de Transformação essencial leva-nos além da mente, além de qualquer manipulação, em direção a estados de consciência que evocam uma sensação de plenitude e paz.

Este livro contém histórias de pessoas que usaram este processo, além de entrevistas e transcrições de nosso trabalho com um cliente ou um participante de um seminário, que chamamos de "demonstrações". Todas as experiências são apresentadas da maneira como nos foram relatadas. Embora os nomes tenham sido trocados e alguns detalhes tenham sido modificados ou omitidos para preservar a privacidade, sempre tivemos o cuidado de manter o sentido. Muitas pessoas ficaram tão empolgadas com as mudanças que nos deram declarações muito mais extensas do que o espaço de que dispúnhamos neste livro. Para facilitar a compreensão, todas as demonstrações foram editadas.

Ao ler os exercícios o leitor provavelmente perceberá que usamos padrões de linguagem especiais e temos formas muito precisas de verbalizar aquilo que estamos fazendo. Nessas demonstrações, indicamos uma pausa usando três pontinhos (...). Isto significa que estamos dando tempo para que a pessoa possa processar a informação e integrar as mudanças inconscientemente. Essas pausas geralmente duram apenas alguns segundos, mas podem levar até alguns minutos. Durante o processo, orientamo-nos pelas expressões faciais, a cor da pele, o padrão respiratório, o gestual, e também por uma profunda "sintonia" com o estado mental do cliente.

Essas sutilezas verbais e não-verbais fazem parte da técnica que utilizamos para guiar outras pessoas no processo, mas elas *não* são necessárias para obter profundos benefícios da Transformação Essencial. Centenas de pessoas aplicaram o processo a si mesmas, através de nossas fitas de vídeo e de áudio, e nos contam que obtiveram os resultados desejados. Entretanto, a fim de obter os melhores resultados ao fazer os exercícios sozinha, é importante que a pessoa use a linguagem específica indicada nos exercícios e siga cuidadosamente nossas orientações. Ao aplicar repetidas vezes o Processo de Transformação Essencial, o leitor criará intuitivamente seu próprio ritmo e seus próprios padrões.

Maiores informações a respeito desses padrões lingüísticos podem ser encontradas no capítulo final deste livro. Temos uma ampla variedade de outros livros, fitas de áudio e vídeo, e oferecemos seminários, grupos de trabalho e treinamento no mundo inteiro, de maneira regular.

Ao fazer os exercícios, seja delicado e paciente consigo mesmo. Existem boas razões para termos desenvolvido comportamentos, sentimentos e reações indesejáveis, e é importante respeitar isso. Aceite as partes de si mesmo que deseja modificar — pois elas vão se tornar seus maiores aliados.

PARTE I

COMO MAPEAR O TERRITÓRIO

*Acesso à
Transformação Essencial*

Capítulo 1

O INÍCIO DA JORNADA
Como chegar lá?

Não diga que mudanças não acontecem. Uma imensa liberdade pode habitar dentro de você. Um pão em cima da mesa é apenas um objeto, mas dentro do corpo humano torna-se uma satisfação por estar vivo!
Rumi

Quando se quer chegar a algum lugar, um bom mapa pode fazer uma grande diferença. Um bom mapa pode nos levar ao nosso destino com facilidade, ao passo que, com um mapa malfeito, podemos nos perder totalmente. Digamos que um amigo elogie muito um restaurante que serve uma comida maravilhosa, onde as pessoas são simpáticas e os preços acessíveis e você decida ir jantar lá. Então, você pergunta ao seu amigo onde fica o restaurante.

Seu amigo diz: "Visualize o restaurante claramente. Coloque um bilhete na porta da geladeira, dizendo: 'Vou conseguir chegar fácil e alegremente ao restaurante que desejo!'. É só isso que você precisa fazer".

Isto pode parecer ingênuo, no caso de eu estar querendo ir até um restaurante, mas e se o meu destino for a "auto-aceitação"? E se eu quiser atingir um estado de plenitude interna que nunca experimentei? Assim como o restaurante no exemplo acima, já ouvi coisas maravilhosas sobre este estado, mas nunca consegui chegar lá, nem sei como chegar. Muitas pessoas já ouviram: "Faça o que deve ser feito. Aceite-se como você é". É a mesma coisa que alguém dizer "Vá ao restaurante" sem informar como chegar lá.

Mas, se você perguntar ao seu amigo como chegar até o restaurante, ele pode responder: "Antes de encontrar esse restaurante, você precisa passar meses, ou mesmo anos, pensando em como você cozinha mal. Precisa analisar por que não está contente com sua maneira de cozinhar e por que sente necessidade de ir a esse restaurante. Você também tem que entender como foi que se tornou um péssimo cozinheiro". Isto parece ainda mais bobo do que o exemplo anterior. O que você quer é apenas orientação para chegar ao restaurante!

Da mesma forma, muitas abordagens de auto-ajuda exigem que passemos anos lutando para entender completamente nossos problemas. Normalmente, acredita-se que para resolver um problema basta compreendê-lo inteiramente. Entretanto, muitas vezes, chegamos a compreender o problema e ainda assim ele continua existindo. O objetivo da Transformação Essencial não é compreender os nossos problemas, e sim ir a um lugar dentro de nós onde nossos problemas serão transformados. Este livro vai ensinar "como" fazer isto de maneira fácil e acessível.

A Transformação Essencial não tem nada a ver com pensamento positivo. Muitos de nós já tentamos eliminar nossas limitações através da força de vontade — *tentando* sentir ou agir de maneira diferente, ou dizendo a nós mesmos, sem cessar, que vamos mudar. Essa é uma abordagem externa, uma tentativa de modificar a superfície sem lidar com a essência do problema. É como tomar aspirina para curar uma fratura na perna. Podemos eliminar a dor por algum tempo, mas, a não ser que façamos alguma coisa para colocar o osso no lugar e solidificá-lo novamente, a sensação de bem-estar não será duradoura.

O Processo de Transformação Essencial, ao contrário, trabalha de dentro para fora. Trata-se de uma série de exercícios simples e bem estruturados que nos permitem modificar reações, sentimentos e comportamentos indesejáveis fácil e rapidamente, mantendo um sentimento constante de bem-estar que ocorre naturalmente quando vivenciamos a Transformação Essencial.

Como descobrir a fonte interior

Não seria maravilhoso ter uma sensação interior de plenitude e bem-estar, quer as coisas estejam indo bem ou mal em nossas vidas? Geralmente, as pessoas só se sentem bem quando suas vidas estão bem. Será que podemos nos sentir bem mesmo quando as coisas parecem estar desmoronando à nossa volta? Sim, sabemos que isso é possível, porque já tivemos essa experiência e centenas de nossos clientes e pessoas que participaram dos nossos treinamentos nos disseram que experimentam cada vez mais essa sensação. Este livro ensina a criar e manter uma profunda sensação de bem-estar, de totalidade, de integridade, e mesmo uma ligação com algo que está além de nós, que nos sustenta nos períodos de dificuldades e de alegria. Essa profunda sensação de integridade, plenitude e criatividade está disponível para todos nós. Trata-se da nossa fonte interior.

Todos nós nos sentimos tristes, frustrados, zangados, irritados de vez em quando — faz parte da condição humana. Mas mesmo nesses momentos, e apesar de tudo, podemos experimentar uma profunda sensação de bem-estar. Podemos ter um conhecimento interior de que dispomos dos recursos para lutar contra as tempestades e uma profunda sensação de otimismo de que vamos conseguir passar por essas dificuldades não apenas incólumes, mas tornando-nos mais sábios e mais fortes.

Todos nós temos limitações que já tentamos eliminar. Algumas delas nos parecem intransponíveis, por mais que nos esforcemos. Geralmente, negamos esses aspectos de nós mesmos de que não gostamos. Tentamos eliminar os sentimentos que não queremos ter. Tentamos "pensar de maneira positiva", deixando de lado os pensamentos negativos. Essas abordagens não criam mudanças naturais e duradouras. O caminho para chegar à nossa fonte interior é através das nossas limitações.

O Processo de Transformação Essencial pode ser usado para modificar comportamentos, sentimentos ou reações derrotistas que vêm causando problemas em nossa vida. Muitas histórias contadas aqui referem-se a pessoas que conseguiram resolver problemas com os quais vinham lutando há anos. Este processo ajuda-nos a usar automaticamente nossas limitações para revelar ou liberar a nossa consciência mais profunda. Resolvemos nossas limitações ao mesmo tempo em que sentimos essa nova consciência se ampliando e se transformando de maneira poderosa. Além do mais, o processo em si é, para quase todo mundo, uma experiência profundamente prazerosa. Embora este processo permita que muitas pessoas atinjam rapidamente mudanças duradouras, aqueles que dele se beneficiam passam a utilizá-lo de uma maneira contínua, que vai se aprofundando à medida que continuam a usar as técnicas.

À medida que ler este livro e fizer os exercícios, o leitor perceberá um delicado desabrochar a partir do interior. Não lhe daremos instruções baseadas em "obrigações" ou "orientações" sobre como a pessoa "iluminada" se comporta. Não vamos ensiná-lo a pensar de maneira positiva, pois você passará a viver cada vez mais a partir da sua natureza essencial, daquilo que você realmente é. Você estará descobrindo a sabedoria e a verdade que já existem dentro de você. E, à medida que repetir o processo várias vezes, vai se tornar confiante de que, indo direto à sua essência, descobrirá uma natureza que está além daquilo que normalmente consideramos positivo.

Muitos conceitos básicos do Tao emergem na prática do t'ai chi. Um deles é a palavra *"pu"*, a matéria original antes de ser preparada, moldada e polida. Às vezes traduzimos esse conceito como "bloco não esculpido". Trata-se da matéria-prima antes de ser esculpida numa forma artística, a essência que existe antes de qualquer mudança. Observe a textura da madeira antes de começar a esculpi-la. *Pu* é a substância básica do seu verdadeiro ser antes de ser manipulado ou pintado. Exponha sua essência básica antes de modificá-la. Não deixe que as coisas externas o ceguem e o façam perder contato com o bloco ainda não esculpido que existe dentro de você. Antes de começar, é preciso encontrar a madeira original esculpida, o senso básico do que é o organismo humano, a sensação de estar inteiro. Em geral, vivemos dizendo o que somos, em vez de deixar emergir o *pu*.

O que é a essência do ser?

Neste livro, oferecemos métodos para atingir uma sensação mais plena do que chamamos essência do ser, um conceito universalmente conhecido que recebe vários nomes: essência interior, potencial pleno, nosso verdadeiro ser, nosso ser superior, o Deus interior, alma, para citar apenas alguns.

Eu estou em contato com a minha essência quando:

- Sinto paz interior, bem-estar, amor, vivacidade e uma sensação de plenitude.
- Sinto-me totalmente centrado e equilibrado em meu corpo.
- Tenho plena consciência de meu corpo e de minhas emoções.
- Enxergo o mundo claramente.
- Sei o que quero.
- Ajo de acordo com meus valores.
- Ajo de acordo com meus interesses, sem deixar de respeitar os interesses dos outros.
- Tenho uma opinião positiva sobre mim mesmo.
- Tenho consciência de quem sou, não apenas do que faço, do que sinto ou do que possuo.
- Sinto-me pleno de recursos. Posso escolher como me sentir e o que fazer.

Essas descrições da essência do ser adaptam-se à maioria das pessoas, mas, como cada pessoa é única, pode haver diferenças nas descrições de cada experiência. Se você ler as descrições abaixo e pensar: "Isto parece bom, mas não tenho certeza se sei exatamente o que essas palavras significam", tudo bem. Os processos descritos neste livro podem levá-lo a vivenciar a Transformação Essencial que o porá em contato com a essência do seu ser.

O mapa deste livro

Este livro vai guiá-lo cuidadosamente à sua fonte interior. Na Parte I, indicamos as bases que lhe permitirão obter o máximo dessa jornada interior. Assim, lhe ofereceremos algumas orientações e experiências para nos certificarmos de que você está preparado, de maneira que sua jornada seja prazerosa e plena. Essas orientações básicas lhe permitirão entender melhor o mapa que mais tarde colocaremos à sua disposição para conduzi-lo ao seu destino interior.

Na Parte II, mostraremos o exercício do estado essencial, que é o núcleo do Processo de Transformação Essencial. Este processo vai ajudá-lo a descobrir seus talentos interiores, que vão surgir daquilo que você julgava seus piores defeitos.

A partes II, III, IV e V vão guiá-lo pelo Processo de Transformação Essencial do início ao fim. Para facilitar a tarefa, o processo será demonstrado em pequenos segmentos, mais fáceis de serem compreendidos. Em cada uma das partes, os exercícios obedecem a uma seqüência, de forma a tornar a aprendizagem confortável e natural. Os capítulos estão na seguinte seqüência:

- Transcrição de uma demonstração do processo feita por Connirae ou Tamara.
- Um capítulo de "Compreensão da estrutura", no qual será demonstrado o objetivo de cada fase da demonstração que acabou de ser lida.
- Um capítulo "Agindo!" ou uma sessão com um roteiro de instruções detalhadas, passo a passo, para que a pessoa aplique o processo sozinha.

Cada sessão também inclui pelo menos uma curta história de alguém que usou o processo e o impacto que ele teve sobre sua vida. Decidimos incluir essas histórias a fim de que o leitor se sinta inspirado e possa expandir sua intuição de como usar o processo de uma forma útil.

A Parte VI, "Reimpressão da linha temporal parental", é muito importante, porque nos ajuda a perdoar e a amar nossos pais e outras pessoas do nosso passado, para que possamos caminhar em direção a um futuro mais brilhante. Esta parte do processo aprofunda e enriquece a experiência da essência do ser, colocando os benefícios do Processo de Transformação Essencial dentro da nossa história familiar. Ao fazermos isto, os acontecimentos pelos quais passamos — singulares ou comuns, trágicos ou tranqüilos — passam a constituir uma base para nossa experiência da Transformação Essencial. Em geral, as pessoas que passam pelo processo de reimpressão da linha temporal parental têm a sensação de terem resolvido as questões do passado.

A Parte VII nos ajuda a melhorar e expandir o processo, trazendo-o para a nossa vida diária. Nela, mostramos como trabalhar com problemas de saúde, como descobrir e eliminar padrões de personalidade limitadores, apresentamos várias entrevistas com pessoas que passaram pelo processo e obtiveram sucesso e, finalmente, explicamos como este processo baseia-se na experiência espiritual.

Por maior que seja a tentação de ir direto aos exercícios de Transformação Essencial, aconselhamos o leitor a ler as histórias pessoais e os exercícios que vêm antes do processo propriamente dito, o que lhe permitirá assimilar um bom mapa interno do processo de mudança interior.

RESULTADOS DO PROCESSO DE TRANSFORMAÇÃO ESSENCIAL

Geralmente, as pessoas atingem um ou vários dos resultados indicados a seguir quando passam pelo Processo de Transformação Essencial. Ao ler a lista, identifique os resultados que mais deseja na sua vida. Como este processo libera seu ser interior, tem um impacto positivo em todas as áreas da sua vida. Ao descobrir sua sabedoria essencial interior, você espontaneamente estará descobrindo novas escolhas e opções em muitas áreas de sua vida.

Emoções
- Capacidade de ter acesso a uma grande gama de emoções.
- Sensação de maior fluidez emocional, em vez de se sentir preso a uma emoção.
- Dissolução de emoções limitadoras e opressivas.
- Sensação de que as emoções são adequadas às atuais circunstâncias, e não a expressão de problemas não resolvidos do passado.
- Possuir emoções boas, que sirvam de base para as ações.
- Uma sensação fundamental de bem-estar e de paz.

Hábitos e outros comportamentos
- Ter outras opções de comportamento além dos que se tornaram hábito ou vício.
- Ter maior facilidade em mudar de comportamento.
- Ter comportamentos que estejam de acordo com seus valores.

Relacionamentos
- Poder de auto-afirmação e capacidade de se colocar sem necessidade de competir.
- Ser capaz de expressar livremente suas necessidades e desejos, e conquistá-los, sem deixar de levar em consideração as necessidades e desejos dos outros.
- Sentir-se à vontade com outras pessoas.
- Ser capaz de cuidar dos seus relacionamentos, sem depender de um relacionamento para se sentir bem.
- Ser capaz de aceitar os outros como são.
- Ser capaz de confiar nas pessoas, estando consciente das suas limitações.
- Ser capaz de tomar decisões em áreas nas quais você tem opções, e aceitar com tranquilidade as áreas que estão fora do seu controle.

- Sentir-se bem, quer o foco de atenção esteja em você ou nos outros.
- Ser capaz de procurar a verdade, em vez de ter que estar sempre "certo".
- Ser capaz de se perdoar e perdoar os outros por erros e limitações, enquanto aprende com eles.
- Sentir-se bem, não importa o que os outros possam pensar de você.
- Ser mais honesto com você mesmo e com os outros.
- Sentir mais carinho e compaixão em relação às outras pessoas.

Auto-imagem e autodesenvolvimento
- Sentir mais carinho e compaixão em relação a si próprio.
- Tornar-se cada vez mais a pessoa que você quer ser.
- Saber reconhecer o seu valor.
- Sentir-se seguro o suficiente para estar receptivo à reação dos outros.
- Sensação de igualdade em relação aos outros.
- Profundo sentimento de auto-estima.
- Sentimento de identidade.
- Integridade pessoal.
- Sensação de plenitude e equilíbrio.

Outras categorias
Muitas pessoas conseguiram eliminar totalmente ou em grande parte as seguintes dificuldades com o Processo de Transformação Essencial.
- Maus-tratos e/ou trauma.
- Anorexia e bulimia.
- Alcoolismo.
- Dependência de drogas.
- Co-dependência.
- Depressão.
- Medos e ansiedades.
- Síndrome do estresse pós-traumático.
- Hiperatividade e distúrbios de aprendizado.
- Distúrbios de personalidade múltipla.
- Esquizofrenia.
- Problemas de saúde.
- Solução de problemas e conflitos específicos.

Capítulo 2

COMO CONHECER O INCONSCIENTE
Por que a compreensão raramente produz mudança

> *As grandes decisões da vida têm, via de regra, muito mais a ver com o instinto e outros misteriosos fatores inconscientes do que com a vontade consciente e a razão bem-intencionada.*
> *C. G. Jung*

O inconsciente nos fala através dos sonhos. Os contos de fada estimulam o inconsciente. Cometemos lapsos, que vêm do nosso inconsciente. Afinal, o que é o nosso inconsciente? Dentro do escopo deste livro, inconsciente é simplesmente aquilo que normalmente está fora da nossa percepção consciente.

Tomando decisões inconscientes

Quantas vezes já ouvimos pessoas descreverem seus problemas com grande clareza e compreensão intelectual e, apesar disso, percebemos que elas não conseguem resolvê-los? Alguma vez você já tomou uma decisão consciente de que ia modificar um comportamento, um sentimento ou uma reação, apenas para ver repetindo o mesmo comportamento? Isto acontece porque, na maioria das vezes, nossa mente consciente é praticamente incapaz de mudar de maneira permanente comportamentos, sentimentos e reações automáticos e inconscientes. Se tivéssemos decidido conscientemente ter esses comportamentos, sentimentos e reações indesejáveis, seria fácil modificá-los de maneira consciente com uma nova decisão. Entretanto, essas decisões geralmente acontecem num nível mais automático. É como se um lado inconsciente nosso estivesse encarregado de fazer essas coisas. Já que o lado consciente, racional da nossa mente não controla o comportamento, sentimento ou reação indesejável, o primeiro passo para modificar esse comportamento é aprender a entrar em contato com a parte de nossa personalidade que o controla. Então, percebemos que essas partes podem se tornar amigos interiores.

O que faz o inconsciente

A mente consciente só é capaz de concentrar a atenção em algumas poucas coisas ao mesmo tempo. Pesquisas indicam que podemos estar conscientes de cinco a nove segmentos de informação simultaneamente. Uma quantidade maior simplesmente sobrecarregaria nossa mente consciente.

Entretanto, uma vasta quantidade de informações nos chega continuamente através dos nossos cinco sentidos, sem que delas tomemos consciência. Por exemplo, antes de ler esta frase até o fim, você provavelmente não estava consciente do peso do seu corpo na cadeira ou onde quer que esteja sentado. Talvez não tenha consciência da sua respiração, ou dos objetos que estão dentro de seu campo de visão periférica, ou dos sons que o cercam. Entretanto, sua mente inconsciente continua a observar e a processar esse grande fluxo de informações, enquanto você está conscientemente atento ao que está fazendo.

Sua mente inconsciente guarda suas recordações e planos mesmo quando você não pensa neles conscientemente. Por exemplo, quando você quiser, pode se lembrar de algo que fez ontem, ou pensar em algo que está planejando fazer amanhã ou na próxima semana. Quando você não está pensando nessas coisas, sua mente inconsciente as armazena.

A mente inconsciente também controla os processos corporais que você considera automáticos. Se você quiser, pode pensar conscientemente na sua respiração e controlar o seu ritmo. E, se esquecer da respiração durante um minuto ou durante um ano, ainda assim vai continuar respirando inconscientemente. Outras funções, como a digestão, os batimentos cardíacos e mesmo a divisão celular, são controladas por processos inconscientes — as pessoas não têm controle consciente direto sobre elas.

A mente inconsciente também processa informações e toma decisões fora dos limites da mente consciente. Quando estamos dormindo, normalmente passamos uma boa parte do tempo sonhando. Não decidimos conscientemente sobre o que vamos sonhar, nem exatamente como o sonho vai desenvolver-se. Essas decisões ocorrem em nível inconsciente.

A mente inconsciente também está encarregada de uma grande variedade de reações, sentimentos e comportamentos que aprendemos conscientemente, mas que com o tempo se tornaram automáticos e inconscientes. Quando uma criança aprende a falar, pensar em cada palavra exige toda a sua atenção. A criança delicia-se repetindo a palavra para que mamãe ou papai lhe dêem o que ela deseja. Depois que aprendemos a falar, só precisamos pensar naquilo que queremos dizer e a palavra correta vem imediatamente à mente. Não escolhemos conscientemente as palavras que vamos usar, ou em que ordem devemos dizê-las, pois, como as aprendemos bem, elas brotam automaticamente.

Dirigir um carro é outro exemplo. Já aconteceu de você estar perdido em seus pensamentos e de repente se ver chegando ao seu destino? Mas já houve uma época em que você precisou se concentrar totalmente para aprender a dirigir. Depois, precisava dirigir conscientemente sua atenção para chegar a um determinado lugar. Mas, quando levo meus filhos à escola, não preciso mais pensar que caminho devo fazer e, com toda certeza, em poucos minutos consigo chegar lá. Isso mostra que, para aprendermos alguma coisa, primeiro precisamos voltar nossa atenção consciente para ela. Depois que a aprendemos, podemos fazê-la sem pensar, pois o comportamento ocorre inconscientemente.

A maioria dos comportamentos inconscientes são desejáveis e apropriados. Nossa mente inconsciente cuida de muitas coisas que não poderíamos controlar conscientemente. Você já imaginou como seria complicado se, para andar, tivéssemos que decidir conscientemente qual dos músculos utilizar e como coordená-los de maneira a relaxar uns e tensionar outros?

Entretanto, alguns comportamentos inconscientes são negativos ou inúteis. Você já saiu de um elevador automaticamente e se deu conta que estava no andar errado? Já se descobriu abrindo a geladeira quando tinha decidido comer menos? Já se pegou roendo as unhas, estalando os dedos ou tendo qualquer outro tipo de comportamento que não desejava conscientemente?

São esses e muitos outros comportamentos, sentimentos e reações de que não gostamos que vamos aprender a modificar. É importante compreender que esses comportamentos destrutivos que hoje são indesejáveis foram úteis em algum momento, quando os aprendemos. Em algum momento anterior na nossa vida, eles foram a melhor escolha que alguma parte de nós tinha para atingir um objetivo útil. Por exemplo, quando Sam era criança, seus pais brigavam muito. Isto o assustava, e, inconscientemente, ele decidiu que as emoções são perigosas e que ia reprimi-las. Esta decisão estava fora do seu campo consciente, ou seja, foi tomada no nível do inconsciente. Entretanto, como ela ficou armazenada no inconsciente, Sam continuou a experimentar os resultados de sua decisão: até hoje tem um acesso muito limitado às suas emoções. Para mudar, não lhe basta decidir conscientemente que quer vivenciar mais emoções — ele precisa usar processos que o ajudem a modificar aquela decisão inconsciente.

Como se tornar consciente das partes inconscientes

Muitas vezes as pessoas falam como se uma "parte" delas estivesse sendo responsável por um comportamento:

"Tem um lado meu que me faz comer chocolate."

"Tem um lado meu que me faz ficar muito chateado com o meu chefe."

"Por um lado, eu sabia que ia ficar cansado no dia seguinte, mas, por outro, eu queria ficar acordado até tarde."

"Eu queria realmente fazer uma dieta, mas um lado meu não conseguiu resistir à sobremesa."

O que essas pessoas estão dizendo é que não têm controle consciente sobre seu comportamento. É como se uma parte inconsciente delas tivesse decidido que a melhor coisa a fazer naquele momento fosse comer chocolate. Assim, elas comem o chocolate, mesmo que conscientemente não desejem fazer isso. Achamos que esta é uma maneira útil de descrever comportamentos que preferiríamos não ter ou emoções que gostaríamos de não sentir. Quando temos pensamentos negativos ou emoções como a raiva, frustração, culpa ou inveja, sentimos como se não tivéssemos escolha — é como se um lado nosso nos *obrigasse* a ter esse sentimento.

Quando temos emoções "contraditórias", um lado nosso sente de uma maneira e o outro sente de outra. Por um lado, queremos acabar uma tarefa em casa, mas, por outro, preferiríamos ir ao cinema. Sentimos vontade de gritar com as crianças, mas ao mesmo tempo queremos ser amorosos e pacientes. Um lado nosso sente-se intimidado, enquanto outros lados nossos querem se sentir confiantes e criativos. Quando dizemos que "por um lado nos sentimos intimidados", estamos querendo dizer que uma parte do nosso pensamento e do nosso comportamento está organizada para nos deixar intimidados, enquanto outra parte deseja outra coisa, provavelmente fazer de nós pessoas calmas e criativas.

Embora cada comportamento, sentimento e reação que estão fora do nosso controle consciente seja gerado por um lado inconsciente, isto não quer dizer que temos lados ou segmentos internos separados. Trata-se apenas de uma maneira útil de pensar. No transcorrer deste livro, o leitor perceberá como essa idéia de partes ou lados nos ajuda a obter novas escolhas, uma sensação de plenitude e uma atitude decisiva através do Processo de Transformação Essencial. Se você preferir, pode usar outra palavra que não seja "parte" ou "lado". Algumas pessoas preferem se referir a um "aspecto" de si mesmas.

Reconhecer e trabalhar com esses diferentes lados nos dá uma sensação de plenitude, de integridade. Quando tentamos negar essas experiências e "pensar de maneira positiva" ou eliminar um comportamento indesejável pela força de vontade, estamos lutando contra nós mesmos. E, quando lutamos contra nós, um lado nosso sai sempre perdendo.

Os exercícios deste livro criam uma fluência natural entre a mente consciente e a mente inconsciente. A partir deles, você poderá desenvolver a capacidade de observar quando um lado interior o está impedindo de progredir da maneira que deseja. Você aprenderá a trabalhar com cada lado inconsciente que impede de ir adiante, de maneira a transformar seus lados interiores em verdadeiros aliados.

Objetivos positivos

Uma pressuposição importante no Processo de Transformação Essencial é a de que cada um dos nossos comportamentos, sentimentos ou reações tem um objetivo positivo. Mesmo aquelas coisas de que gostamos menos em nós têm um objetivo positivo.

Tim estava passando por uma fase difícil no casamento. Mesmo sendo um empresário de sucesso, seu casamento estava indo por água abaixo. Sua esposa queria abandoná-lo, porque ele a criticava constantemente. Viemos a saber que Tim também se criticava tanto quanto criticava a esposa. Descobrimos que Tim ouvia uma voz interior que fazia comentários críticos constantes sobre tudo e todos ao seu redor! Essa voz interior de Tim queria que a vida dele fosse melhor. Queria que ele fosse mais feliz e mais pleno. A única maneira que esse seu lado conhecia de fazer com que ele progredisse era a crítica. Tim ficou contente em saber que esse seu lado crítico e preconceituoso queria algo positivo para ele. Sua atitude em relação a esse seu lado mudou quando ele se deu conta de que não devia tentar livrar-se dele, mas transformá-lo num aliado.

Wanda queria parar de fumar. Ela descobriu que o lado que a fazia fumar queria que ela tivesse amigos. Ela havia começado a fumar quando era adolescente, numa época em que "todo mundo" fumava e era "moda" fumar. Embora não desejasse mais fumar, ela queria criar novas maneiras de ter amigos. Felizmente, esse lado de Wanda que a fazia fumar não dava importância ao cigarro. O que ele queria era que ela tivesse a possibilidade de fazer amigos.

Ben sentia-se mal com suas explosões de raiva. Sempre que alguém não concordava com suas idéias, ele ficava com raiva e tinha que se conter para não começar a gritar com as pessoas. Ben descobriu que o lado que o fazia ficar chateado e com raiva queria proteger seu sentimento de identidade. A raiva era a única reação que esse lado sabia ter. Para encontrar uma solução, foi preciso ajudar este lado de Ben a preservar sua identidade de uma maneira diferente, mais satisfatória.

Jonathan sentia-se mal por ter sido despedido do emprego três anos antes. Havia trabalhado na mesma empresa durante vinte e cinco anos, e a demissão o obrigava a reorganizar sua vida. O lado de Jonathan que continuava se sentindo mal tinha um objetivo positivo muito importante para ele. Ele perdera o emprego porque tinha mentido. O lado de Jonathan que o fazia sentir-se mal queria que ele se lembrasse como era importante dizer a verdade. Causar essa sensação ruim era a única forma que esse seu lado conhecia de lembrar Jonathan. Para se sentir bem e inteiro de novo, ele precisava de algo mais do que simplesmente ignorar e tentar afastar essa sensação desagradável. Precisava de outra maneira de saber como é importante dizer a verdade.

Às vezes existem lados demais

Às vezes as pessoas falam como se tivessem várias partes envolvidas numa decisão. As pessoas têm objetivos diferentes. Por exemplo, eu (Tamara) tenho como objetivos aprender, ter bons relacionamentos, uma carreira, sentir-me à vontade e fazer coisas interessantes. É como se houvesse um lado meu que cuidasse de cada um desses objetivos. Se eu prestar atenção apenas à minha carreira, ignorando meu objetivo de ter bons relacionamentos, o meu lado que cuida dos relacionamentos vai ficar insatisfeito. É como se eu estivesse negligenciando uma parte de mim. E se eu negligenciar essa parte de mim durante muito tempo, vou acabar me sentindo deprimida ou fazendo coisas negativas para a minha carreira.

Se eu prestar atenção a meu objetivo de estar confortável, ignorando meu objetivo de fazer coisas interessantes, meu lado que cuida das coisas interessantes vai ficar insatisfeito. Se eu organizar a minha vida de maneira a atingir apenas alguns dos meus objetivos, os lados insatisfeitos vão interferir.

Aliados ao invés de inimigos

Descobrir o objetivo positivo de cada um dos lados é o oposto do que a maioria das pessoas faz. Normalmente, lutamos contra nossos hábitos e tendências indesejáveis. Muitas abordagens de auto-ajuda nos incentivam a fazer isso e, ainda mais, a usar o autocontrole ou a força de vontade para lutar contra nossas fraquezas. Numa palestra a que assisti recentemente, o conferencista dizia acreditar que todos nós temos um inimigo interior, contra o qual precisamos lutar. Sei por experiência própria que essa abordagem não funciona. E não funciona porque estou lutando contra mim mesma. E, se estou lutando contra mim mesma, quem sai perdendo? Eu! Mesmo que eu consiga derrotar esse suposto "inimigo interior", vou ficar com um "perdedor interior"! No Processo de Transformação Essencial, todos os nossos lados saem ganhando. Descobrimos os objetivos positivos mais profundos que nossos lados têm para nós e transformamos esses lados que nos causam problemas em aliados internos.

Capítulo 3

DESCOBRIR OS OBJETIVOS POSITIVOS
Aprender a se comunicar com os aliados internos

Suas peças vivas formarão um conjunto harmonioso.
Rumi

    As vantagens do Processo de Transformação Essencial vão muito além da simples mudança de um comportamento, sentimento ou reação indesejável. Ele nos dá oportunidade de atingir uma total plenitude interior, de modo que nossos pensamentos, sentimentos e ações convivam em harmonia e em mútua colaboração.
    A maioria das pessoas julga que as partes inconscientes que controlam seus comportamentos indesejáveis são "problemáticas". Quando nos julgamos dessa maneira, criamos um relacionamento ruim com as partes que controlam esses comportamentos, o que gera uma desarmonia interior. Por exemplo, quando um lado meu me faz ficar acordada à noite, fico chateada com ele. Chego às vezes a lutar contra essa parte de mim mesma.
    O primeiro passo em direção a uma boa comunicação com as partes é aprender a reconhecer que elas têm objetivos positivos para nós. Quando me dou conta de que aquela parte minha que me mantém acordada deseja algo positivo para mim, passo a me sentir grata a ela e em paz comigo mesma. Esse é o primeiro passo para criar um laço de amizade com esse meu lado. Talvez ele esteja querendo que eu resolva algo que ficou pendente durante o dia. Talvez esteja preocupado com um dos meus filhos e queira que eu encontre uma maneira de ajudá-lo.
    O exercício a seguir vai lhe dar a oportunidade de descobrir a intenção positiva de cada um de seus comportamentos, sentimentos ou reações.

••

A descoberta do objetivo positivo

1. **Escolha uma parte com a qual deseja trabalhar**: pense num comportamento, sentimento ou reação de que não gosta. Pode escolher uma emoção que ache extrema demais ou "desequilibrada". Se tiver uma voz interior que critica, escolha-a. Para este exercício, escolha um problema de intensidade média. Você terá a oportunidade de trabalhar com assuntos mais intensos depois que aprender o Processo de Transformação Essencial.

    Para selecionar um problema, complete uma das seguintes frases — a que seja mais apropriada à sua dificuldade.

    a. "Um lado meu faz com que eu aja (comportamento) _____ e eu gostaria de parar de agir assim."
    b. "Um lado meu faz com que eu sinta (sentimento) _____ e eu gostaria de parar de me sentir assim."
    c. "Um lado meu faz com que eu pense (pensamento) _____ e eu gostaria de parar de pensar assim."

2. **Onde, quando, quem**: escreva onde, quando e com quem esse lado seu geralmente aparece. Por exemplo: "Um lado meu faz com que eu me sinta constrangida. Isto acontece quando estou falando diante de um grupo grande".

3. **Incidente específico**: pense num momento específico em que isso ocorreu. Por exemplo: "Isto aconteceu na última quarta-feira, quando falei no clube". Crie um filme interno de si mesmo tendo esse comportamento, reação ou sentimento indesejável. Algumas pessoas preferem criar uma imagem fixa do incidente.

(Você terá mais facilidade em cumprir as etapas seguintes se pedir a alguém que leia as instruções em voz alta. Talvez você precise informar à pessoa que está lendo em que velocidade deve fazer a leitura e quanto tempo deve parar para permitir que você responda interiormente. Em geral, é mais fácil voltar a atenção para dentro quando outra pessoa está lendo as instruções com uma voz calma e suave. Se você for fazer o exercício sozinho, recomendamos que primeiro leia todo o exercício. E então, volte a ler e a processar cada etapa. Outra opção é gravar as instruções.)

4. **Relaxe e volte-se para dentro**: feche os olhos, relaxe e volte-se para dentro de si mesmo.

5. **Lembre-se do incidente**: mentalmente, reviva o incidente específico no qual ocorreu o comportamento, sentimento ou reação indesejável. Veja através dos seus próprios olhos, ouça com seus próprios ouvidos e sinta com seus próprios sentimentos.

6. **Observe o início da reação**: observe sua experiência interna no momento em que o comportamento, sensação ou reação começa a ocorrer. Preste atenção às imagens, sons e sensações internos que acompanham a reação, o comportamento ou sentimento indesejável.

7. **Localize e dê boas-vindas à parte**: como você não escolheu conscientemente o comportamento, o sentimento ou a reação, é como se um lado seu os tivesse escolhido. Você poderá começar a sentir onde é que esta sua parte se apresenta. Em que parte do corpo você sente mais fortemente essa sensação? Se ouve uma voz interna, de onde ela vem? Se vê imagens internas, em que parte do seu espaço pessoal elas estão localizadas? Delicadamente, convide esse seu lado a entrar em contato com você. Se esse lado estiver no seu corpo, talvez você queira colocar a mão na região onde o sente melhor. Isto pode ajudá-lo a receber e a reconhecer essa sua parte.

8. **Agradeça à parte**: mesmo que ainda não saiba, conscientemente, o que esta parte quer, você pode partir do princípio de que seu objetivo é positivo. Antes de mais nada, agradeça à parte por estar presente, dando o melhor de si para fazer algo por você. Mostre o quanto você está agradecido.

9. **Pergunte qual é seu objetivo**: pergunte à parte: "O que você pretende fazer por mim quando [faz X]?". (Indique o comportamento, sensação ou reação que você escolheu.) Depois de fazer esta pergunta interiormente, espere a resposta. Talvez você perceba uma imagem, um som, uma voz, uma sensação ou quem sabe uma combinação de tudo isso. Às vezes, a parte leva algum tempo para descobrir o objetivo positivo. Tudo bem, é uma experiência nova para ela. Portanto, dê-lhe o tempo de que ela precisar.

10. **Agradeça a resposta**: quando tiver obtido a resposta, agradeça à parte por ter respondido. Se o objetivo que a parte lhe deu for positivo, agradeça-lhe por ter essa intenção.

11. **Continue até descobrir o objetivo positivo**: se não achar que o objetivo seja positivo, pergunte: "Se você tem este objetivo (a resposta do passo n° 9), o que isso fará por mim que seja ainda mais importante?". Agradeça à parte sempre que ela lhe der uma resposta. Continue fazendo a pergunta até chegar a um objetivo que julgue positivo.

••

Agora, você descobriu que existe um objetivo positivo, mesmo que não goste do comportamento, sentimento ou reação. Para a maioria das pessoas, isto já começa a modificar o relacionamento com as partes interiores. Você observou como se sentiu mais ligado a esse seu lado quando descobriu qual o seu objetivo? Acontece com as nossas partes interiores o mesmo que com as pessoas — quando encontramos algo em comum, é mais fácil aceitá-las como amigas ou aliadas.

A maioria das pessoas descobre facilmente, através desse exercício, a intenção positiva de um comportamento, sensação ou reação indesejável. Entretanto, se esse não for o seu caso, você precisará fazer outra coisa para estabelecer um relacionamento com esse seu lado. Agradeça a ele sinceramente, mesmo que ainda não saiba qual é sua intenção positiva. Geralmente, tentamos deixar de lado ou eliminar essas partes de nós mesmos. Assim como as pessoas com quem convivemos, esses nossos lados internos ficam chateados quando são deixados de lado. E, no entanto, trata-se de partes nossas, que querem ser aceitas por nós. Em geral, quando nos voltamos para dentro e aceitamos essas partes de todo o coração, elas reagem positivamente.

Este exercício é o primeiro passo do Processo de Transformação Essencial. Nos próximos capítulos, nós lhe mostraremos como explorar níveis mais profundos, utilizando o processo completo. Você verá que cada parte de si mesmo pode tornar-se fonte de um profundo bem-estar.

CAPÍTULO 4

OS CINCO ESTADOS ESSENCIAIS
A natureza da fonte interior

Tento ajudar as pessoas (...) a experimentar a conexão com a sua espiritualidade, levando-as a entrar em contato com a sua ternura e com a sua força. Para tanto (...) precisamos entender que nascemos para evoluir. (...) É um crescimento — e não há por que ter medo. Já ouvimos essa mensagem antes. É sobre isto que falavam Jesus, Buda e tantos outros. Mas, no passado, a maioria das pessoas (...) dizia: "Eles estão acima de nós, eles são divinos (...) somos apenas humanos, portanto não podemos estabelecer a mesma conexão."
Mas agora, começamos a perceber que podemos.
Virginia Satir

Como vimos no capítulo anterior, cada parte interior tenta atingir um objetivo positivo. Enquanto eu (Connirae) estava desenvolvendo o Processo de Transformação Essencial, intuitivamente comecei a pedir às partes para irem cada vez mais fundo. Em vez de parar quando uma parte me revelava o seu objetivo positivo, fazia mais perguntas para descobrir um objetivo ainda mais profundo. Pude observar que, se continuasse a perguntar à parte: "E o que você deseja ao fazer isto?", ela chegava a um nível ainda mais profundo, mais básico e mais importante.

À medida que fui aprendendo mais sobre o processo, descobri que as partes normalmente começam querendo coisas externas, como proteção, segurança, respeito, amor, aprovação ou sucesso. Logo ficou claro que, se continuasse perguntando, num certo momento a parte deixava de querer algo exterior e passava a desejar algo mais profundo, mais essencial. As pessoas usam muitos nomes para descrever esses estados: "plenitude", "bem-estar", "paz interior", "amor". Comecei chamando esses estados intensos de "estados essenciais". Um estado essencial é um nível mais profundo daquilo que nossas partes querem para nós. A ironia reside no fato de que elas vêm tentando obter esses estados essenciais através de comportamentos, sentimentos e reações inadequadas.

A decisão de tentar atingir os estados essenciais através de nossas limitações não é consciente. Ninguém decide conscientemente: "Acho que vou comer demais para sentir paz interior!", ou então: "Não vou ter sucesso para poder atingir a plenitude". A decisão de tentar chegar a um estado essencial através de um comportamento inadequado acontece inconscientemente, em geral na infância.

Após ter trabalhado com as partes inconscientes de centenas de pessoas, descobri que cada parte tem o seu próprio estado essencial e que existem cinco grupos mais importantes de estados essenciais, ou seja, estados universais de ser. Se, por um lado, esses estados essenciais são experiências universais, por outro lado são específicos a cada pessoa e a cada parte. Quando você chegar aos seus próprios estados essenciais, talvez dê nomes diferentes a eles. Descobrirá que pode haver duas partes cujos estados essenciais tenham um mesmo nome, porém com sutis diferenças de qualidade. Queremos que você use a experiência e o nome que você ouvir das suas partes interiores, ao invés de tentar adaptá-las ou enquadrá-las numa determinada categoria.

As palavras são apenas rótulos da experiência. Se não tivéssemos tido a experiência, as palavras soariam vazias. Em geral, quando chegam ao seu estado essencial, as pessoas hesitam e entram em conflito, porque nenhuma palavra parece suficiente para descrever aquilo que estão sentindo. Em seu livro *A conspiração aquariana*, Marilyn Ferguson escreveu: "Sabe-se que nunca se consegue comunicar adequadamente o que sentimos num momento de transcendência. Tudo o que podemos fazer é vivenciá-lo. (...) Não é para menos, pois a comunicação parte de um campo comum. É possível descrever a cor púrpura a alguém que conhece o vermelho e o azul, mas é impossível descrever o vermelho a alguém que nunca viu essa cor antes. O vermelho é elementar e irredutível".

Mesmo reconhecendo essa limitação, vale a pena lhe dar uma idéia do que deve esperar. Vamos descrever os cinco grupos de estados essenciais, para que você se familiarize com o que geralmente surge durante o Processo de Transformação Essencial. Isso vai ajudá-lo a reconhecê-lo quando chegar a esse ponto do processo. O que temos a dizer a respeito dos estados essenciais provavelmente vai ter mais sentido para você depois que você repetir algumas vezes os exercícios das Partes II e III.

Os cinco estados essenciais
1. Ser
2. Paz interior
3. Amor
4. Sensação de bem-estar
5. Unicidade

1. SER

> *As estrelas queimam, a grama cresce, os homens respiram: como o homem que descobre um tesouro e diz "Ah!", mas o tesouro é a essência. Antes mesmo que o homem falasse, o tesouro já existia, e depois de ter falado, ele pode se apossar desse inexaurível tesouro.*
> Robinson Jeffers

Quando estou num estado de *ser*, estou consciente da minha presença de dentro para fora. Não é que eu me veja ou esteja pensando sobre mim mesmo, simplesmente sou. Estou plenamente presente. Esse estado também pode ser descrito como "presença", "plenitude" ou "totalidade".

Esse estado essencial é uma sensação muito mais profunda do que aquilo que costumamos chamar de autoconceito. Meu autoconceito é aquilo que penso de mim mesma. Posso achar que sou uma pessoa solidária, inteligente, ou uma pessoa que aprende e evolui. É importante ter uma clara percepção de quem sou, mas esse estado essencial de ser é uma *experiência* direta da minha presença, não uma idéia ou crença sobre mim mesma. Em vez de me dar a consciência de quem sou, esse estado diz respeito a ser, simplesmente.

Quando eu (Tamara) tinha dezesseis anos, passei as férias de verão com minha irmã, meu cunhado e amigos nas montanhas de Utah. Uma de nossas atividades era caminhar por entre os magníficos cânions de rocha vermelha, nos quais ainda não havia sinal de civilização.

Uma noite, quando planejávamos mais uma caminhada pelo Line Canyon, decidi ir sozinha. No dia seguinte, nosso motorista levou o grupo primeiro e, uma hora depois, me deixou lá sozinha. Eu já tinha feito muitas caminhadas, mas essa foi especial. Antes, eu tinha consciência das outras pessoas e seguia o seu ritmo. Se ficasse muito para trás, pensava que talvez estivesse atrasando o grupo. Se caminhasse muito à frente, tinha que esperar o grupo que tinha ficado para trás. Perguntava aos outros se já estava na hora de fazer um lanche ou beber um copo d'água.

Dessa vez, enquanto percorria a trilha de 8 quilômetros, tive uma experiência totalmente nova. Fui ficando cada vez mais consciente da minha própria presença. Enquanto reagia ao lindo cenário que me rodeava e decidia como continuar a caminhada, adquiria um sentido cada vez maior de mim mesma, independente das outras pessoas, das suas expectativas, do que elas podiam pensar de mim, e de minha própria opinião. Eu simplesmente era. Foi uma experiência muito forte — senti euforia e equilíbrio ao mesmo tempo. Talvez você já tenha tido uma experiência na qual essa sensação de existir foi tão forte, que a tornou diferente de qualquer outra experiência. Algumas pessoas vivenciam esse estado na prática de esportes, quando se sentem totalmente presentes e concentradas naquilo que estão fazendo.

2. PAZ INTERIOR

> *Se não formos capazes de sorrir, o mundo não terá paz. Não é participando de uma passeata contra mísseis nucleares que podemos criar a paz. É com nossa capacidade de sorrir, respirar e estar em paz que podemos criar a paz.*
> Thich Nhat Hanh

Um dia, quando eu (Tamara) era estudante, estava num ônibus quando subiram um casal e seus dois filhos. Tanto o pai como a mãe usavam bengalas e óculos escuros — sem dúvida eram cegos. Os pais sentaram-se do lado esquerdo do ônibus e os filhos acomodaram-se tranqüilamente do outro lado do corredor. Observei que as crianças estavam muito calmas e olhavam para os pais.

Fiquei pensando: "Se eu fosse cega, seria muito difícil criar filhos. Como é que eu iria saber que eles estavam bem? E se as crianças fizessem coisas perigosas?". Enquanto os observava, ouvi o pai dizer, muito nervoso "Nancy! Danny! O que vocês estão fazendo? Estão sentados quando o ônibus está em movimento?". Ele parecia confuso e muito agitado.

A mãe pousou a mão no joelho do pai e disse com uma voz clara e calma: "As crianças estão bem". Ao falar, tinha um ar de paz que me fez sorrir. Fiquei emocionada com aquela mulher, que tinha tanta paz interior que podia confiar nos filhos pequenos, mesmo num mundo onde não podia enxergar. Ali na sua presença, uma parte do meu ser entrou em ressonância com ela. Comecei a me sentir em paz também.

Você talvez já tenha conhecido alguém que transmitisse uma tal paz interior. Talvez já tenha sentido essa sensação ao pegar no colo um bebê feliz. É uma sensação de paz que vem de dentro e, no entanto, transcende os limites pessoais. O estado essencial de paz interior implica ter uma calma ou tranqüilidade interior em qualquer ambiente. Esse estado é conhecido como "equilíbrio". Indira Gandhi disse: "Precisamos aprender a nos mantermos calmos em meio a toda atividade e vibrantes quando em repouso".

Em seu livro *Teach only love*, Gerald Jampolsky descreve a importância da paz interior: "Ao invés de julgar tudo e tentar transformar as pessoas e as circunstâncias naquilo que desejamos que elas sejam, o caminho da paz prossegue simples e tranqüilo. Agora, sempre que a vida nos surpreende, nossa primeira reação é entrar em contato com aquele ponto de serenidade dentro do nosso coração. Paramos e ficamos tranqüilos em contato com o amor de Deus. Depois, se for necessário agir para restabelecer a paz interior, fazemos o que é necessário, seguindo a direção indicada pela nossa sensação de serenidade".

3. AMOR

> *Deixe que o discípulo cultive um amor desmesurado em relação a todos os seres. Deixe que ele cultive, em relação ao mundo inteiro, acima, abaixo e ao redor, um coração de amor ilimitado. (...) Pois este estado do coração é o melhor de todos.*
> Buda

Que grande experiência é amar e ser amado! Há séculos contadores de histórias, poetas e compositores falam e escrevem sobre a importância e a ânsia de amor, sobre amar e ser amado. Mas o tipo de amor que vivenciamos como estado essencial é muito mais completo e abrangente do que o sentido que normalmente damos à palavra "amor". É mais profundo do que o amor romântico, mais profundo do que amar e ser amado. É também mais profundo do que o amor por si mesmo. O amor por si mesmo faz com que eu me ame — uma parte de mim está amando outra parte de mim. O estado essencial de *amor* inclui todos e tudo. É o amor cantado por muitos profetas e místicos: o amor que transcende os limites individuais e interpessoais. É incondicional e neutro. Simplesmente é. Como diz o autor de livros de auto-ajuda John-Roger, "Quando se atinge um alto nível de consciência, todas as pessoas passam a ter um único nome. Este nome é Amor".

4. SENSAÇÃO DE BEM-ESTAR

> *"Eu estou bem, você está bem"*
> Título de livro

Os criadores da análise transacional descobriram que podemos desfrutar mais plenamente a vida quando temos uma sensação básica de "bem-estar". O tipo de bem-estar que definimos como estado essencial é diferente. Em geral, quando dizemos que estamos nos sentindo bem, queremos dizer que algo provoca nosso bem-estar, ou que alguém acha que estamos bem. Por exemplo, posso obter uma boa nota numa prova ou receber um elogio por um novo corte de cabelo e sentir-me bem e valorizada.

Sentir-se bem em geral significa *satisfazer* um "juiz" interno ou externo. Entretanto, o tipo de sensação de bem-estar que emerge como estado essencial ultrapassa qualquer julgamento. Trata-se de bem-estar num nível mais profundo. Trata-se de uma profunda sensação de valor que surge do próprio fato de existir, não de fazer ou de ter alguma coisa. É um profundo valor intrínseco.

5. UNICIDADE

> *Porque, quando uma mosca bate as asas, uma brisa sopra no mundo; quando uma partícula de poeira cai no chão, o planeta fica um pouco mais pesado; e quando batemos o pé, a terra sai um pouco do seu curso. Sempre que rimos, a felicidade espalha-se como as ondas de um lago; e sempre que ficamos tristes, ninguém pode estar totalmente feliz.*
> Norton Juster, The phantom toll booth

Muitas pessoas nos nossos seminários descobriram um estado essencial interior a que dão diferentes nomes, como por exemplo, união, plenitude, ligação espiritual, estar preenchido de luz, bem-aventurança, união com Deus, Nirvana e outros. Neste livro, vamos chamar este estado essencial de *unicidade*.

Vivenciar esse estado de unicidade é diferente de ter uma crença de que somos únicos. Na prática, é como se os limites pessoais se dissolvessem. Eu sou tudo e nada ao mesmo tempo. Quando olhamos, ouvimos e sentimos na realidade cotidiana, vemo-nos como seres separados. É fácil observar as diferenças e sentir-se separado: eu sou eu e você é você. Entretanto, todas as religiões mais importantes descrevem uma realidade mais profunda na qual nos damos conta de que somos todos um só. Quando as pessoas descrevem experiências espirituais profundas, geralmente falam de uma incrível sensação de unicidade, de união com tudo: "Eu sou tudo, tudo é eu, não há separação". Às vezes, essa sensação é descrita como "o reconhecimento do Deus que está dentro de mim e que também está dentro de tudo".

Peace Pilgrim descreveu essa unicidade muito bem ao dizer: "Pouco importa o nome que se dá, mas a consciência deve se elevar a um ponto através do qual vemos o universo a partir de nossa natureza divina. A sensação que acompanha essa experiência é a de união completa com a totalidade do Universo. Mergulhamos num estado de euforia, de união absoluta com a vida: com a humanidade, com todas as criaturas da terra, as árvores e as plantas, o ar, a água e com a própria terra. Essa natureza divina está esperando constantemente para governar nossa vida de maneira gloriosa. Temos a liberdade de deixar que ela governe nossa vida ou de não permitir que ela nos afete. A escolha será sempre nossa!".

No livro *The way of the peaceful warrior*, Dan Millman descreve sua experiência de unicidade: "Abra os olhos e veja que você é muito mais do que imaginava. Você é o mundo, o universo. Você é você e todas as outras pessoas também! Tudo faz parte do maravilhoso Jogo de Deus. Acorde, recupere o bom humor. Você é uma pessoa livre!".

Embora essa experiência de unicidade geralmente tenha uma conotação espiritual, descobrimos que ela não entra em conflito com as crenças que as pessoas já têm, e tampouco é necessário ter alguma crença espiritual para usufruir da experiência. Recentemente, num seminário de Aligned Self em Londres, eu (Connirae) tive a oportunidade de trabalhar com uma mulher maravilhosa chamada Margot. Quando entrou em contato com o estado essencial, ela disse, ruborizando-se: "Consegui. É incrível! Mas não quero dizer o que é". Eu lhe disse que não precisava dizer qual era o seu estado essencial, se não quisesse. Continuamos com o processo, até que Margot decidiu que queria que soubéssemos qual era o seu estado essencial e nos disse: "Bem, uma parte do meu ser diz que quer estar *em união com Deus*. Mas eu sou atéia!". Disse a Margot que estava bem que ela fosse atéia. Ela não precisava modificar suas crenças para fazer o processo. O importante é perceber o estado essencial. Não precisamos nos preocupar com nossas crenças ou com "o que realmente está acontecendo".

Indo diretamente à essência

Muito já se escreveu sobre os cinco estados essenciais. No entanto, para a maioria das pessoas, ter acesso a esses estados, direta e imediatamente, é apenas um sonho. Muitas pessoas vivenciam alguns desses estados de vez em quando. Talvez você já tenha tido essa experiência ao observar a beleza da natureza, o milagre do nascimento, ou ao se apaixonar. Não seria ótimo se não tivéssemos que esperar que circunstâncias externas produzissem esses estados?

Uma das características predominantes da nossa cultura é o uso de drogas. Isso inclui não só as drogas permitidas, como a nicotina, a cafeína, o álcool, os tranqüilizantes e antidepressivos, mas também as drogas ilícitas. Muitas pessoas usam drogas para induzir estados internos semelhantes aos estados essenciais que descrevemos — uma sensação de bem-estar, paz, amor e unicidade. Infelizmente, o uso de drogas com esse objetivo cria vários problemas: efeitos colaterais, dependência, perda da capacidade mental, despesas financeiras e — no caso de algumas drogas — problemas com a lei. O fato de que tantas pessoas na nossa cultura dependam de drogas, apesar dos problemas que elas criam, demonstra nosso desejo profundo de sentir esse bem-estar interior.

O Processo de Transformação Essencial tem dado a muitas pessoas uma experiência direta e imediata de estados essenciais que nunca sentiram antes. Num seminário recente, um homem veio falar comigo durante o intervalo. Seus olhos brilhavam e ele vibrava de tanta empolgação. "Você se dá conta do que este processo está provocando nas pessoas aqui nesta sala?", ele me perguntou. "Elas estão atingindo, em alguns minutos, estados que passam anos tentando alcançar!"

Aceitação da nossa "feiúra interior"

Muitas abordagens de crescimento pessoal e espiritual nos dizem que precisamos controlar ou eliminar nossa "feiúra interior", que devemos parar de pensar negativamente e de nos comportar de maneira negativa. Essa abordagem cria uma divisão interna maior, tornando impossível a sensação de plenitude e unicidade.

São precisamente esses comportamentos e reações que mais criticamos em nós mesmos que vão nos abrir a porta para os estados essenciais. O caminho para nossos estados essenciais nos conduz *através* de nossa "feiúra interior", *através* de nossas características indesejáveis; — os comportamentos, sentimentos e reações que consideramos limitações ou problemas. Outro fato importante é que, através do Processo de Transformação Essencial, esses estados tornam-se mais do que uma breve euforia emocional. Descobrimos que a consciência de nossos estados interiores pode transformar nossa experiência diária.

PARTE II

O EXERCÍCIO DO ESTADO ESSENCIAL

O núcleo do Processo de Transformação Essencial

CAPÍTULO 5

DEMONSTRAÇÃO COM CATHY
Fazendo do nosso jeito

*Sou livre para ser eu mesma. Sou livre para me entregar.
Sou livre para aceitar as abençoadas diferenças
das outras pessoas.*
Cathy

Neste capítulo, Tamara orienta uma mulher chamada Cathy no exercício do estado essencial, que vai levá-la através das cinco primeiras das dez etapas do Processo de Transformação Essencial. Cathy queria modificar uma reação emocional que sentia no trabalho. Ficava tão preocupada em obter resultados e assumia tanta responsabilidade que se tornou nervosa e tensa. Ela observava que isso acontecia mais quando voltava a trabalhar após passar algum tempo afastada do trabalho.

Quando fazem o exercício do estado essencial, as pessoas geralmente acham mais fácil perceber sua experiência interna se falarem pouco. Entretanto, para que o leitor compreenda melhor o exercício, pedimos a Cathy para que descrevesse detalhadamente cada estado.

•••

Tamara: O que você quer mudar é um sentimento, um comportamento ou uma reação?
Cathy: É um problema que se repete sempre. Estou trabalhando como consultora e, uma vez por mês, freqüento um curso de treinamento de quatro dias. Durante esses quatro dias, não preciso me preocupar com nada. Sei onde devo estar, alguém cuida de minhas refeições; enfim, tudo é planejado. Há uma sensação de segurança e confiança de que tudo está sendo planejado sem que eu precise me preocupar. Quando volto para casa depois do treinamento, passo os três ou quatro primeiros dias nervosa: "Será que vou conseguir, será que minha empresa vai prosperar, será que vou fazer tudo para ajudar meus clientes?". Depois

de três ou quatro dias de trabalho, sinto que posso começar a relaxar de novo. Não gosto de me sentir tensa quando estou trabalhando e também não gosto de ficar esperando aqueles dias em que posso relaxar e trabalhar bem de novo.

Tamara: Gostaria que você pensasse no momento em que fica nervosa e tensa. Imagine que acabou de voltar do treinamento e está começando a pensar nos compromissos que terá. (*Cathy fecha os olhos e franze as sobrancelhas.*) O que você observa internamente quando começa a ficar nervosa? Quais são as imagens, sons ou sensações internas que surgem com a sensação de nervosismo?

Cathy: Observo duas manifestações físicas. Uma delas é que respiro rapidamente e depois esqueço de expirar. Fico segurando a respiração. A outra coisa é que meu ombro esquerdo fica tenso e dolorido. Quando o toco, chego a sentir um nó.

Tamara: Você não está tentando ficar nervosa de propósito na situação, certo?

Cathy: Não, de jeito nenhum.

Tamara: Então podemos dizer que um lado inconsciente seu está criando essa reação. Como você sabe, sempre que sentimos, pensamos ou fazemos algo de que não gostamos, nosso lado que cria a experiência tem um objetivo positivo. É um lado nosso que quer algo maravilhoso para nós. Gostaria que você voltasse para dentro de si mesma, até o momento em que observa o nervosismo, a respiração rápida e a tensão. (*Cathy fecha os olhos e começa a respirar mais rapidamente. Tamara passa a falar mais delicadamente e devagar.*) Observe em que ponto do seu corpo você tem essa sensação e agradeça a esse seu lado por estar presente e por ter um objetivo positivo. Esse seu lado está fazendo o melhor que pode para obter algo positivo para você através dessa reação de nervosismo. Portanto, agradeça-lhe muito por ter um objetivo positivo, embora não saibamos ainda que objetivo é esse. (...)

Enquanto agradece, pergunte a esse seu lado: "O que você deseja obter através da tensão e do nervosismo?". Após fazer a pergunta, dê o tempo necessário para que essa sua parte interior lhe responda. Observe as imagens, sons ou sensações que podem surgir como resposta.

Cathy: Ele diz que quer fazer um bom trabalho.

Tamara: Ótimo. Então agradeça a esse seu lado por estar presente e por desejar isso para você. (*Cathy concorda.*) Agora pergunte à parte: "Se você sentir que está fazendo um bom trabalho, completamente, o que você deseja obter através desse objetivo que seja ainda mais importante?".

Cathy: Agora a parte diz que tenho que relaxar. (*Cathy inspira profundamente.*)

Tamara: Ótimo. Agradeça a essa parte por desejar isso e por dar o melhor de si para obter isso para você. (*Cathy sorri e concorda.*) Agora pergunte a esse seu lado: "Se você conseguir relaxar completamente, o que você está querendo obter com esse relaxamento que seja ainda mais importante?".

Cathy: Este meu lado diz que tenho que ser mais criativa. Quanto mais eu relaxo, mais surgem novas idéias.

Tamara: Mais criativa. Agradeça. Pergunte de novo a esse seu lado: "Se você for completa e totalmente mais criativo, o que você quer obter através desse objetivo que seja ainda mais importante?".

Cathy: (*mais devagar e delicadamente*) Vou fazer um ótimo trabalho. Estou vendo que essas novas idéias realmente farão uma diferença no meu trabalho.

Tamara: Agradeça novamente a esse seu lado. E agora pergunte a ele: "Se você conseguir todas essas coisas — relaxar, ser mais criativo e fazer um ótimo trabalho —, o que você quer obter através desses objetivos que seja ainda mais importante?".

Cathy: (...) Não estou ouvindo nada dessa vez, mas sinto uma sensação de liberdade. Há um amplo espaço de possibilidades. Sinto-me como se tivesse saído de um túnel. Consigo ver toda a paisagem! Meu corpo pode ir em qualquer direção. É uma sensação muito boa.

Tamara: Ótimo. Agradeça a essa sua parte pela resposta. Não é necessário que ela se expresse através de palavras. O importante é que ela sinta a resposta. (*Cathy concorda*.) Agora, pergunte a essa sua parte: "Quando você tem essa sensação plena e completa de liberdade, da forma como você, esta parte, quer vivenciá-la, o que você quer obter, através dessa sensação de liberdade, que é ainda mais importante?".

Cathy: (*suavemente*) Umm (...) Consigo entrar em contato com muitas pessoas diferentes em vários níveis. Sinto como se estivesse me aproximando mais das pessoas. Posso vê-las e ouvi-las mais claramente.

Tamara: Você consegue entrar em contato com muitas pessoas diferentes em vários níveis diferentes. Agradeça mais uma vez a esse seu lado e pergunte-lhe: "Se você conseguisse entrar em contato com várias pessoas em vários níveis, de maneira plena e completa, o que você quer obter através desse contato que é ainda mais importante?".

Cathy: (*respirando mais profundamente e relaxando mais ainda o corpo*) A sensação de uma união amorosa. (...) Todas as preocupações e ansiedades estão saindo da minha cabeça e dos meus ombros, caindo em um local que fica logo abaixo do meu umbigo, um local que é muito mais equilibrado. (...) E a sensação não é mais de preocupação ou ansiedade. Quando essas sensações foram para o centro do meu ser, elas se transformaram em união amorosa!

Tamara: União amorosa. Que coisa maravilhosa! Agradeça. Pergunte outra vez a esse seu lado: "Se você conseguir ter essa união amorosa de maneira plena e total, e se você se sentir preenchido com essa sensação de união amorosa, há ainda outra coisa que queira sentir através dessa sensação de união amorosa que seja ainda mais importante e profunda?".

Cathy: (*Pára e volta-se para dentro.*) Não. São muitas as conseqüências positivas dessa união amorosa, mas não existe nada que seja mais profundo e mais importante.

Tamara: Muito bem. Agradeça mais uma vez a esse seu lado. Agora peça que ele pense no seguinte. Parece que esse seu lado acha que tem que passar por várias etapas até chegar a esse estado essencial de união amorosa. Infelizmente, isso não funciona muito bem. Em geral, os vários lados de uma pessoa não conseguem viver o seu estado essencial com freqüência se tiverem que passar por várias etapas. O que dá mais resultado para chegar a uma união amorosa é simplesmente tê-la desde o início, como ponto de partida — como uma maneira contínua, permanente, de estar no mundo. Por isso, pergunte a esse seu lado: "Você gostaria de ter esta sensação de união amorosa como ponto de partida, de maneira permanente?".

Cathy: (*rindo*) Ele diz: "É claro que sim!".

Tamara: (*rindo junto com Cathy*) Agradeça a esse seu lado mais uma vez. Que maravilhoso ele é! E pergunte a ele: "Como o fato de já ter esta união amorosa dentro de si torna as coisas diferentes?".

Cathy: (*Volta-se para dentro para observar a resposta. Um leve sorriso emerge em seu rosto.*) (...) Agora estou percebendo como funciona. A sensação de união amorosa modifica a maneira como me sinto e o que faço em muitas situações! Imagens de várias situações estão surgindo, algumas delas bastante desafiadoras, e a sensação de união amorosa transforma essas imagens.

Tamara: Agora, pergunte a esse seu lado: "Quando você tiver essa sensação de união amorosa de maneira permanente, como isso vai afetar seu relacionamento com as pessoas, em vários níveis?".

Cathy: (...) Os relacionamentos são mais tranqüilos e significativos.

Tamara: Ótimo. Agradeça a esse seu lado e pergunte a ele: "De que maneira o fato de ter essa união amorosa de maneira permanente transforma sua experiência mesmo quando você está com alguém a quem não se sente ligado?".

Cathy: (*Volta-se para dentro, a fim de refletir.*) (...) É aí que está a questão da união amorosa. Fica mais fácil perceber que cada um tem um caminho diferente, e que a ligação se dá num nível mais profundo do que o das nossas personalidades. Estou imaginando que estou com alguém que está sendo agressivo e ainda assim percebo uma profunda ligação entre nós. Essa ligação profunda faz com que eu não me importe com sua agressividade.

Tamara: Ótimo. Mais uma vez, agradeça a esse seu lado e pergunte: "De que maneira o fato de já ter essa união amorosa aumenta e enriquece sua sensação de liberdade?".

Cathy: De uma maneira incrível! Sou livre para ser eu mesma. Sou livre para me entregar. Sou livre para aceitar as abençoadas diferenças das outras pessoas. (...) Essa união amorosa me ajuda a sair da minha cabeça e ir em direção ao meu centro. Isso me acalma. A liberdade vem do fato de ter tempo de absorver o que a outra pessoa diz, e também de deixar que minha reação aflore. Minha reação fica mais profunda, porque estou mais tranqüila.

Tamara: Mais uma vez, agradeça a esse seu lado e agora pergunte: "Partindo da sensação de união amorosa, de que maneira fica mais fácil ser mais criativo?".

Cathy: (...) Bem, os canais da criatividade estão muito mais abertos, porque consigo me dar o tempo de que preciso.

Tamara: Muito bem. Agradeça mais uma vez a esse seu lado. Agora pergunte a ele: "De que maneira o fato de já sentir esta união amorosa aumenta sua sensação de relaxamento?".

Cathy: Ah! (*Ri.*) Trata-se de uma sensação amorosa única e total! (...) Amar a mim mesma e amar todo o resto do universo é a mesma coisa. Não há separação, há um fluxo entre nós. (...) Eu me preocupo *comigo*, para poder relaxar e me dar tempo de que preciso, e ao mesmo tempo me preocupo que os outros possam fazer a mesma coisa.

Tamara: Ótimo. Agradeça mais uma vez a esse seu lado e pergunte: "De que maneira o fato de partir da união amorosa transforma o objetivo inicial de fazer um bom trabalho?".

Cathy: (...) Bem, já estou fazendo um bom trabalho e sinto-me bastante relaxada. Consigo sentir que o trabalho vem de dentro. Está vindo do meu centro e indo para fora. Sinto o peso da responsabilidade saindo dos meus ombros, porque sei que estou dando o melhor de mim. É fácil ver que posso agir de maneira diferente da próxima vez e que posso mudar também. Há uma profunda diferença na minha experiência, agora que estou aqui, no presente, com meu cliente, em vez de estar projetando para o futuro e pensando "Será que vai dar certo?". Estou aqui, dando o melhor de mim, sabendo que posso mudar e evoluir. Sei que tudo está bem como está.

Tamara: Ótimo. Pergunte a esse seu lado: "Agora que essa união amorosa é um estado de ser, de que forma isso modifica sua experiência mesmo quando você não faz um trabalho tão bom ou comete um pequeno erro?".

Cathy: (...) Consigo relaxar, dar um passo atrás, me dar o tempo necessário para reformular ou me desculpar, ou ainda modificar aquilo que estou fazendo. Isso tudo acontece num ritmo bastante confortável. (...) Estou me lembrando de alguns erros do passado, observando como reagiria a eles agora que tenho a sensação de união amorosa. (...)

Tamara: Muito bem. Pergunte a esse seu lado: "De que maneira o fato de partir da união amorosa transforma a situação original? De que maneira isso muda sua experiência quando você está voltando para casa após um seminário de quatro dias?".

Cathy: Bem, fico ligada *a mim mesma* e também ao que tenho a fazer. É como se tudo fosse uma coisa só — sou importante *e* o que estou fazendo também é importante. Existe uma ligação entre mim e o mundo. Estamos juntos, criando algo em conjunto.

Tamara: Ótimo! Agradeça de novo a esse seu lado por ter lhe dado esse estado de união amorosa. Agora, como se sente ao pensar nas situações futuras, quando essa união amorosa fará uma grande diferença?

Cathy: Posso me ver projetando-me para o futuro — nos dois compromissos que tenho amanhã, nos compromissos sociais de amanhã, no domingo, que ainda nem está planejado e, o que é mais importante, na segunda-feira, quando volto a trabalhar.

Tamara: Observe o que acontece no próximo período de treinamento e depois.

Cathy: Vejo-me durante o fim de semana, relaxando, por tudo estar sendo organizado. E depois, vejo-me chegando em casa, e decidindo não trabalhar na segunda-feira, porque isso significa cuidar de mim. Então, a terça-feira inicia-se a partir desse ponto de união amorosa. Vejo-me com os clientes, sabendo o que devo fazer, o que está dando o melhor resultado no meu trabalho, confiante de que as pessoas saberão o que deve ser feito e o farão. Continuo nesse processo, permitindo que o trabalho me alimente, me dê energia em vez de me esgotar e me estressar.

• •

Você acabou de ler uma demonstração do exercício de estado essencial, que é o núcleo do Processo de Transformação Essencial. Após ter passado pelo Processo de Transformação Essencial, Cathy comentou que estava decidida a levar adiante sua empresa de consultoria. Antes, o nervosismo e a ansiedade de conseguir resultados positivos, e sua excessiva preocupação com os clientes, que a impedia de cuidar de si mesma, podiam atrapalhar seus planos profissionais. Agora, ela sabe que tem liberdade para cuidar de si mesma e dos seus clientes de uma maneira equilibrada.

Algumas semanas depois, perguntamos a Cathy como é que estava indo no seu trabalho. Ela nos disse o seguinte:

> Sinto-me bem melhor em relação ao meu trabalho. Estou diferente, e isso se manifesta em resultados positivos. Estou respeitando a mim mesma e aos outros, simultaneamente.
>
> Sei que mudei pela maneira como me sinto depois de uma reunião com um cliente. Antigamente, eu podia até me sentir realizada, mas às custas de muita tensão. Eu nem percebia quanto meus músculos estavam tensos nem como eu estava hipervigilante. Chegava a prender a respiração enquanto os clientes me respondiam. E, depois da reunião, geralmente entrava num colapso total antes de conseguir me reequilibrar. Atualmente o trabalho não exaure tanto minhas forças. Na verdade, às vezes sinto-me renovada após uma reunião com um cliente.

Além disso, agora tenho a capacidade de mudar de nível. Como iniciei há pouco tempo minha empresa, tenho que assumir várias funções ao mesmo tempo: a de publicitária, de revisora, de criadora, de aluna, a função administrativa, a responsabilidade de criar um ambiente agradável para os clientes e, além disso tudo, não posso esquecer da minha vida particular. No passado, eu levava comigo todos esses diferentes papéis quando me encontrava com um cliente. Não conseguia mudar de um nível para outro rapidamente e me concentrar inteiramente. Agora isso mudou. Assim que a reunião começa, consigo me esquecer de tudo e me concentrar só no cliente. "Isso foi antes, agora é isto", penso. Tenho plena consciência da razão de estar ali.

Havia dias que eu não "conseguia" marcar nenhuma reunião para poder me concentrar na parte administrativa da empresa. Hoje, mesmo quando reservo um dia específico para cuidar das questões administrativas, se alguém me telefona dizendo que precisa me ver, consigo marcar uma reunião. Fiquei mais flexível. Sei que posso mudar de nível e me concentrar no cliente, se for necessário. E se alguém cancela uma reunião, também posso mudar de nível e passar a fazer um trabalho administrativo.

Outra coisa que mudou foi a maneira como reajo aos erros. Antes, um único erro podia causar um efeito dominó. Um erro afetava a tarefa seguinte, e assim por diante. Agora, quando cometo um erro, consigo ser objetiva. Ouço uma voz que me diz: "Muito bem, e agora o que fazemos?", com aceitação, sem julgar. O erro fica para trás e posso caminhar a partir dali. É fácil pensar no que devo fazer em seguida.

A finalidade desta demonstração com Cathy foi lançar as bases para que você, leitor, faça o exercício sozinho. No Processo de Transformação Essencial, cada caso é um caso e cada pessoa é única. Ele lhe dá a oportunidade de trabalhar criativamente consigo mesmo. O importante é usar o processo para descobrir *seus* objetivos e *seu* estado essencial. Depois, você descobrirá de que maneira esse seu estado essencial pode transformar cada um dos seus objetivos.

CAPÍTULO 6

O EXERCÍCIO DO ESTADO ESSENCIAL
Entendendo a estrutura

> *Só é possível enxergar direito com o coração.*
> *O essencial é invisível para os olhos.*
> Antoine de Saint-Exupéry, O pequeno príncipe

Vamos usar a demonstração feita com Cathy para explicar a estrutura básica do exercício do estado essencial. As primeiras quatro etapas levaram Cathy ao seu estado essencial:

Etapa nº 1. ESCOLHER UMA PARTE COM QUE TRABALHAR

Cathy indicou uma reação de que não gostava, isto é, ficar nervosa em relação ao trabalho.

a) **Sentindo a parte:** Primeiro ela se imaginou numa situação em que ficava nervosa em relação ao trabalho, depois, observou os sentimentos, imagens ou sons que apareciam. É importante começar com a experiência que se tem — um sentimento, voz interior ou imagem interna que nos atrapalha. É essa parte automática inconsciente de nós que vamos trabalhar e transformar.

b) **Aceitando e dando boas-vindas à parte:** Cathy agradeceu e demonstrou gratidão à parte que estava ali presente e que tinha um objetivo positivo para ela. As pessoas geralmente não sabem que, quando têm um comportamento, sentimento ou reação indesejável, na verdade, estão fazendo o possível para conseguir algo positivo. Quando aceitamos e damos boas-vindas a um lado nosso que nos desagrada, imediatamente começamos a perceber uma mudança no nosso relacionamento com esse lado. Talvez o leitor perceba uma pequena modificação nos seus sentimentos logo que terminar esta primeira etapa.

Etapa n? 2. DESCOBERTA DO OBJETIVO/PRIMEIRO OBJETIVO PRETENDIDO

Cathy perguntou à parte: "O que você deseja obter com este nervosismo?". A parte de Cathy disse que queria que ela fizesse um bom trabalho. Essa resposta é o primeiro objetivo pretendido. Às vezes, obtemos a resposta em palavras, como no caso de Cathy. Outras vezes, temos uma sensação, vemos uma imagem ou ouvimos um som que é a resposta que estamos procurando. É possível encontrar exemplos de cada um desses tipos de resposta no exercício com Cathy.

Etapa n? 3. DESCOBRINDO A CADEIA DE OBJETIVOS

Depois, Cathy perguntou à parte: "Se você tiver a experiência plena de fazer um bom trabalho, o que deseja obter através desse trabalho que seja ainda mais importante?". A resposta a esta pergunta é o segundo objetivo pretendido. Ao continuar perguntando "O que você quer obter com [objetivo pretendido] que seja ainda mais importante?", Cathy descobriu o que chamamos de "cadeia de objetivos".

A CADEIA DE OBJETIVOS DE CATHY

Parte com que trabalhar : nervosismo.
Objetivo pretendido n? 1 : fazer um bom trabalho.
Objetivo pretendido n? 2 : relaxar.
Objetivo pretendido n? 3 : ser criativa.
Objetivo pretendido n? 4 : sensação de liberdade.
Objetivo pretendido n? 5 : ligação com outras pessoas.

É interessante observar que todos os objetivos pretendidos de Cathy eram positivos e úteis. Às vezes, nossas partes começam querendo algo de que não gostamos, por exemplo controlar outras pessoas, fracassar, fazer com que alguém se dê mal, intimidar ou até mesmo destruir alguém. É importante incluir todos esses objetivos. Mas, à medida que continuamos perguntando "O que você quer com isto?", num dado momento *sempre* surge algo positivo.

Etapa n? 4. O ESTADO ESSENCIAL: ENTRANDO EM CONTATO COM A FONTE INTERIOR

O objetivo final e mais profundo da parte com a qual Cathy estava trabalhando é seu estado essencial: a união amorosa.

Quando continuamos a perguntar às nossas partes interiores: "O que você quer obter com isso", passamos a descobrir objetivos cada vez mais importantes e maravilhosos nos comportamentos de que não gostávamos. Descobrimos que nossas limitações são na verdade uma sincera tentativa de atingir uma profunda conexão com o universo, o chamado estado essencial. O que a parte de Cathy estava buscando era "união amorosa".

Etapa nº 5. REVERTENDO A CADEIA DE OBJETIVOS A PARTIR DO ESTADO ESSENCIAL

Tendo trabalhado com centenas de pessoas e milhares de partes interiores, descobri que o mesmo padrão se repete. Nossas partes interiores acreditam que a melhor maneira de atingir um estado essencial maravilhoso é partir de um comportamento, sensação ou reação da qual não gostamos, e depois passar por uma longa série de objetivos pretendidos. Geralmente, esse método não funciona. O nervosismo de Cathy não provocava nela uma experiência plena de união amorosa.

No momento em que descobrimos o estado essencial desejado pela nossa parte interior, temos condições de transformar a base de nossa vida interior. Agora, o processo nos leva literalmente a virar o antigo padrão de cabeça para baixo. Podemos *começar* por aquilo que estávamos desejando obter à custa de tanto esforço. Podemos começar pelo estado essencial — a fonte interior. Convidamos a parte de nós mesmos com a qual estamos trabalhando a entrar em seu estado essencial e vivenciá-lo. Depois, convidamos nossa parte interior a observar como o fato de *possuir esse estado essencial como um estado de ser permanente* transforma cada um dos objetivos pretendidos. E, por fim, observamos como o estado essencial transforma naturalmente aquele comportamento original do qual não gostávamos. Cada um dos objetivos de nossa parte é transformado pelo estado essencial.

Para Cathy, o processo de reverter seu antigo padrão foi o seguinte:

a) **Para cada objetivo pretendido,** ela perguntava: "De que maneira o fato de possuir essa união amorosa como uma maneira de ser transforma ou enriquece [o objetivo pretendido]?". Quando atingimos nossos estados essenciais, nos sentimos completos. Temos aquilo que mais desejamos. Nossas motivações mudam totalmente. Ao invés de agir por necessidade ou carência, agimos a partir de uma plenitude. Quando deixamos que o estado essencial transforme cada objetivo pretendido, permitimos que essa plenitude se irradie a todas as áreas da nossa vida às quais essa nossa parte está ligada. Na presença do estado essencial, os objetivos positivos pretendidos se enriquecem e os objetivos pretendidos que nos parecem negativos se transformam. Não precisamos mais tentar modificar essas áreas e transformá-las em algo de que gostamos. Simplesmente convidamos nossa parte a observar o que *acontece naturalmente* quando o estado essencial está presente.

b) **Transformando o contexto original:** Perguntamos a Cathy: "De que maneira o fato de possuir desde o início essa união amorosa transforma a situação original? De que maneira isso muda sua experiência quando você chega em casa após um treinamento?". Este é o passo que provoca a mudança que Cathy deseja.

Durante este processo, não forçamos nada. Nunca decidimos previamente qual deve ser o estado essencial da parte com a qual trabalhamos ou de que maneira esse estado essencial vai transformar nossos objetivos anteriores. A mudança vem de dentro. A sensação original nem sempre muda completamente, como no caso de Cathy. Às vezes, quando começo com raiva, no final ainda estou com raiva, mas a intensidade dessa raiva é diferente. Sinto-me mais leve e mais consciente da razão da minha raiva, e a necessidade de culpar o outro desaparece. Continuo zangada, mas reconheço, num nível mais profundo, que a outra pessoa não está errada. O que acontece é que *eu* não gosto de alguma coisa.

CRITÉRIOS PARA AVALIAÇÃO DO ESTADO ESSENCIAL

É o contato com o estado essencial que nos permite obter resultados impressionantes e tão rápidos no Processo de Transformação Essencial. A partir do momento em que entramos em contato com o verdadeiro estado essencial, o resto do processo em geral segue tranqüilamente. A seguir, damos algumas orientações para ajudar o leitor a saber quando atingiu seu estado essencial.

1. O critério principal é que o estado essencial é sempre um estado interno que possui uma qualidade de "ser". Estados de bem-estar, amor, paz e união apenas *são*. Não dependem de nada externo, como fazer, obter, dar ou saber. Sucesso, reconhecimento e aprovação, ao contrário, são coisas que podemos *obter* de outras pessoas. Realização e satisfação são coisas que dependem do que *fazemos*. Embora importantes, não são estados essenciais. O conhecimento e o saber também não são estados essenciais, já que estão relacionados *a* alguma *coisa*. A liberdade não é um estado essencial, porque sempre nos libertamos *de* alguma coisa ou *para* alguma coisa. Um estado essencial apenas é, não precisa de nada para existir.

2. O estado essencial é sempre algo que pode ser vivenciado todo o tempo. A felicidade, por exemplo, geralmente não é um estado essencial, porque não dura o tempo todo. Em geral, quando me sinto feliz, é sempre *por causa de* alguma coisa. Estou feliz porque recebi um presente, ou porque um amigo me convidou para jantar, ou porque tive um momento especial com meus filhos. O estado essencial acontece num nível mais profundo. A paz interior, o bem-estar, por exemplo, podem estar presentes em *todos* os momentos, independentemente das circunstâncias externas. O estado essencial pode estar presente em qualquer momento, pouco importa o que esteja acontecendo na minha vida — mesmo quando estou triste ou zangada! Quando atinjo um estado essencial, minha raiva será mais clara. Passo a ser dona da minha raiva, em vez de perder o controle ou culpar alguém.

3. A maioria das pessoas sentem que entraram em contato com algo muito profundo e importante quando vivenciam um estado essencial. Algumas ficam emocionadas e chegam às lágrimas, quando entram em contato com o estado essencial, porque percebem claramente que atingiram um nível mais profundo do que o do objetivo pretendido. Em geral, há uma sensação de que esse estado vem das profundezas do nosso ser, irradiando-se além de nós. Nem sempre a pessoa vivencia plenamente um estado essencial, ao entrar em contato com ele pela primeira vez. Se você não vivenciá-lo plenamente da primeira vez, as etapas posteriores do processo, após a descoberta do estado essencial, poderão ajudá-lo a obter a experiência plena. Quando observamos o estado essencial em outras pessoas, às vezes sentimo-nos privilegiados e maravilhados por fazer parte da experiência. Depois de um seminário de Aligned Self, uma das participantes disse: "Quando alguém entra em contato com o seu estado essencial, fico toda arrepiada".

4. Depois de ter entrado em contato com o estado essencial, ao perguntar à parte: "O que você quer obter através disso?", a parte poderá fazer o seguinte:

    a. Não dar nenhum passo adiante. Sua parte interior poderá responder: "Não há nada mais", ou então permanecer com o último objetivo pretendido.

    b. Começar a descrever as *conseqüências* de ter o estado essencial, como por exemplo: "Assim vou poder fazer o que eu quero fazer na minha vida".

O questionário do próximo capítulo irá ajudá-lo a descobrir uma parte com a qual trabalhar e também lhe dará uma visão melhor da variedade de questões que você pode trazer para o Processo de Transformação Essencial.

CAPÍTULO 7

QUESTIONÁRIO
Como identificar o comportamento, sensação ou reação indesejável que se quer modificar

*É melhor conhecer algumas das perguntas
do que todas as respostas.*
James Thurber

Quaisquer que sejam nossas limitações ou problemas, o Processo de Transformação Essencial pode ser muito útil. Talvez você já saiba com que áreas da sua vida se sente insatisfeito e deseja trabalhar. Se você já souber com que limitação gostaria de trabalhar, fique à vontade para pular o questionário ou simplesmente lê-lo rapidamente. Você poderá voltar e completá-lo mais tarde.

Este questionário lhe oferece uma maneira fácil de se concentrar em algumas áreas de sua vida nas quais o Processo de Transformação Essencial pode ser profundamente eficaz. A função dessas perguntas é estimulá-lo a pensar em áreas e questões que podem constituir um bom ponto de partida para o Processo de Transformação Essencial.

Quem decide o que você deverá mudar?

Você. Se encontrar alguma coisa nesta lista que se aplique ao seu caso, mas que não considere uma limitação, claro que poderá deixar como está. Você é quem decide que coisas são importantes e sobre as quais deseja ter mais opções.

Como se come um elefante?

Pedacinho por pedacinho. Ao ler o questionário, talvez você observe muitas áreas a serem trabalhadas. Se desejar estabelecer uma prioridade, poderá assinalar aquelas que se aplicam a você e depois indicar o nível de intensidade de cada uma delas, numa escala de 1 a 10. Na primeira vez, recomenda-se identificar uma limitação que esteja numa escala de intensidade abaixo de 5.

Quando tiver aplicado o Processo de Transformação Essencial algumas vezes, e os problemas que receberam nota 4 ou 5 na escala de intensidade estiverem sendo resolvidos com facilidade e tranqüilidade, você poderá passar a trabalhar com os problemas mais intensos.

O QUESTIONÁRIO

Áreas emocionais

- Você se sente preso a emoções ou estados de espírito, tais como depressão, raiva, ódio, dor, ciúme, medo, ansiedade, solidão, sensação de vazio, apreensão?
- Você tem dificuldade em perceber suas emoções?

Hábitos e vícios

- Você tem dificuldades alimentares, tais como comer em excesso, bulimia ou anorexia? Você sente "terríveis dúvidas" sobre o que e quanto vai comer?
- Você fuma e/ou bebe demais, pensa excessivamente em sexo, preocupa-se ao extremo com suas amizades, com questões financeiras ou com qualquer outra coisa?
- Você tem tiques nervosos, como roer as unhas ou tirar as cutículas, ficar tamborilando na mesa, ou sofre de acessos de riso nervoso?

Áreas de relacionamento

- Você se sente mal ao saber que alguém consegue fazer algo melhor do que você? Sente-se impelido a parecer melhor, ter o melhor ou ter mais do que os outros, ser o mais popular etc.?
- Você acha difícil pedir aquilo que deseja? Você geralmente acompanha o que os outros estão fazendo mesmo que não goste? Às vezes você diz que concorda com os outros, mesmo quando não é o caso?
- Você geralmente faz questão de agradar aos outros? Faz favores aos outros mesmo que isso o prejudique? Está disposto a fazer qualquer coisa para obter o amor e a aprovação de outras pessoas?
- Você geralmente evita a companhia de outras pessoas? Sente-se inseguro junto a pessoas que não representam nenhuma ameaça para você?
- Quando está com outras pessoas você tem medo ou reluta em ser você mesmo? No caso de relacionamentos mais íntimos, você se afasta da pessoa para evitar intimidade? Você tem dificuldade em estar "presente" na companhia de outra pessoa?

- Você tem medo de ser abandonado?
- Você acha que não conseguiria viver sem a outra pessoa? Parece que sua vida vai acabar se a outra pessoa não estiver presente? Você depende de outra pessoa para tomar decisões por você?
- Você acha difícil confiar nos outros? Acha que as outras pessoas têm sempre segundas intenções? Você pensa que só algumas pessoas são boas? Você diz coisas do tipo "os homens não prestam", ou "as mulheres são sonsas"?
- Você tem tendência a confiar nas pessoas em quem não deveria? Você ignora os defeitos de outras pessoas a ponto de se fazer mal? Você tenta se convencer de que alguém é mais maduro ou evoluído do que realmente é?
- Você geralmente quer controlar a situação? Fica com raiva quando as pessoas fazem coisas que você não consegue controlar?
- Você fica chateado quando alguém parece querer assumir o controle da situação?
- Você acha difícil cumprir seus compromissos? É comum você dizer sim e depois se arrepender? Você diz sim e depois volta atrás?
- Você luta para estar sempre à frente de tudo? Sente-se desconfortável quando outra pessoa é o centro das atenções? Às vezes sente-se levado a assumir o mérito de coisas que não fez?
- Você às vezes briga para saber quem está certo? Mantém-se irredutível na sua posição, mesmo quando está claro que a outra pessoa é que tem razão? Você acha difícil admitir que cometeu um erro?
- Você geralmente pensa nos problemas em termos de quem é a culpa? Você discute para saber de quem é a culpa? Acha que as outras pessoas deveriam assumir a culpa e admitir que lhe causaram problemas? Você normalmente julga os erros ou as limitações dos outros? Acha difícil perdoar alguém?
- Você tende a se culpar pelos erros ou sentimentos de outras pessoas? Você se culpa por ter cometido um erro? É difícil para você se perdoar?
- Se alguém fizer algo de que não gosta, você tenta revidar? Você sente tendência a irritar as pessoas? Você é sarcástico? As pessoas se sentem ofendidas com o que você diz ou faz, mesmo quando você não sabe por que elas ficaram chateadas?
- Você acha muito importante que as outras pessoas pensem bem de você? Você tenta modificar um pouco a verdade ou mesmo mentir para manter uma imagem positiva?
- Você é tentado a ser desonesto para obter aquilo que deseja dos outros?

Auto-imagem
- É difícil você se aceitar, a não ser que você seja perfeito?
- Você critica muito seu comportamento quando comete pequenos erros?
- Você se acha melhor do que os outros ou menospreza os outros?
- Você se acha inferior aos outros ou julga que os outros são sempre melhores de que você?
- Você tem vergonha de si mesmo ou de seu comportamento?
- Você gostaria de melhorar sua auto-estima?
- Você não sabe quem você é?

Outras categorias
- Você tem alguma doença que acha que possa estar relacionada a uma emoção reprimida ou a uma situação de estresse?
- Você já sentiu que é co-dependente?
- Você às vezes maltrata outras pessoas?
- Você já foi vítima de maus-tratos físicos, mentais, emocionais ou sexuais?
- Você se pega sendo derrotista?
- Você é daqueles que trabalham demais ou de menos?
- Você vive preocupado com questões financeiras?
- Você tem muitos conflitos internos?
- Você tem pensamentos obsessivos sobre alguma coisa?

CAPÍTULO 8

AGINDO!
O EXERCÍCIO DO ESTADO ESSENCIAL
Chegar à fonte interior

A ação afasta a dúvida que a teoria não consegue eliminar.
Tehyi Hsieh

Este exercício funciona melhor com duas pessoas, se for a primeira vez que você estiver aplicando o processo. Uma pessoa seria o "explorador", enquanto a outra seria o "guia". O explorador escolhe algo com que trabalhar enquanto o guia lê o roteiro do exercício. Se ninguém estiver disponível para ajudá-lo e você quiser fazer o exercício sozinho, poderá representar ambos os papéis, passando de um para o outro. Primeiro, leia as instruções como guia e, em seguida, seja o explorador da sua experiência interna. Quer você conte com a ajuda de um guia ou esteja fazendo o exercício sozinho, sugerimos que leia todo o exercício pelo menos uma vez antes de começar. No próximo capítulo, "Agindo sozinho", você terá mais informações sobre como fazer o exercício sem a ajuda de outra pessoa.

Você (explorador) pode começar relaxando e voltando-se para dentro. Geralmente, fica mais fácil se mantiver os olhos fechados. Ao fazer as perguntas internamente, pare e fique atento a qualquer resposta. Talvez surja uma imagem, um som, uma voz e/ou uma sensação. Quanto mais perto você chegar do estado essencial, mais forte será o componente cinestésico das respostas. Se você achar que tem uma resposta, mas não tiver certeza, pode perguntar à sua parte: "É essa a sua resposta ou seria outra coisa?".

O guia pode facilitar o processo falando devagar, num tom de voz mais suave. Após cada instrução, faça uma pausa para dar ao explorador o tempo de responder internamente. Anote, em poucas palavras ou numa frase mais importante, os objetivos pretendidos do explorador. O explorador pode indicar ao guia se quer que ele vá mais rápido ou mais devagar. Se você estiver fazendo o exercício sozinho, é bom ter uma folha de papel e uma caneta para anotar seus objetivos pretendidos.

Se você for o guia, observe que, quando a frase estiver em itálico nas instruções que vêm a seguir, não é necessário lê-la em voz alta.

●●●

Etapa nº 1. ESCOLHER UMA PARTE COM QUE TRABALHAR

a) Identifique a parte com a qual você quer trabalhar. Escolha algo que você sente, pensa ou faz e que não lhe agrada. A primeira vez que fizer esse exercício, escolha algo de intensidade moderada. *(Escreva isto com uma ou duas palavras. Vamos voltar a falar sobre isso [comportamento, sensação ou reação X] neste roteiro e aí você poderá completar o que a parte faz.)*

b) Quando, onde e com quem você tem esse [comportamento, ou sentimento ou reação X]? *(Escreva a resposta em poucas palavras.)*

Vivenciando a parte

c) Feche os olhos, relaxe e volte-se para dentro. Mentalmente, vivencie um incidente específico no qual ocorreu [o comportamento, a sensação ou a reação X]. Ao reviver a experiência, reveja o incidente e observe sua experiência interior. Talvez você note imagens internas, sons e sensações que acompanham a experiência.

d) Como você não escolheu conscientemente esse [comportamento, sensação ou reação X], é como se um lado seu o tivesse escolhido. Comece a prestar atenção em que parte do seu corpo "vive" esse seu lado. Você tem essa sensação mais forte em algum local do corpo? Se for uma voz interior, *de onde* ela vem? Se você vê imagens internas, *em que ponto* do seu espaço pessoal elas se localizam? Com delicadeza, convide esse seu lado a tornar-se perceptível conscientemente. Se esse lado seu estiver dentro do seu corpo, talvez seja bom colocar a mão no local onde você o sente com mais intensidade. Isto pode ajudar você a lhe dar as boas-vindas e a aceitá-lo.

Dar as boas-vindas e aceitar a parte

e) Dê as boas-vindas a esse seu lado. Mesmo que você não saiba qual é seu objetivo, agradeça-lhe por estar ali, pois você sabe que ele tem um objetivo profundamente positivo.

Etapa nº 2. DESCOBRIR O OBJETIVO/PRIMEIRO OBJETIVO PRETENDIDO

a) Pergunte à parte que [faz X]: "O que você deseja?". Depois, preste atenção a imagens, vozes, sons ou sensações que possam surgir em resposta. Talvez a resposta venha instantaneamente. Às vezes, demora um certo tempo para que essa sua parte descubra qual é o seu objetivo. Não há problema. Trata-se de uma experiência nova para essa sua parte; portanto, dê a ela o tempo de que precisar.

b) *Escreva a resposta que a parte lhe der.* Este é seu primeiro objetivo pretendido. Agradeça à parte pela informação. Se você gosta desse primeiro objetivo pretendido, agradeça-lhe por ter criado esse objetivo para você. Às vezes, os objetivos pretendidos que surgem não parecem positivos. Entretanto, se continuar perguntando à parte o que ela deseja, os objetivos positivos acabam surgindo. É importante incluir e aceitar quaisquer objetivos negativos que apareçam. Os objetivos dos quais você não gosta serão transformados antes do final do processo.

Etapa n? 3. DESCOBRIR A CADEIA DE OBJETIVOS

a) Pergunte a essa sua parte: "Se você conseguisse obter [o objetivo pretendido da etapa anterior], de maneira plena e completa, o que você deseja obter através desse objetivo que seja ainda mais importante?". *Espere a resposta.* Agradeça à parte por ter esse objetivo para você. (*Anote o objetivo pretendido.*)

b) *Repita a etapa n.º 3a até chegar ao estado essencial. A cada vez, você obterá um novo objetivo pretendido. Anote-o. Sempre que fizer a próxima pergunta, use o* novo *objetivo pretendido.*

Etapa n? 4. O ESTADO ESSENCIAL: CHEGAR À FONTE INTERIOR

a) Quando atingir o estado essencial, vivencie-o e desfrute-o plenamente. Depois vá para a etapa n? 5.

Etapa n? 5. REVERTENDO A CADEIA DE OBJETIVOS A PARTIR DO ESTADO ESSENCIAL

a) De alguma maneira, nossas partes interiores acham que, para vivenciar um estado essencial, têm que passar por uma longa série de objetivos pretendidos. Infelizmente, isso nem sempre dá certo. Não conseguimos vivenciar nossos estados essenciais com freqüência quando utilizamos essa estratégia, porque o estado essencial não é algo que se possa obter através de ações. A maneira de atingir um estado essencial é simplesmente entrar nele e vivenciá-lo.

b) Geral: Convide essa parte sua a entrar no [estado essencial] e agora pergunte a ela: "Agora que você tem esse [estado essencial] como ponto de partida, como uma maneira de estar no mundo, de que forma isso [estado essencial] torna as coisas diferentes? (*Dê um tempo para que o explorador vivencie a sua experiência.*)

CRITÉRIOS PARA RECONHECER OS ESTADOS ESSENCIAIS

É importante ter critérios claros para reconhecer um estado essencial. Sem isso, temos a tendência a interromper a cadeia de objetivos cedo demais ou levá-la longe demais. Em qualquer caso, o processo não dá tão bons resultados. Você saberá se chegou ao estado essencial observando as seguintes características:

1. *Trata-se sempre de um estado de ser.* Não está relacionado a nada exterior, como fazer, ter, dar ou saber. As pessoas o descrevem de muitas maneiras diferentes, mas os estados essenciais geralmente criam uma sensação de paz, amor, plenitude, e bem-estar.

2. Não depende de outras pessoas, como por exemplo "reconhecimento", "aprovação" ou "amor de outras pessoas".

3. Não é reflexivo, como "amar a si mesmo".

4. Não se trata de uma emoção específica, como confiança, satisfação, esperança, coragem, ou orgulho.

5. Quando você passa pela etapa n? 3a com o estado essencial, duas coisas podem acontecer: 1) a parte não pode ir além; 2) a parte começa a descrever as conseqüências de possuir o estado essencial, como por exemplo, "Agora minha vida vai ser diferente".

6. Ocorrem mudanças físicas, como relaxamento, mudança da cor de pele, do ritmo da respiração. Se você estiver fazendo o exercício sozinho, talvez observe uma grande mudança na maneira como se sente. (Algumas pessoas descobrem que, embora gostem do seu estado essencial, não o sentem tão plenamente quanto gostariam. Isso geralmente indica a necessidade de outras etapas do processo, que vamos mostrar-lhes nas Partes III e IV.)

c) Específico: *Deixe que o estado essencial transforme cada um dos objetivos pretendidos, um de cada vez, começando por aquele que está mais próximo do estado essencial.* Pergunte à parte: "De que forma o fato de possuir esse [estado essencial] como uma maneira de ser transforma ou enriquece o [objetivo pretendido]?". *(Faça uma pausa a cada vez, para dar ao explorador tempo de desfrutar e integrar a experiência.)*

TRANSFORMANDO OBJETIVOS PRETENDIDOS

A pergunta do passo n.º 5c é uma maneira genérica de transformar os objetivos pretendidos. Em alguns casos, será necessário variar esta pergunta:

1. **Objetivo pretendido dependente**: Quando o objetivo pretendido depender de outras pessoas, como por exemplo "ser valorizado", ou "ser amado", é necessário fazer à parte duas perguntas:

    a) "De que maneira o fato de possuir esse [estado essencial] transforma sua experiência quando você obtém [objetivo pretendido dependente]?"

    b) "De que maneira o fato de possuir esse [estado essencial] transforma sua experiência quando você *não* consegue obter [objetivo pretendido dependente]?"

    Exemplo: O objetivo pretendido é "ser valorizado".

    "De que maneira o fato de sentir plenitude na sua vida transforma e enriquece sua experiência de ser valorizado pelos outros?"

    "De que maneira o fato de possuir essa plenitude na sua vida transforma uma situação na qual você não é valorizado por alguém?"

    Exemplo: O objetivo pretendido é "ser amado".

    "De que forma essa profunda paz se irradia por sua experiência de ser amado?"

    "De que maneira essa profunda paz transforma uma situação na qual alguém não é capaz de lhe dar o amor que tem dentro de si?"

2. **Objetivo pretendido negativo:** quando o objetivo pretendido não lhe agradar, como por exemplo "vingança", "controlar outras pessoas", "ser perfeito", pergunte à sua parte: "De que maneira o fato de possuir esse [estado essencial] transforma essa área que <u>antigamente era</u> [objetivo pretendido negativo]?

    Exemplo: Os objetivos são "vingança" e "controle".

    "De que maneira essa sensação de ser uma pessoa completa se irradia por essa área que anteriormente era de vingança, transformando-a?"

    "De que maneira essa sensação de unicidade transforma totalmente essa área que anteriormente queria controlar os outros?"

Transformando o contexto original

d) *Depois de repetir a pergunta para cada um dos objetivos pretendidos, em seqüência, você estará pronto para descobrir de que maneira o estado essencial transforma a limitação que você tinha inicialmente.* Pergunte à parte: "De que maneira o fato de *possuir* esse [estado essencial], como uma maneira de ser, transforma sua experiência [dentro do contexto no que você costumava sentir no X]?".
Dê ao explorador o tempo necessário para desfrutar a mudança. Se o comportamento, a sensação ou a reação indesejável original não se modificar de maneira satisfatória, provavelmente isso é um sinal de que serão necessárias etapas suplementares, que serão ensinadas nas partes III e IV.

•••

Trabalhando com o processo

Você acaba de completar pela primeira vez o exercício do estado essencial. Você passou pelas cinco primeiras das dez etapas do Processo de Transformação Essencial. Quer você tenha observado profundas mudanças, pequenas mudanças, ou mesmo nenhuma mudança dessa primeira vez, queremos mostrar-lhe como tirar ainda mais proveito do processo. As novas etapas apresentadas nos capítulos posteriores vão enriquecer sua experiência de maneira significativa.

Muitas pessoas relataram que sua reação torna-se mais plena à medida que repetem o processo várias vezes. Nosso inconsciente começa a compreender como o processo funciona e os caminhos internos que levam aos estados essenciais tornam-se mais óbvios e automáticos. É como um curso d'água que, ao passar sempre pelo mesmo caminho, abre um grande canal no solo.

CAPÍTULO 9

AGINDO SOZINHO
Como fazer sozinho o exercício do estado essencial

Não há nenhuma realidade, a não ser a que está contida dentro de nós. É por isso que tantas pessoas vivem uma vida tão irreal. Elas pegam as imagens que estão fora de si, acham que são reais e nunca permitem que seu mundo interior venha à tona.
Herman Hesse, Demian

Agora que você já passou pelo exercício de estado essencial, vamos dar um exemplo rápido de como uma mulher chamada Juliane fez o exercício sozinha. Ao ler o que vem a seguir, convide seu inconsciente a aplicar essa experiência da maneira que lhe seja adequada. Nos parágrafos seguintes, Juliane diz com que parte de si mesma escolheu trabalhar, conta como descobriu sua cadeia de objetivos e sua experiência do estado essencial:

Comecei sentindo-me irritada e ressentida com meu marido. Ele tem a mania de assumir publicamente o mérito de coisas que eu faço. Dessa vez, estávamos dando uma festa para comemorar o final da construção de uma nova ala da nossa casa. Estávamos mostrando a reforma a nossos convidados quando um amigo elogiou a colocação da janela com vista para as montanhas. Meu marido agradeceu, como se a idéia tivesse sido dele, quando na realidade eu planejara aquilo! Passara dias e dias observando como a luz do sol incidia através da janela, imaginando a posição do sol durante as diferentes estações do ano e como captar um raio de luar na primavera! Ele sabia disso tudo e ignorou totalmente meu trabalho! Eu estava muito zangada!

Quando nossos convidados foram embora, disse a meu marido como me sentia e ele pediu desculpas, mas ainda assim achei que estava "faltando" alguma coisa. Decidi entrar em contato com aquele meu lado que estava zangado através do Processo de Transformação Essencial. Primeiro, apenas senti que aquele meu lado estava presente e dei-lhe as boas-vindas. À medida que eu ia aceitando esse lado, percebia como ele estava furioso. Deixei que ficasse plenamente furioso e extravasasse a raiva e então perguntei: "Agora que você pode ficar tão furioso quanto realmente quer, o que você deseja obter através da expressão da raiva que é ainda importante?".

A resposta não surgiu imediatamente, mas, quando deixei que aquele meu lado extravasasse plenamente a raiva, logo surgiu a resposta: "Ser capaz de me expressar plenamente". Aquele meu lado queria que eu pudesse sentir plenamente minhas emoções. Era um objetivo um pouco diferente do que eu estava esperando. Eu imaginava que aquele meu lado quisesse obter respeito e reconhecimento por parte dos outros.

Perguntei a esse meu lado: "Você deseja obter respeito e reconhecimento por parte dos outros?". Ele não pareceu concordar com isso. Ao contrário, insistiu que queria ser capaz de expressar-se plenamente.

Convidei esse meu lado a experimentar profundamente esse sentimento e perguntei: "Agora que você conseguiu a experiência de se expressar plenamente da maneira como deseja, o que você deseja obter através desse objetivo que seja ainda mais importante?". Ele vivenciou a experiência de expressar-se plenamente durante algum tempo e depois surgiu a resposta: "Quero sentir uma vitalidade plena e profunda".

Convidei esse meu lado a vivenciar plenamente essa experiência e então perguntei: "Agora que você tem essa experiência de vitalidade profunda, o que deseja obter que seja ainda mais importante?".

Como resposta, senti que uma cálida luz dourada permeou todo aquele meu lado. Então, depois de convidá-lo a sentir plenamente aquela luz dourada, perguntei mais uma vez: "E ao ter esta experiência, há algo ainda mais importante que você deseje obter através dela?". Nada surgiu no início. Portanto, mantive a experiência da luz dourada, até que de repente surgiu uma experiência ainda mais difícil de ser descrita. O máximo que posso dizer é que fui envolvida por uma luz líquida, que parecia mover-se com a consistência do mel, embora mais pura e suave. Quando convidei a parte a penetrar profundamente na experiência, fui surpreendida por uma vibração. Era como se os átomos do meu ser físico não estivessem mais organizados da mesma maneira. Eles não estavam mais organizados como se eu fosse um indivíduo separado. Moviam-se como uma onda. Estou tentando descrever um estado que pertence a um nível diferente de realidade, e sei que as palavras não conseguem descrevê-lo plenamente. Este foi meu estado essencial.

A CADEIA DE OBJETIVOS DE JULIANE
Parte com que trabalhar: raiva
Objetivo pretendido n? 1: expressar-se plenamente.
Objetivo pretendido n? 2: vitalidade profunda.
Objetivo pretendido n? 3: luz dourada.
Estado essencial: luz líquida.

Nesse ponto do exercício de estado essencial, Juliane descobriu o que aquele seu lado realmente desejava. Ele queria que ela vivenciasse o estado que ela chamou de luz líquida. Essa parte de Juliane pensou que, sentindo raiva, poderia levá-la por um longo caminho, por outros objetivos pretendidos, que no final lhe trariam aquela experiência tão valiosa.

Em seguida, Juliane reverte a cadeia de objetivos, fazendo com que o seu lado interior comece pelo estado essencial que deseja. Isso lhe dá oportunidade de perceber como, a partir do estado essencial, cada objetivo pretendido é enriquecido ou transformado, inclusive o sentimento original de raiva. No final do processo, Juliane é capaz de integrar natural e automaticamente sua experiência de luz líquida à sua vida diária:

> Na seqüência do processo, convidei aquele meu lado a perceber como o fato de ter tido aquela profunda e permanente experiência de luz líquida tornava as coisas diferentes.
>
> Em seguida, deixei que essa sensação fosse permeando toda a cadeia de objetivos. Fiz com que a experiência de luz líquida se irradiasse para a experiência da luz dourada da etapa imediatamente anterior. Depois, perguntei: "De que forma o fato de ter passado por essa experiência profunda e permanente de luz líquida transforma e enriquece a experiência de profunda vitalidade?".
>
> Depois: "De que maneira o fato de possuir de forma profunda e permanente essa luz líquida transforma e enriquece o fato de ter uma grande gama de possibilidades de expressão?".
>
> Deixei que esses elementos fossem se integrando de maneira inconsciente. Não sei o que mudou a partir daí, mas pude observar que a experiência era muito mais plena, mais forte e mais tranqüila.
>
> Então cheguei à última etapa e convidei esse meu lado a observar como o fato de possuir a luz líquida transformava a situação original que me deixava zangada. Percebi que a raiva ficava mais limpa, mais clara. À medida que a luz líquida se irradiava através desse contexto, fui surpreendida por um riso que emergiu das profundezas do meu ser. Era um riso pleno e silencioso. Era como se o riso estivesse permeando tudo, sem emitir um som sequer.
>
> Não sei exatamente o que isso vai significar no futuro. Não sei o que vou fazer. Mas sei que não me sinto mais tão "presa" às minhas idéias como antes. E percebi de imediato uma receptividade totalmente nova em relação ao meu marido.

COMO FAZER SOZINHO O EXERCÍCIO DO ESTADO ESSENCIAL

Alguns de vocês talvez não tenham um parceiro para guiá-los no exercício do estado essencial e decidam aplicar o processo sozinhos.

Descobrimos que fazer o Processo de Transformação Essencial sozinho exige maior concentração, porque é fácil nos perdermos quando entramos em contato com os nossos maravilhosos estados essenciais não-verbais! Os resultados serão mais benéficos se você seguir todas as etapas. Será útil ter lápis e papel à mão, para anotar o que sua parte deseja e a cadeia de objetivos. Apresentamos a seguir as anotações de Tina, que fez o processo sozinha. Talvez você queira seguir sua experiência.

Etapa n? 1. ESCOLHER UMA PARTE COM QUE TRABALHAR

a) Vou trabalhar com um lado meu que se sente intimidado quando minha colega de trabalho expressa de maneira incisiva suas opiniões.

Vivenciando esse lado, reconhecendo-o e dando-lhe as boas-vindas

b) Observo que a sensação de intimidação se expressa na altura do estômago — ele fica tenso e trêmulo. Dou as boas-vindas e aceito esse meu "lado". Ao fazer isso sinto um leve calor na área do estômago, como se esse meu lado estivesse protegido.

Etapa n? 2. DESCOBRIR O OBJETIVO/PRIMEIRO OBJETIVO PRETENDIDO

a) Pergunto: "O que você quer para mim?". Meu lado responde: "Estar seguro". Tenho uma sensação que me indica que esse meu lado está protegido numa área segura.

Etapa n? 3. DESCOBRIR A CADEIA DE OBJETIVOS

a) Pergunto a esse meu lado: "Se você se sentir seguro, completamente seguro, como o deseja, o que você quer obter através dessa segurança que seja ainda mais importante?". Meu lado responde: "Então posso estar presente". Eu o sinto ali, plenamente presente — e a essa sensação acrescenta-se outra, de aconchego e clareza.

b) Pergunto a esse meu lado: "Se você puder estar plenamente presente como quer, o que você deseja obter através dessa presença plena que seja ainda mais importante?". E o meu lado responde: "Viver plenamente". Sinto esse meu lado movimentando-se livremente, sem restrição, e fico empolgada.

c) Pergunto a esse meu lado: "Se conseguir viver plenamente, o que você deseja obter através dessa experiência que seja ainda mais importante?''. E o meu lado responde: "Viver plenamente". Sinto esse meu lado movimentando-se livremente, sem restrição, e fico empolgada.

Etapa n? 4. ESTADO ESSENCIAL: ENTRANDO EM CONTATO COM A FONTE INTERIOR

a) Pergunto ao meu lado: "Se você viver plenamente a experiência de 'ser completo', o que você deseja obter através dessa experiência que seja ainda mais importante?''. Meu lado entra num estado de expansão infinita, que continua crescendo, sem fronteiras. Sinto-me leve como uma pena, como se eu existisse em cada um dos átomos do universo. Tenho a sensação de que esse é meu estado essencial.

Etapa n? 5. REVERSÃO DA CADEIA DE OBJETIVOS A PARTIR DO ESTADO ESSENCIAL

a) Passo a reverter a cadeia de objetivos e pergunto ao meu lado: "De que forma o fato de ter essa infinita expansão torna as coisas diferentes?''. Quando a infinita expansão penetra nesse meu lado, algo se solta e, de alguma forma, ele se liberta.

b) Pergunto ao meu lado: "De que forma o fato de possuir essa infinita expansão se irradia através da experiência de ser completo?''. Sinto uma sensação de plenitude muito maior.

c) Pergunto ao meu lado: "De que maneira o fato de ter essa infinita expansão transforma e enriquece a sensação de viver plenamente?''. A experiência se torna mais intensa e ao mesmo tempo mais tranquila.

d) Pergunto ao meu lado: "De que maneira o fato de ter essa infinita expansão transforma o fato de estar presente?''. Aumenta a sensação de calor e clareza.

e) Pergunto ao meu lado: "De que maneira o fato de ter essa infinita expansão transforma e enriquece toda a sua experiência de sentir-se seguro?''. Agora, as paredes que me rodeiam desabam totalmente. Há mais luz, e uma sensação de segurança diferente. As barreiras são irrelevantes. A segurança existe e pronto.

Transformação do contexto original

f) Pergunto ao meu lado: "De que maneira o fato de ter essa infinita expansão transforma a situação original em que você se sente intimidado diante de uma colega de trabalho?''. Tenho a sensação de que esse meu lado praticamente pula de um lado para outro, ansioso por estar com aquela pessoa. É completamente diferente. Não sei explicar o que é diferente, mas é. Não a vejo mais da mesma maneira. Ela passa a ser uma pessoa como eu.

CAPÍTULO 10

COLOCANDO EM PRÁTICA A TRANSFORMAÇÃO ESSENCIAL
Como estados essenciais podem modificar comportamentos, sentimentos e reações indesejáveis

Considerando a intensidade do problema com o qual estávamos lidando, fiquei surpreso em ver como o processo foi fácil. Foi muito delicado, embora extraordinariamente poderoso.
Russell

Quando vivemos a partir dos nossos estados essenciais, muitas outras limitações, além das iniciais, tendem a desaparecer. Simplesmente não precisamos mais delas. Geralmente, as pessoas ficam surpresas ao descobrir que outros hábitos ou sentimentos se modificam aparentemente sem ação exterior. Neste livro, incluímos entrevistas com pessoas que passaram pelo Processo de Transformação Essencial, a fim de lhes dar uma idéia do que normalmente acontece.

A história de Russell

Russell, um homem de negócios, aplicou o Processo de Transformação Essencial à raiva, que ele considerava inadequada. A seguir, vejamos como ele descreve as mudanças na sua vida um ano após o processo.

Trata-se de um processo muito poderoso. Eu tinha um problema de temperamento. Ficava furioso em circunstâncias totalmente inadequadas. A raiva surgia nos momentos errados e me levava a fazer coisas estúpidas — das quais eu me arrependia, que não me levavam a lugar nenhum —, o que piorava ainda mais a situação. Por exemplo, ficava irritado com os motoristas dos outros carros ou com alguém que estava demorando muito tempo numa fila.

Como geralmente atraímos pessoas que têm uma personalidades semelhante à nossa, eu atraía pessoas zangadas. Descobri que não quero mais ter contato com esse tipo de pessoas. Elas tendem a causar os mesmos problemas que eu causava. Portanto, atrair esse tipo pessoa aumentava ainda mais o meu problema. Às vezes, elas ficavam zangadas *comigo*, o que aumentava a minha raiva: "Ah, é? Vou à forra!". Outras vezes, faziam coisas que me deixavam zangado e chateado. E nada disso me levava a um objetivo positivo. Era muito destrutivo.

O pior exemplo disso aconteceu num projeto que exigia terceirização. O subcontratado tinha feito algo questionável, que poderia acarretar custos extras e atrasar o projeto. Como tanto eu quanto as pessoas com as quais eu trabalhava estávamos irritados, todo mundo brigava com todo mundo. Então, decidi dar uma "lição" no subcontratado. Abandonamos os objetivos do projeto, para levar a cabo nossa vingança, o que exigiu a interferência de advogados e intermináveis ações na justiça. O resultado final foi que o projeto saiu perdendo. Não tínhamos queixa concreta. E, mesmo que tivéssemos, não iríamos conseguir uma indenização significativa. Tudo foi provocado pela raiva e levado adiante pela raiva, e custou muito caro a todos os envolvidos.

Estávamos envolvidos num projeto muito importante, cujo retorno potencial chegava a centenas de milhões de dólares. Eram cifras muito altas. Portanto, quando as coisas ficaram mais devagar e deixamos de nos concentrar nos objetivos do projeto, os prejuízos foram muito altos. No fim, computadas as custas legais, a perda de tempo e de energia, as oportunidades perdidas, as despesas devidas aos atrasos, o incidente acabou nos custando milhões de dólares.

Para mim, essa questão da raiva era um assunto muito difícil, muito duro, e estava ligada a lembranças nada agradáveis. O Processo de Transformação Essencial, porém, é fácil, delicado e flui com facilidade. Passamos a perguntar: "Qual é o maior bem que está sendo procurado aqui?". Levando em consideração a intensidade do problema com o qual estávamos lidando, fiquei surpreso em ver como o processo foi fácil. Foi muito delicado, embora extraordinariamente poderoso. Eu não tinha mais que passar por aquele inferno — nem mesmo tinha que começar a sentir raiva.

Desde que passei pelo Processo de Transformação Essencial tive — como todos nós — várias oportunidades para demonstrar meu desprazer. Agora, é muito diferente. Assim que começo a me sentir irritado ao invés de estourar, surge na minha mente uma espécie de lista e uma voz que me diz: "O que está fazendo? Qual vai ser o resultado disso? Vale a pena perder as estribeiras? Será que sua raiva vai realmente ajudar nesta situação? O que você quer realmente obter? Qual seria um comportamento efetivo para conseguir aquilo que você quer?". Isto acontece num milésimo de se-

gundo, mas muda tudo. Em 99% dos casos, tenho uma reação diferente. Minha voz interior diz: "Deixe que eles levem o bife para passar mais uma vez na chapa; deixe esse motorista passar na sua frente; deixe esse cara pegar o seu lugar no estacionamento".
Passei pelo processo um ano atrás, e os resultados são espetaculares. Tenha atraído pessoas mais centradas, mais tranqüilas, que não se irritam por qualquer coisa. Não desperdiço energia. Não perco mais tempo com coisas sem importância. Não tenho que voltar atrás e consertar meus erros. Não preciso mais viver na defensiva. As coisas fluem com facilidade. Isso não significa que eu não trabalhe. Inclusive, tenho obtido resultados extraordinários. Há muito tempo não tinha tantos resultados positivos como no último ano.
Nossos projetos têm fluído bem, com facilidade. Produzimos quatro livros de abril para cá, e mais um será iniciado em maio. Há um grande mercado em potencial para esses livros. Estamos ampliando nossa mala direta. Conseguimos contratar um gerente geral com catorze anos de experiência no departamento de marketing de grandes empresas americanas. Ele é uma pessoa que não se irrita com bobagens. Como estamos mais concentrados naquilo que fazemos e não nos sentimos irritados, atraímos pessoas afins. São pessoas centradas, que vêem as coisas de maneira muito mais funcional e adequada. Não consigo nem explicar, tem sido fantástico.
Depois do processo, várias áreas da minha vida mudaram — e a questão da raiva é apenas uma delas. A facilidade e a rapidez do processo o tornam perfeitamente adequado à década em que vivemos.

A história de Kimberly

Kimberly fez o exercício do estado essencial com uma parte de si mesma que queria aceitar uma pessoa que a tinha magoado intencionalmente. A história que ela vai contar mostra como suas crenças sobre a outra pessoa mudaram a partir do momento em que ela atingiu seu estado essencial. É claro que esse processo nada tem a ver com a compreensão intelectual. Significa entrar em contato com a nossa fonte interior — algo que sempre esteve ali — e permitir que ela flua naturalmente através do nosso ser.

> Intelectualmente, eu sabia que devia aceitar as pessoas que considero más e agressivas. Sabia que elas não tinham aprendido a ser delicadas e que deveria haver uma intenção positiva por trás do seu comportamento. Mas não tinha a experiência disso que eu sabia intelectualmente. Não conseguia pensar nessas pessoas dessa forma. Era como se eu dissesse: "E daí? Mesmo tendo uma intenção positiva, elas continuam sendo pessoas ruins".

Durante o processo, um dos objetivos pretendidos foi que um lado meu queria "amar e ser amado". O estado essencial, que era o *amor total*, foi precedido de uma luminosidade dourada e prateada. Foi uma experiência totalmente diferente do objetivo pretendido de "amar e ser amado".

Quando fiz a reversão da cadeia de objetivos e levei o estado essencial até aquele meu lado que queria amar e ser amado, vi que o estado essencial também estava dentro da pessoa que tinha me ofendido. Esse estado essencial ia para a área do seu estômago e rodeava aquela parte dela que ela ainda não tinha descoberto. Eu conseguia ver que ela se iluminava e que havia dentro dela a figura de uma criança pequena. Senti por essa pessoa uma profunda compaixão, como jamais havia sentido antes.

Mudança natural de crenças e de experiências

Como vimos nos depoimentos de Kimberly e Russell, quando passamos pelo Processo de Transformação Essencial, nossas crenças sobre nós mesmos e sobre o mundo sofrem uma mudança natural e espontânea. Nossas crenças limitantes estão profundamente arraigadas em nossos objetivos pretendidos. Mesmo sem conhecer previamente nossas crenças limitantes, ou sem mudá-las diretamente, é como se o estado essencial as purificasse.

Muitas pessoas têm um lado cujo objetivo é obter segurança e proteção. Como uma criança, essa nossa parte interior busca segurança e proteção criando uma barreira ao nosso redor. Tentamos nos proteger "escondendo-nos", não dizendo o que pensamos ou criando uma "casca" exterior para não nos mostrarmos. Quando passamos a viver a partir do estado essencial, geralmente sentimos segurança e proteção de uma maneira totalmente diferente. Se, por exemplo, meu estado essencial é de unicidade, quando passo a me sentir "unido à totalidade", não preciso mais me proteger de nada.

Os sentimentos que dependem dos outros, como amor, reconhecimento ou aprovação, também ficam muito diferentes. Vamos supor mais uma vez que meu estado essencial seja a unicidade. Quando vivo a partir da experiência de estar ligada a um todo maior, não faz sentido eu precisar de algo de outra pessoa, pois percebo que aquilo que eu preciso já é parte de mim. A maioria das nossas crenças limitantes nascem da suposição de que somos seres separados. Quando me sinto em união com tudo, muitas coisas se transformam. A maior parte dos estados essenciais têm uma qualidade de plenitude, mesmo que as pessoas não usem esta palavra para descrever a experiência. Essa sensação de paz, de plenitude, de amor total que se faz presente quando atingimos nosso estado essencial é universal.

PARTE III

CRESCIMENTO DA PARTE E SUA INTEGRAÇÃO PLENA

Tornando os Estados Essenciais mais acessíveis

CAPÍTULO 11

INTRODUÇÃO
FAZENDO A PARTE CRESCER
Obtendo recursos e sabedoria

A criança é o pai do homem.
Alfred, Lord Tennyson

O soldado japonês

Durante a Segunda Guerra Mundial, no ápice da expansão japonesa no Pacífico, havia guarnições japonesas em praticamente todas as pequenas ilhas espalhadas por uma grande extensão do oceano. Quando os japoneses começaram a perder a guerra, muitas dessas ilhas foram tomadas e derrotadas, mas algumas simplesmente passaram despercebidas. Nessas ilhas, pequenos grupos de soldados ou sobreviventes isolados esconderam-se em cavernas, em lugares inacessíveis. Quando a guerra acabou, muitos desses sobreviventes não souberam disso. Continuaram a lutar, mantendo da melhor forma possível suas armas enferrujadas e seus uniformes estraçalhados, totalmente isolados, desejando profundamente poder entrar de novo em contato com o comando geral.

Vamos imaginar a posição de tal soldado. Seu governo o chamou, treinou-o e enviou-o para uma ilha selvagem para defender e proteger seu povo contra a grande ameaça externa. Como cidadão obediente e leal, ele sobreviveu a muitas privações e batalhas durante todos os anos da guerra. Quando a intensidade da batalha diminuiu, ele ficou sozinho, ou com uns poucos outros sobreviventes. Durante todos esses anos, levou adiante a batalha da melhor maneira que podia, sobrevivendo às mais terríveis circunstâncias. Apesar do calor, dos insetos e das chuvas tropicais, continuou leal às instruções que lhe tinham sido dadas pelo seu governo tanto tempo atrás. Como deveria ser tratado esse soldado ao ser encontrado? Seria fácil rir dele, chamá-lo de estúpido por continuar a lutar uma guerra que já tinha terminado há mais de trinta anos.

Em vez disso, sempre que um desses soldados era localizado, o primeiro contato era feito com todo o cuidado. Um oficial de alta patente do exército japonês colocava seu velho uniforme, tirava sua espada de samurai do armário e, num antigo barco militar, partia para a ilha onde o soldado perdido havia sido encontrado. Lá, penetrava na mata, chamando o soldado até que ele respondesse. Quando o encontrava, o oficial agradecia-lhe, com lágrimas nos olhos, por sua lealdade e coragem. Em seguida, pedia que lhe contasse as experiências por que havia passado e lhe dava as boas-vindas. Somente algum tempo depois, com toda a delicadeza, o soldado era informado de que a guerra havia terminado e seu país estava novamente em paz, e por isso ele não precisava mais continuar lutando. Quando chegava em casa, era recebido como herói, com desfiles e medalhas, por uma multidão que lhe agradecia e comemorava sua árdua luta e sua volta para junto do seu povo. (Esta história foi contada no livro *Heart of the mind*, de Connirae e Steve Andreas. Reproduzimo-la aqui, com nossos agradecimentos a Greg Brodsky.)

Como fazer uma parte crescer

Quando eu (Connirae) criei o Processo de Transformação Essencial, observei que muitas pessoas seguiam as etapas do exercício do estado essencial, mas não absorviam realmente os resultados. Era como se aquele lado delas que chegava a vivenciar o estado essencial continuasse separado. Portanto, o lado experimentava o estado essencial, mas a *pessoa* não conseguia vivenciá-lo plenamente. As etapas que apresentamos a seguir integram plenamente a parte com a qual o leitor está trabalhando. Pude observar que elas nos ajudam a completar e ampliar os resultados — mesmo quando já obtivemos resultados espetaculares com o exercício do estado essencial.

Às vezes, uma parte fica separada da pessoa porque se formou numa época anterior da sua vida. A maioria das pessoas consegue identificar facilmente comportamentos, sensações e reações que vêm da infância. É como se algumas partes nossas não conseguissem "entrar em contato" com a vivência e a sabedoria que adquirimos à medida que amadurecemos. Esses lados isolados são justamente os responsáveis pelos comportamentos, sentimentos e reações que desejamos modificar! Essas estratégias eram a melhor opção que tínhamos na época para enfrentar uma situação difícil. Como os soldados japoneses, um lado nosso continua preso à infância, isolado das capacidades, da informação e da sabedoria que possuímos atualmente.

Se perguntarmos a nossos lados interiores: "Que idade você tem?", muitos deles vão dar uma idade que varia entre a primeira e a segunda infância. Se deixarmos um lado nosso permanecer mais jovem, mesmo que ele tenha atingido seu estado essencial não conseguiremos vivenciá-lo plenamente. (O leitor vai entender como se formam esses vários lados, ou partes, que temos dentro de nós no capítulo 27, que tem como título "Como as partes se formam".)

Praticamente todos os nossos comportamentos, sentimentos e reações indesejáveis são remanescentes de uma idade mais jovem. Na idade adulta, a maioria das pessoas está pronta para deixar para trás esse tipo de reação infantil. Nos próximos capítulos, vamos mostrar como aprofundar o Processo de Transformação Essencial, curando profundamente essas partes mais jovens através de seus respectivos estados essenciais. Quando fazemos com que uma parte cresça através do Processo de Transformação Essencial estamos lhe informando com delicadeza e carinho que agora é seguro e natural que ela passe a ter um novo comportamento, mais adequado e mais eficiente.

Como integrar plenamente uma parte

Outra razão pela qual nossos lados interiores se mantêm separados é que os vivenciamos em locais diferentes de nosso corpo. Para que possamos vivenciar plenamente o estado essencial, nossos lados interiores precisam ser plenamente integrados — fluindo para dentro do nosso corpo físico e preenchendo-o inteiramente. A seguir, aprenderemos a observar onde se localiza cada uma de nossas partes e a verificar se elas estão realmente integradas.

Enquanto nossas partes estiverem separadas de nós pela idade ou pela localização, não podemos nos tornar um ser inteiro e completo, nem usufruir plenamente os benefícios que elas podem nos dar.

Capítulo 12

DEMONSTRAÇÃO COM LISA
A importância do crescimento das partes

Quando está em contato com Deus, você O vê em todas as pessoas, mesmo que elas tratem você como se fosse pai, mãe, filha ou até mesmo um mosquitinho!
Connirae Andreas

Neste exemplo, duas novas etapas são acrescentadas ao Processo de Transformação Essencial: "Fazendo a parte crescer" e "Incorporando plenamente a parte".

Antes de demonstrar essas novas etapas, Connirae orienta Lisa no exercício do estado essencial. Oferecemos este segundo exemplo do exercício do estado essencial para ajudar o leitor a compreender melhor o processo.

Imagine que você tenha acabado de chegar à Terra, vindo de outro planeta, e tenha visto apenas uma espécie de planta. Por conhecer apenas um tipo de planta, você não sabe avaliar a variedade das espécies existentes aqui na Terra. Entretanto, depois de conhecer alguns tipos de plantas, você será capaz de reconhecer com facilidade uma nova espécie, mesmo que nunca a tenha visto. Os botânicos podem enumerar todas as especificações de uma planta, mas, mesmo sem conhecê-las, sabemos, a partir da nossa experiência, o que é uma planta. Da mesma forma, a leitura desta demonstração com Lisa vai ajudar seu inconsciente a compreender e a reconhecer de que forma o Processo de Transformação Essencial pode dar resultados no seu caso.

Esta demonstração foi feita durante um seminário de Aligned Self. Os comentários acrescentados à transcrição aparecem em itálico e entre parênteses.

•••

Escolher uma parte com a qual trabalhar

Connirae: Então, Lisa, qual é o comportamento, sentimento ou reação que lhe parece infantil e para o qual gostaria de ter mais opções?
Lisa: Não gosto quando as pessoas me tratam como se eu fosse filha delas. Não gosto quando alguém tenta me dizer o que fazer. (*Lisa parece chateada.*)

Vivenciar a parte

Connirae: E quando isto acontece, qual é sua reação?
Lisa: Tenho uma sensação na garganta. (*Lisa encosta a mão na garganta e sua respiração torna-se mais rápida e superficial.*)
Connirae: Na garganta. Tudo bem.
(*Para o grupo*) Observem que já temos acesso a esta parte de Lisa. Se ela já não tivesse contato com essa sua parte, teríamos que lhe pedir para pensar em um incidente específico no qual tivesse tido essa reação.

Aceitar e dar boas-vindas à parte

(*Para Lisa*) O que quero que você faça agora, Lisa, é que dirija sua atenção para dentro, e dê as boas-vindas a essa parte. Antes, talvez você tivesse um conflito com ela e quisesse deixá-la de lado.(...) (*Lisa concorda.*)

Descoberta do objetivo

Connirae: Mantendo esse sentimento de aceitação, pergunte agora a essa parte: "O que você deseja?".
Lisa: (...) Ela quer me defender.
Connirae: Perfeito. Essa parte cria uma sensação na sua garganta e quer "defender" você. Parece algo muito importante para todos nós. Lisa, agradeça a essa parte por querer isso para você. (...) (*Lisa concorda e volta-se para dentro.*)

Descobrir a cadeia de objetivos

Connirae: Agora pergunte a essa parte "Se você *obtiver* esse resultado para mim da forma como deseja, o que mais deseja para mim através dessa capacidade de me defender?".
Lisa: (...) Valor. Acho que ser capaz de me defender tem a ver com um sentimento de valor. Significa que as coisas que penso ou faço têm valor. Isto é o que significa ser capaz de me defender.
Connirae: Essa parte sua quer que você tenha um sentimento de valor? A capacidade de se defender tem a ver com um sentimento de valor?
Lisa: (...) Tem.
Connirae: Agora, Lisa, agradeça à sua parte e pergunte a ela: "Se você, obtiver *tudo isso*, ou seja, valor e capacidade de me defender, o que seria ainda mais importante?".

Lisa: Surge um sentimento de amor.
Connirae: Surge um sentimento de amor. É um belo sentimento. Então, Lisa, volte para dentro e agradeça a essa sua parte por ter esse objetivo. Agora pergunte a ela: "Se conseguir ter essa sensação de amor, o que mais você quer sentir através dessa experiência que seja ainda mais importante?".
Lisa: Consigo perceber melhor a sensação anterior, uma sensação de amor.
Connirae: Ótimo. (*Para o grupo*) Isso também pode acontecer com vocês. Talvez vocês obtenham a mesma resposta duas vezes. Quase sempre, entretanto, haverá algo diferente e importante na segunda resposta. Por isso é necessário prestar atenção. Geralmente, a sensação é mais profunda ou mais plena da segunda vez. (*Para Lisa*) Portanto, você pode me dizer o que é.

O estado essencial: entrando em contato com a fonte interior

Lisa: (*Mantendo os olhos fechados e percebendo as sensações internas*) (...) Depois há uma sensação de luz. E, a seguir, de estar em *união com Deus*.
(*Em vez de responder à minha pergunta, a parte de Lisa foi direto às duas outras perguntas. À medida que nos comunica as respostas, Lisa parece já ter entrado em contato com um maravilhoso estado interior. "Estar em união com Deus" sem dúvida alguma é o estado essencial desta parte de Lisa.*)

A CADEIA DE OBJETIVOS DE LISA

Parte com que trabalhar: sensação na garganta quando alguém diz o que devo fazer.
Objetivo pretendido n.º 1: ser capaz de me defender.
Objetivo pretendido n.º 2: sensação de valor, valorização.
Objetivo pretendido n.º 3: sentimento de amor.
Objetivo pretendido n.º 4: sentimento de amor (mais profundo).
Objetivo pretendido n.º 5: sensação de luz.
Estado essencial: Estar em união com Deus.

Reverter a cadeia de objetivos a partir do estado essencial

Connirae: (*com uma voz calorosa e forte*) Muito bem! Agradeça à parte por desejar todas essas coisas maravilhosas. E agora pergunte a ela: "De que forma o fato de *ter* essa experiência de estar em união com Deus se reflete na sua maneira de estar no mundo?".
  É bom, não é? Ter essa sensação é muito melhor do que não tê-la. Observe a diferença. (...) E também como ter essa experiência de estar em união com Deus enriquece e fortalece a sensação de luz. (...)

(*Lisa concorda*) E como estar em união com Deus fortalece e enriquece uma nova percepção do amor. (...)
(*Lisa concorda*) É isso mesmo, Lisa.
(*Para o grupo*) Enquanto orientava Lisa a manter o estado essencial em cada um dos seus objetivos pretendidos, segui cada uma das etapas junto com ela. Dessa forma, minhas palavras são mais adequadas. Deixo que minhas palavras e meu tom de voz atuem sobre mim e, ao mesmo tempo, observo de que forma isso influencia Lisa. Fazer o exercício junto com ela me permite obter todos estados positivos gerados pelo processo!

(*Para Lisa*) Agora você pode convidar essa parte a perceber como essa união com Deus se irradia pela sensação de amor, como esse sentimento muda pelo fato de você já ter essa sensação de união com Deus. E, agora, essa união com Deus se irradia pela sensação de valor pessoal. (...) E aumenta e transforma sua capacidade de se defender e as coisas que você acha que vale a pena fazer para se defender. Observe como o fato de estar em união com Deus transforma toda a situação. (*A respiração de Lisa fica mais profunda e plena, seu corpo relaxa. Ela se torna visivelmente mais radiante a cada etapa.*)

(*Para o grupo*). Observem que essa união com Deus vai fortalecer, enriquecer e tornar automáticos alguns dos objetivos pretendidos. Mas existem outros objetivos que vão ser totalmente transformados. Vão se tornar algo completamente diferente. Quando você se sente em união com Deus, como fica a necessidade de se defender? Em outras palavras, de que mais você precisa? Nada de muito importante, não é mesmo?

(*Embora Connirae esteja falando para o grupo, seu objetivo é ajudar Lisa a integrar seu estado essencial. Ao mesmo tempo, ela observa a reação não-verbal de Lisa para saber o que poderia facilitar ainda mais seu processo de mudança. Quando as reações não-verbais de Lisa ficam equilibradas, Connirae pede-lhe que lhe conte o que está acontecendo.*)

O que acontece agora com seu desejo de ser capaz de se defender? (*Lisa concorda com a cabeça lentamente e sorri*). Do que mais você precisa? Nada que seja muito importante. Num nível mais profundo, você já *é* capaz de se defender.

Transformação do contexto original

Connirae: Observe também como o fato de se sentir em união com Deus transforma as situações originais, tornando-as diferentes. Agora a união com Deus permeia todo o contexto. Portanto, vamos parar um instante para que você possa perceber isso.

Quando está em contato com Deus, você O vê em todas as pessoas, mesmo que elas a tratem como se você fosse pai, mãe, filha ou até mesmo um mosquitinho! Pouco importa a atitude da outra pessoa. Todos nós temos as nossas manias. Nesse estágio, há também uma sensação de reconhecimento (...). (*Lisa abre os olhos e volta-se para Connirae, esperando o que ela vai dizer.*)

Connirae: (*rindo*) Parei porque achei que seria deselegante continuar falando enquanto você desfruta esse estado maravilhoso. Agora vou fazer a próxima pergunta. Tubo bem?
(*Lisa sorri e concorda com a cabeça. Durante todo o processo ela se comunicou com Connirae principalmente através de sinais não-verbais. A maioria das pessoas prefere não falar muito quando se encontra nesse estado.*)

Como fazer a parte crescer

Connirae: Lisa, agora, ao voltar para dentro de si, gostaria que perguntasse a essa sua parte a idade dela e prestasse atenção à resposta que ela vai dar.
Lisa: (*longa pausa*) Dois anos de idade.
Connirae: Você ouviu essa resposta há muito tempo, não é?
Lisa: É verdade. Primeiro ouvi quatro anos e depois outras idades. Dois anos foi a mais antiga.
Connirae: Muito bem. (*Voltando-se para o grupo.*) Quando se obtém uma série de idades, deve-se escolher a menor delas, como Lisa acabou de fazer.
 O ponto interessante neste caso é que todos nós temos essas partes. Em geral são muito mais novas do que nossa idade atual — às vezes, muito jovens, chegando a dois anos de idade. Elas são responsáveis por estados essenciais muito importantes, como, neste caso, a união com Deus. Portanto, aqui temos uma criança de dois anos, a quem dizemos: "Eis o que você tem de fazer. Faça direitinho, ouviu?!" (*Risos*) E essas partes não têm os recursos que surgem naturalmente a partir de nossas experiências de vida, de nosso desenvolvimento.
(*Para Lisa*) Esse lado seu é masculino, feminino, ou seria uma coisa?
Lisa: (*buscando a resposta interiormente*) Não acho que seja masculino ou feminino. Acho que é uma coisa.
Connirae: Muito bem. Gostaria que você perguntasse a esse seu lado — para ajudá-la a ter essa união com Deus de maneira contínua — se ele gostaria de evoluir no tempo e ter total acesso à grande gama de experiências e sabedoria que você possui. (*Lisa volta-se para dentro, verifica e depois concorda com a cabeça.*) Ótimo. Deixe que seu inconsciente permita que esse estado essencial fique totalmente disponível, enquanto esse seu lado evolui no tempo, até chegar à sua idade atual, indicando a você o momento em que ele chegar à idade que você tem hoje. (...) E à medida que ele evolui no tempo, traz consigo seu estado atual. Em cada momento da vida desse seu lado, mais recursos são acrescentados, mais experiências ficam acessíveis para que o estado essencial possa se manifestar ainda mais plenamente, como uma maneira de ser. Você não precisa saber exatamente como isso está acontecendo ou que outros aspectos de sua vida estão sendo transformados e enriquecidos por esse seu lado, à medida que ele evolui no tempo... (*Lisa faz um sinal com a*

cabeça, indicando que o seu lado chegou ao ponto final.) Ótimo. É bom permitir que seu inconsciente faça isso, em vez de fazê-lo de maneira consciente, porque a transformação é mais fácil e mais completa quando ocorre nesse nível do inconsciente.

Integrando plenamente a parte

Connirae: Agora, onde você acha que essa sua parte está localizada no espaço? Ela está fora ou dentro de você? Neste exato momento, onde ela está?
Lisa: Está dentro de mim. Está aqui *(indicando a garganta)*. E no resto do meu corpo. Ela é mais forte na minha garganta, mas também está em todo o meu corpo.
Connirae: Então ela está em todo o seu corpo. Muito bem. Agora você pode fazer com que esse estado essencial flua através do seu corpo ainda mais, penetrando todo o seu ser, cada uma das células, seu sistema nervoso, seus neurônios, músculos, vasos sangüíneos, ossos, todos os seus órgãos, banhando cada uma das células, permeando cada uma das células de dentro para fora, de cima para baixo, para que a união com Deus esteja presente em todo o seu ser.

Revertendo a cadeia de objetivos com a parte crescida

(Para o grupo) Agora que a parte de Lisa chegou à idade atual e está permeando todo o seu corpo, vou propor que ela convide essa sua parte a percorrer mais uma vez a cadeia de objetivos levando consigo o estado essencial. Geralmente, podemos vivenciar isso melhor quando a parte chegou à idade atual.
(Para Lisa) Lisa, agora que essa parte está permeando seu corpo completamente, tanto no nível inconsciente como no nível consciente, permitindo que você se sinta plenamente em união com Deus, perceba como isso amplifica e enriquece a sensação de luz e lhe permite senti-la ainda mais profundamente. Sinta como o fato de ter essa união com Deus enriquece a sua nova percepção de amor, ainda mais do que antes. (...) Isso mesmo, deixe essa sensação espalhar-se, vivencie essa sensação e deixe-se ser tocada por ela. *(Connirae faz uma pausa. Lisa está muito emocionada com o que está acontecendo. Seus olhos estão molhados e sua respiração é profunda e plena.)*
Você está pronta para a próxima etapa? *(Lisa diz que sim.)*
Agora você pode sentir como o fato de ter essa união com Deus amplifica a sua sensação de amor. (...) Como o fato de ter essa união com Deus irradia-se por seu sentimento de valor. (...) Como o fato de ter essa união com Deus transforma de maneira ainda mais profunda a sua capacidade de se defender. (...) E como isso modifica as situações em que você está na companhia de outras pessoas. (...) Você pode permanecer nesse estado mais um tempo. *(Connirae faz uma pausa para dar ainda mais tempo a Lisa, porque ela está vivenciando o estado de*

maneira muito poderosa.) Isso mesmo, respire essas mudanças, fazendo com que a experiência se irradie.

Quando estiver pronta, certifique-se de que essa parte, que agora está em união com Deus, flui através do seu corpo, de todas as suas células. Às vezes, as pessoas têm uma sensação de que essa irradiação vai mais além ainda. (*Lisa concorda.*) Isso mesmo. (...) Ela penetra na medula óssea, no sangue, em todas as células e mais além. É bom perceber como ela flui por todo o corpo, de cima a baixo, de trás para a frente, de um lado para o outro, de forma que possamos desfrutar plenamente os benefícios em todos os níveis do nosso ser. (*A cada etapa do processo, Lisa torna-se mais radiante. Ela agora vivencia plenamente o estado de união com Deus.*)

E agora, Lisa, isto é tão intenso que vamos parar por aqui! É claro que você pode ir adiante, se quiser! (*Risos.*)

••

Os resultados de Lisa

Cerca de um ano depois de passar pelo Processo de Transformação Essencial, Lisa comentou com Connirae:

> Minha vida mudou em muitos aspectos. Meu comportamento mudou tanto que às vezes tenho vontade de me beliscar e me perguntar se não estou sonhando, porque minha vida melhora a cada dia. Atualmente, em vez de acordar com medo de algo, acordo perguntando-me que coisas maravilhosas posso fazer naquele dia. Antes eu tinha muitos sonhos e desejos. Este ano todos eles se tornaram realidade. Antes eu desejava certas coisas, mas elas não me pareciam possíveis. Achava que tinha de passar por certos obstáculos e problemas para obter aquilo que eu queria.
>
> Um dos meus maiores problemas surgia quando alguém queria que eu fizesse alguma coisa contra a qual eu tinha grande resistência. Eu não gostava de receber ordens. Isso acontecia tanto com meu chefe, como nas minhas relações pessoais. Trabalho com vendas, um campo em que as pessoas ficam loucas diante de tantas exigências. Quase todo dia eu sentia muita ansiedade e dor física. Chegava a ponto de não conseguir respirar. Sofria o que eu chamava de "pequenos ataques cardíacos". Sentia dores terríveis no peito simplesmente porque não sabia o que fazer. Pediam-me para fazer coisas que me pareciam impossíveis.
>
> Eu também ouvia uma voz na minha cabeça que entrava em pânico e dizia: "O que vou fazer agora? Como vou conseguir fazer isso?", ou: "Detesto meu trabalho! Preciso fazer outra coisa".

Por exemplo, duas vezes por ano, eu tinha de imprimir um milhão de catálogos para um grande cliente, uma tarefa que exige no mínimo duas semanas. Só que eu nunca recebia o material a tempo. Eles se atrasavam uma semana, mas queriam que o trabalho estivesse pronto na data combinada. Isso nos deixava apenas uma semana para imprimir os catálogos. Mas o cliente queria os catálogos — um milhão de catálogos a serem impressos em seis cores — e que tudo saísse perfeito.

O problema é que eu não podia fazer o que eles me pediam, porque sou apenas uma representante do departamento de vendas. Mas, para satisfazer meu cliente e manter a conta, eu tinha de conversar com os meus chefes e passar para eles a exigência do cliente. Por causa da minha intensa reação física e emocional e diante da exigência, eu não conseguia convencer minha empresa a fazer o esforço necessário para satisfazer o cliente. Para convencer minha empresa, eu teria de ter certeza, no meu íntimo, de que *poderia* dar certo. Mas, na verdade, o que acontecia é que não conseguia ser criativa e ficava paralisada.

Como já estou no ramo há muitos anos, sei o que pode ou não pode ser feito dentro de um certo prazo e por uma certa quantia. Sabia, por experiência própria, que aquilo não podia ser feito no prazo que o cliente queria.

Essa situação no trabalho é apenas um exemplo. Eu tinha a mesma reação em várias outras situações. O mesmo acontecia nas minhas relações pessoais, quando me pediam para fazer uma coisa que eu achava que não podia ou não devia ser feita.

Foi esse problema que trabalhei com Connirae. Depois, muitas pessoas vieram me dizer que eu estava radiante, que as mudanças eram evidentes. Com certeza deve ter sido algo extraordinário!

Depois do seminário, não pensei muito a respeito da mudança. Fui para casa e continuei com a minha vida. Mas descobri que, sempre que tenho de enfrentar alguma exigência, minha reação é totalmente diferente. Agora consigo entender o que me está sendo pedido, por que é importante, e o que precisa ser feito. Consigo tornar-me imediatamente criativa, em vez de sentir aqueles sintomas físicos horrorosos, criar muita resistência e ressentimento e achar que estou sendo controlada.

Pouco antes de participar do seminário, passei por aquela tensão com meu cliente e me senti péssima. Recentemente, o problema voltou a acontecer, mas dessa vez reagi de maneira totalmente diferente. Fui muito criativa. Dessa vez, quando eles não enviaram o material e senti que o tempo estava passando, a tensão não apareceu. A antiga sensação de estar sendo sufocada simplesmente não aconteceu. Não tive nenhum problema respiratório. Dessa vez, mesmo sem pensar, comecei a respirar profundamente — numa situação em que normalmente nem conseguia respirar direito. Dessa vez, eu "sabia" que conseguiria cumprir os prazos, em vez de ouvir aquela vozinha interior que me dizia que era impossível. Agora, tenho a sensação de que posso fazer, e de que vou fazer o possível para levar a tarefa a cabo.

Antes de passar pelo Processo de Transformação Essencial, eu havia tentado de tudo. Tenho trinta e cinco anos e desde os dezesseis venho estudando métodos de auto-ajuda. Sou o tipo de pessoa que lê todos os livros que são publicados, experimento tudo que possa me tornar uma pessoa mais feliz e me ajudar a desfrutar melhor a minha vida. Como fui criada na religião católica, também tentei rezar. Eu já havia tentado chorar, ficar chateada, adotar uma atitude de "pensamento positivo". Eu me dizia que tudo ia dar certo, dizia ao meu cliente que tudo ia dar certo, e depois voltava à minha empresa e tentava motivar as pessoas. Dizia a elas: "Sei que vocês podem fazer isso. Sei que é impossível, mas que pode ser feito". Essa era a minha maneira positiva de tentar convencer as pessoas.

Logicamente, isso não dava resultado. Eu ficava exausta. Ninguém acreditava em mim simplesmente porque eu não acreditava. E então, meus colegas de trabalho começaram a se colocar contra mim. Diziam que eu não me importava com a empresa, que eu os pressionava demais, que fazia muitas exigências. Achavam que eu não deveria ter aceitado as exigências do cliente, que deveria ter dito não.

Atualmente, sinto-me muito mais neutra. Sou capaz de ver o ponto de vista de cada um e não me deixo mais levar pelas emoções. E voltei a adorar o meu trabalho! Isto é muito importante. No ano passado, antes de participar do seminário, eu achava que a mudança precisava acontecer fora de mim. Achava que alguma coisa tinha de mudar, menos eu. Estava pensando em mudar de profissão, e isso me assustava, porque já estava nesse ramo há doze anos e, além de gostar muito do meu trabalho, sou muito boa no que faço. Ficava abalada só de pensar em mudar de carreira. Agora, consegui reequilibrar a minha vida.

O melhor de tudo é que, quando aprendi a técnica, a mudança foi duradoura. Não preciso pensar em respirar profundamente. Não preciso fazer nada conscientemente, tudo é automático. É como se houvesse uma nova Lisa. Não tenho de pensar em nada — minha nova reação vem de dentro de mim.

Parar de fumar

Uma bonificação extra que obtive com este seminário foi que parei de fumar depois do Processo de Transformação Essencial. Eu fumava meio maço de cigarros por dia, às vezes mais. Quando estava com amigas que fumavam, chegava a fumar dois maços. Se eu estava ocupada, trabalhando, fumava entre meio maço e um maço por dia. Eu fumava desde os dezesseis anos de idade. Não fiz o processo pensando em parar de fumar. É claro que eu sabia que fumar não era bom para mim. A mensagem "pare de fumar, pare de fumar" está em toda parte. Entretanto, não sentia nenhuma necessidade de parar de fumar.

Fiz o exercício com a idéia de que meu corpo era apenas um veículo. Sempre me interessei muito em aprender e me desenvolver, em conhecer meus sentimentos, e achava que "eu" era tudo isso, e que meu corpo era apenas um instrumento. Estava curiosa em descobrir que benefícios poderia obter se tivesse uma ligação maior com meu corpo, em vez de ver a mim e ao meu corpo como duas entidades separadas.

Fiquei muito surpresa com o que descobri. Depois do processo, senti meu corpo de uma maneira totalmente diferente — como se fosse um filtro. A informação e a energia atravessam meu corpo de um lado para outro. Então percebi uma coisa a respeito do cigarro. A fumaça estava filtrando a informação e a energia. A fumaça estava me atrapalhando! Era como uma neblina. Vi uma imagem clara do interior do meu organismo com todos os vasos sangüíneos e músculos, e havia uma neblina dentro dele. Percebi que poderia ver, ouvir e sentir mais claramente se a neblina sumisse.

O que aconteceu — e é isso que eu adoro nesse processo — é que simplesmente não senti mais necessidade de fumar! O desejo simplesmente desapareceu! Não decidi parar de fumar, simplesmente não quis mais fumar. E não tive nenhum dos sintomas de abstinência.

Melhores relacionamentos

Na época, eu estava namorando uma pessoa há dez anos. O caso é que eu já tinha me casado duas vezes, e ele também, e não vivíamos juntos porque achávamos que não seria confortável. Além disso, estávamos tendo problemas no relacionamento. Atualmente, estamos morando juntos! Vendi a minha casa e compramos um lindo sítio.

O que mudou é que, antes de eu passar pelo Processo de Transformação Essencial, por mais que eu desejasse, nem sempre nosso relacionamento caminhava como eu queria. Depois do processo, fui capaz de conversar com meu companheiro sobre nosso relacionamento, de lhe dizer como eu queria que fosse a nossa vida. Consegui mostrar a ele, de maneira muito clara, o que eu queria para nós dois. E a imagem que surgiu era muito bonita. Tratava-se então de perguntar: "Você quer participar dessa imagem comigo? Esta minha imagem tem a ver com a sua? Se não tiver, não tem problema". Isso era totalmente novo para mim. Antes, eu nunca aceitara bem o fato de ele não querer exatamente aquilo que eu queria. Antes minha atitude era: "Se você não quiser a mesma coisa que eu, vou ficar chateada e me sentir mal para o resto da vida. Talvez algum dia você chegue à conclusão de que estou certa".

Agora, minha atitude é: "Está tudo bem, porque agora sou como sou e sinto-me plena. Posso ter a minha vida, quer você queira participar dela ou não". Foi isso que mudou. E o melhor de tudo é que, do momento em que me tornei plena e deixei que ele vivesse a sua vida livremente, ele voltou para mim!

Capítulo 13

FAZENDO A PARTE CRESCER
Compreendendo a estrutura

>*...e logo a raposa se transformou num homem, e era o irmão da linda princesa, que por fim havia sido libertado do feitiço que lhe tinham feito. E agora nada poderia impedir sua felicidade, para o resto da sua vida.*
>De um conto dos irmãos Grimm

A transformação verdadeira acontece quando temos acesso total aos nossos estados essenciais. Quando aplicamos o Processo de Transformação Essencial às partes que foram separadas de nós, estamos lhes dando as boas-vindas e voltando a recebê-las dentro de nós. Ao fazer com que os estados essenciais se tornem presentes, estamos aceitando essas partes, dando-lhes o calor e amor de que elas precisavam quando éramos jovens. A próxima etapa é portanto fazê-las crescer. Isso dará a elas os benefícios e as vantagens da nossa experiência e sabedoria, de maneira que elas possam ser completamente integradas na plenitude daquilo que somos. Nossas partes ficam assim liberadas do feitiço a que foram submetidas.

Neste capítulo, vamos enriquecer a compreensão dos nossos leitores mostrando as duas etapas que fizeram parte da demonstração com Lisa: "Fazendo a parte crescer" e "Incorporando-a plenamente". Essas são a sexta e a sétima das dez etapas que compõem o Processo de Transformação Essencial.

Etapa n? 6: Fazendo a parte crescer

Quando a parte interior de Lisa que tinha dois anos de idade teve acesso ao seu estado essencial — a união com Deus — transformou-se profundamente, e Lisa sentiu os resultados de maneira muito profunda. Entretanto, como a parte tinha apenas dois anos de idade, de alguma maneira ainda continuava separada de Lisa. Quando Lisa lhe permitiu evoluir no tempo até chegar a sua idade atual, essa sua parte interior obteve uma experiência enriquecida de união com Deus. Para algumas pessoas e algumas partes, esta etapa é muito poderosa. Se for muito jovem, a parte não consegue incorporar plenamente o estado essencial à sua experiência cotidiana. Ao fazer o exercício, o leitor terá oportunidade de observar como faz diferença deixar a parte crescer.

É muito importante manter o estado essencial disponível enquanto a parte cresce. Antes de saber como entrar em contato com o estado essencial de uma parte, eu costumava convidar as partes mais jovens dos meus clientes a crescer. Mas, sem o estado essencial, as partes mais jovens não querem crescer. Quando começava a crescer, a parte geralmente encontrava uma situação que não queria enfrentar. Então objetava, dizendo: "Não quero passar por isso de novo, foi horrível!". São essas circunstâncias horríveis da vida que mantêm a parte separada. Mesmo que, apesar das dificuldades, eu conseguisse sempre fazer com que elas crescessem, os resultados nem sempre eram bons.

Fiquei fascinada ao descobrir que, quando uma parte interior tem acesso ao seu estado essencial, essas objeções ao crescimento raramente ocorrem. O processo funciona de maneira suave e rápida. Nossos estados essenciais são a solução básica — fazem surgir uma qualidade de experiência que vai muito além dos conflitos normais da vida do dia-a-dia. Quando nossas partes têm uma experiência profunda do seu estado essencial, as dificuldades normais tendem a desaparecer.

Quando fazemos uma parte crescer, não é necessário reviver conscientemente toda a vida. O crescimento geralmente acontece num nível inconsciente tão profundo que a maioria das pessoas nem tem a sensação de estar passando por fases específicas da sua vida pessoal. Sugerimos que você simplesmente convide sua parte a evoluir no tempo tal como indicamos no exercício, sem que seja necessário saber como ela o fará.

Etapa n? 7: Incorporando plenamente a parte

Se observarmos em que ponto do nosso corpo nossa parte interior está localizada, geralmente percebemos que ela está separada de nós. É fácil descobrir isso. Basta perguntarmos em que ponto do espaço ao nosso redor vemos, ouvimos e "sentimos" a parte com a qual estamos trabalhando. Muitas partes encontram-se fora do nosso corpo ou estão restritas a uma pequena área dentro dele. Quando uma parte está completamente fora do nosso corpo — adiante, atrás, para um lado, para cima ou para baixo —, o fato de permitirmos que ela volte para o nosso corpo nos dá um acesso ainda maior ao nosso estado essencial.

Quando Lisa terminou a etapa de crescimento de sua parte, ela já estava localizada dentro do seu corpo, e ainda assim Lisa notou que sentia mais sua presença na região da garganta. A parte não preencheu o resto do seu corpo. Ao convidar essa parte a fluir e a irradiar-se através de todo o seu corpo, Lisa obteve uma experiência mais profunda da sua união com Deus.

Etapa nº 8: Revertendo a cadeia de objetivos com a parte crescida

Esta etapa enriquece nossa experiência e nos permite perceber como o estado essencial modifica natural e automaticamente nossa vida diária. Quando temos o estado essencial e o levamos através dos nossos objetivos pretendidos, atravessamos todas as situações da vida às quais essa parte está relacionada. Lisa sentiu como a união com Deus transformava a sensação de luz, de amor, de valor, e sua capacidade de se defender — dessa vez com sua parte plenamente integrada a seu corpo. Como expliquei a Lisa e ao grupo, normalmente conseguimos sentir isso de maneira mais plena quando a parte chega à nossa idade real. Uma parte de dois anos de idade não terá acesso às várias maneiras de "se defender", por exemplo, como teria Lisa adulta.

Partes que não querem crescer

Quando sua parte redescobre seu estado essencial, em geral não se opõe ao crescimento. O estado essencial parece fornecer uma solução interna, ou um bálsamo, para as dificuldades da vida que fizeram com que aquela parte se separasse do resto da pessoa numa idade mais jovem. Se uma parte tem objeções ao crescimento, pode ser um sinal de que seu estado essencial ainda não foi descoberto. Pode ser que haja um outro estado que essa parte deseje ainda mais.

Outra possibilidade é que, ao se opor ao crescimento, a parte esteja com medo de perder suas qualidades infantis. Alicia, participante de um dos nossos seminários, inicialmente recusou a idéia de convidar as partes de si mesma a crescerem. Ela disse: "Será que elas não vão perder algo de importante, se crescerem? Elas sabem se divertir!". É verdade que as crianças se divertem mais e são mais espontâneas do que os adultos. Muitas pessoas partem do princípio de que a perda dessas características infantis é inevitável quando elas crescem. Como Alicia, muita gente quer manter suas partes jovens para não perder essas qualidades de criança.

Ironicamente, descobrimos que a perda da espontaneidade acontece justamente porque estamos separados de algumas partes de nós mesmos e dos nossos estados essenciais. Quando afastamos essas partes de nós mesmos e as mantemos na infância, *não* conseguimos ter pleno acesso a essas maravilhosas qualidades infantis. Nós as deixamos de lado, em vez de trazê-las para aquilo que somos atualmente. Do momento em que uma parte de nós consegue incorporar plenamente seu estado essencial, ela pode crescer, mantendo as opções que já possui e obtendo novas opções. Expliquei a Alicia que sua parte podia manter a capacidade de divertir que tinha aos dois anos de idade e acrescentar a isso suas capacidades de três anos, quatro anos e assim por diante. Após ter feito com que essa sua parte crescesse, Alicia comentou: "É como se essa parte de mim tivesse voltado plenamente à vida!".

Capítulo 14

AGINDO!
EXERCÍCIO DE "CRESCIMENTO DA PARTE"
Abraçando a criança interior que foi deixada para trás

A ação deve culminar em sabedoria.
Bhagavad-Gita

A integração pessoal acontece sob três condições:
1. Temos acesso aos nossos estados essenciais.
2. Todas as nossas partes têm a nossa idade atual.
3. Todas as nossas partes estão plenamente associadas no nosso corpo.

O leitor já aprendeu a primeira, que é ter acesso a um estado essencial. Agora, passaremos às outras duas. Ao cumprir essas etapas do Processo de Transformação Essencial, siga as mesmas orientações oferecidas para o exercício do estado essencial: adote uma posição relaxada, confortável e volte-se para dentro. Você pode trabalhar com a mesma parte utilizada no exercício do estado essencial, acrescentando apenas as etapas 6, 7 e 8 do processo.

Se você estiver guiando outra pessoa, não precisa ler as palavras em itálico. Lembre-se de falar com uma voz suave e pausada quando estiver conversando com a parte interior da pessoa. Você pode integrar e vivenciar cada objetivo pretendido e o estado essencial. Em geral, isso facilita o tarefa para seu companheiro.

••

Etapa nº 6: CRESCIMENTO DA PARTE

a) Comece com a parte com a qual já trabalhou no exercício do estado essencial na Parte II. (*Isto é* muito importante. *O exercício é muito simples e eficaz quando o estado essencial da parte está presente. O exercício não vai funcionar com uma parte que ainda não tenha feito o exercício do estado essencial.*)

b) Volte-se para dentro, receba essa parte como ela está no presente e dê-lhe as boas-vindas. Reviva sua experiência de atingir o [estado essencial]. Você pode vivenciá-lo como um filme de ação rápida, sentindo sua parte passar de um objetivo pretendido para outro até chegar ao [estado essencial]. Terminada esta etapa, você estará no estado em que estava quando terminou o exercício do estado essencial.

c) Volte-se para dentro e pergunte à parte: "Que idade você tem?". Observe a resposta que ela vai dar. Se não estiver seguro quanto à idade correta, não há problema. Você pode convidar sua parte a observar de maneira inconsciente que idade você tinha quando ela foi criada. (*Escreva a idade da parte. Se a parte já estiver na idade atual, passe à etapa n.º 7.*)

d) Esta parte geralmente é muito mais jovem do que você. Isto significa que ela ainda não tem a sabedoria que você adquiriu com todas as suas experiências de vida desde que ela parou de crescer. Isso também significa que sua parte não tem um acesso pleno a você. Ela quer lhe dar o presente do [estado essencial], mas não consegue, porque foi separada de você numa tenra idade. Portanto, pergunte a ela se gostaria de ter todos os benefícios que você conquistou ao evoluir no tempo até chegar à idade atual, trazendo consigo o [estado essencial]. (*Se a resposta for afirmativa, você pode continuar. Se por acaso a parte não desejar ter esses benefícios, pergunte-lhe qual é sua objeção. Certifique-se de que qualquer objeção seja satisfeita antes de continuar. Em geral, a objeção nasce de um mal-entendido. Por exemplo, a parte pode achar que terá que deixar de se divertir.*)

e) Convide essa parte a vivenciar plenamente o [estado essencial]. Quando esse estado estiver plenamente presente, convide seu inconsciente a permitir que ela, trazendo consigo seu [estado essencial], evolua através do tempo, a partir da sua idade, até chegar à idade atual, fazendo com que o [estado essencial] esteja presente em todos os momentos da sua vida. Você pode permitir que isto aconteça *agora*. Peça à sua parte que lhe indique quando tiver chegado à sua idade atual.

Etapa n.º 7: INCORPORANDO PLENAMENTE A PARTE

a) Observe em que ponto de seu corpo a parte está localizada. Em que local exatamente ela está agora? Dentro ou fora do seu corpo?

b) (*Se a parte estiver dentro do seu corpo, passe à etapa n.º 8.*) Se ela estiver fora, permita que ela entre no seu corpo de maneira que o [estado essencial] flua para dentro do seu organismo. Observe onde ela começa a penetrar naturalmente.

c) Depois de observar em que ponto a parte já preenche o seu corpo, permita que ela se espalhe e flua livremente por todas as células, de forma que cada célula do seu ser seja preenchida, alimentada e banhada pelo [estado essencial]. Observe como, à medida que esse [estado essencial] se irradia por todo o seu corpo, mais forte ele se torna no local onde se iniciou. E, enquanto esse [estado essencial] preenche todas as células, você poderá sentir o que acontece agora que ele se tornou uma parte do seu código emocional — a base do seu ser.

Etapa nº 8: REVERTENDO A CADEIA DE OBJETIVOS COM A PARTE CRESCIDA

a) *(Repita rapidamente a reversão da cadeia de objetivos com a parte já crescida.)* Agora que a parte chegou à sua idade cronológica e preenche completamente o seu corpo, o [estado essencial] pode transformar completamente sua experiência no presente. Convide essa parte a observar como o fato de possuir plenamente o [estado essencial] transforma e enriquece o [objetivo pretendido].

(Continue a reversão da cadeia de objetivos, levando o [estado essencial] a todos os objetivos pretendidos e ao contexto original. Ver a "Reversão da cadeia de objetivos a partir do estado essencial", no capítulo 8, e o "Exercício do estado essencial", se precisar refrescar sua memória.)

b) Agora você pode observar como o fato de essa parte estar crescida e de você possuir o [estado essencial] totalmente integrado ao seu organismo, como uma maneira natural de estar presente no mundo, transforma o [contexto original].

PARTE IV

COMPLETANDO O PROCESSO COM TODAS AS PARTES

Trabalhando com todos os aspectos de um problema

Capítulo 15

INTRODUÇÃO
COMPLETANDO O PROCESSO COM TODAS AS PARTES
Integrando os estados essenciais de maneira mais profunda

Tudo o que contemplamos está cheio de bênçãos.
William Wordsworth

Para a maioria das pessoas, permitir que uma parte descubra seu estado essencial, fazê-la crescer e incorporá-la é uma experiência muito emocionante. Quando passam por esses processos nos seminários elas geralmente dizem: "Como pode haver algo além disso?". Isto me lembra da adivinhação da minha infância. "O que faz mais barulho do que um feliz porquinho numa poça de lama?" Resposta: "Dez porquinhos felizes numa poça de lama!".

Se você tem dificuldade durante o processo, esta seção poderá ajudá-lo. Geralmente, os problemas importantes da nossa vida possuem mais de um lado. Para obter uma mudança duradoura e profunda, é importante trabalhar com todos os nossos lados que estão ligados a um problema. Nesta seção, vamos indicar várias maneiras de identificar todas as partes envolvidas.

Depois que trabalharmos com todas as partes envolvidas num problema, acrescentaremos uma última etapa, que vai fortalecer ainda mais os resultados do processo. Esta última etapa é chamada de "generalização temporal". Nela, o estado essencial se irradia por todo o nosso passado, presente e futuro.

CAPÍTULO 16

DEMONSTRAÇÃO COM GREG
Paz interior como uma maneira de ser

> *O mais empolgante foi descobrir que não tinha que procurar a paz interior fora de mim. As coisas que antes me irritavam ainda acontecem, mas não conseguem mais me tirar do sério.*
> Greg

Esta transcrição vai nos dar um exemplo de uma sessão completa do Processo de Transformação Essencial. Quando o cliente, Greg, marcou a consulta, disse que iria trabalhar com um grande problema — algo com o qual ele vinha lutando há vários anos e que até então não tinha resolvido. Após fazer o Processo de Transformação Essencial com uma parte, Connirae passa a ajudar Greg a identificar uma segunda parte que também precisava ser trabalhada para resolver completamente a questão. A mulher de Greg, Ann, também está presente à sessão. À medida que você, leitor, inteirar-se da experiência de Greg, poderá convidar seu inconsciente a lançar as bases para as mudanças internas que são mais importantes para você. Os comentários acrescentados à transcrição aparecem em itálico e entre parênteses.

•••

Escolhendo uma parte com a qual trabalhar

Connirae: Diga resumidamente o que você deseja.

Greg: Temos muita tensão no nosso relacionamento. Não apenas no relacionamento — temos muita tensão em nossas vidas. Ann e eu temos um bom relacionamento, mas meu enteado Eric consegue me irritar a tal ponto que isso estraga o relacionamento com minha mulher. Há dois anos venho trabalhando para modificar esse padrão. O problema com Eric, somado a todas as outras coisas que acontecem na minha vida, torna

a situação insuportável. Gostaria, portanto, de encontrar uma maneira de lidar com a minha raiva em relação a Eric. Ficaria muito mais feliz se pudesse ver o que está acontecendo sem me envolver.
Connirae: Muito bem.
Greg: Em segundo lugar, gostaria de me sentir mais firme. Como disse, há muita tensão na minha vida. Do ponto de vista profissional, por um lado tenho muito sucesso. Mas, por outro lado, estamos sofrendo uma ação na justiça. Essa ação está ficando muito complicada. Teremos uma audiência que provavelmente levará meio dia ou um dia inteiro. Gostaria de ficar mais concentrado para não dar chance à parte contrária de ganhar a ação.
Connirae: Muito bem. Qual desses dois problemas é mais importante para você? Qual deles fará uma grande diferença na sua vida?
Greg: O problema com meu enteado.
Connirae: Vamos então trabalhar com ele. Parece que você quer deixar que as coisas aconteçam sem ficar irritado demais com elas. (*À medida que Connirae faz as perguntas a Greg, presta atenção às suas reações. Escolhe o problema com o qual trabalhar a partir da reação profunda que ele tem com o enteado.*)
Greg: Ele faz um monte de coisas sem importância, que, na verdade, não deveriam ser um problema.
Connirae: Mas tem algum lado seu que não gosta do que ele faz e fica irritado.
Greg: O que ele faz entra em conflito com as minhas convicções.
Ann: Na última vez que aconteceu, meu filho ficou na escola para preparar um trabalho. Eric é editor do jornal da escola. Ele telefonou para ver se alguém poderia ir apanhá-lo na escola e Greg falou com ele, porque eu estava retirando as compras do supermercado e não me sentia muito bem. Greg brigou com ele e disse (*com uma voz alta e zangada*): "Sua mãe está guardando as compras do supermercado. Telefone mais tarde". (*Num tom de voz que indica aborrecimento*) Não consigo entender por que Greg ficou tão chateado.
Connirae: Vamos parar por aqui, porque Greg também não entende por que ficou chateado. Portanto, podemos examinar a questão e descobrir as razões. É isso que você também gostaria de saber?
Ann: É.
Connirae: Agora, eu gostaria de perguntar outra coisa. Quando Greg conseguir transformar seu comportamento e não se irritar tanto, ainda assim ele pode decidir que nem sempre estará disponível para ir pegar Eric, sem precisar ter um ataque de nervos. Talvez, em certas situações, isso volte a acontecer. Você gostaria de mudar de comportamento, de modo que, mesmo quando Greg tenha uma dessas recaídas, você não ficasse chateada?
Ann: Gostaria.
Connirae: Então esse será seu objetivo.

Greg: Eu gostaria de me tornar mais forte e ser congruente com minhas convicções.
Connirae: De que maneira você tem sido incongruente com suas convicções?
Greg: Eu me irrito quando ele faz coisas que considero irresponsáveis. Em vez de abandonar minhas convicções sobre o que considero educado e o que é um comportamento responsável, gostaria de adquirir uma maior tolerância e lembrar que talvez ele ainda não tenha aprendido a ser uma pessoa responsável. Gostaria de ser mais paciente e tolerante.
Connirae: Portanto, ele faz coisas que contrariam sua noção do que é educado e você gostaria de ter uma reação diferente àquilo que ele faz.
Greg: Isto mesmo. Eu não quero modificar o Eric. Quero modificar minha reação. Quero ser tolerante e paciente.
Connirae: Só há um probleminha com essas duas palavras. Poucas pessoas conseguem colocar isso em prática. Poucas pessoas que externamente parecem pacientes *sentem-se* realmente pacientes por dentro. Elas não se sentem nem um pouco pacientes, porque geralmente a paciência e a tolerância exigem que a pessoa faça um esforço e contrarie sua inclinação natural. Geralmente, é muito difícil ter acesso a esses sentimentos. Portanto, teremos que tentar outra coisa.
Greg: É para isso que estamos aqui.
Connirae: Então, quando seu enteado faz uma dessas coisas, por um lado você gostaria de ser paciente e tolerante, mas por outro você fica irritado. Como é que você consegue fazer isso? Em que você tem que pensar para ficar irritado?
Greg: Acho que fico pensando em tudo que já aconteceu antes.
Connirae: É o que acontece comigo também! Consigo ficar muito zangada se fizer isso.
Greg: Então você acha que esse é um bom aquecimento?
Connirae: Um ótimo aquecimento! (*Greg, Connirae e Ann riem.*) Então você pensa em tudo o que aconteceu no passado.
Greg: Isso mesmo, em todas as vezes em que pedi a ele para fazer as coisas de outra maneira, e aí sinto a sensação aumentando.
Connirae: Tudo bem. Agora, quando você pensa em todos esses exemplos, a que conclusão você chega?
Greg: Penso no que meu filho Randy fez, e também naquilo que acho que seja educado e responsável.
Connirae: Então é natural você se sentir frustrado. Você está comparando o comportamento de seu enteado, que você considera irresponsável, com aquilo que para você é o comportamento ideal. Quando você está comparando, que coisas você acha que Eric faz melhor que Randy?
Greg: Não sei direito. Consigo identificar a intenção positiva por trás do comportamento de Eric, mas não consigo falar com ele sobre isso.
Connirae: Tudo bem. (...) Que coisas Eric *fez* que você acha que são positivas?

Greg: Ele tem algumas gentilezas. Por exemplo, outra noite fomos jantar fora e ele foi dirigindo e nos deixou na porta do restaurante. Achei isso muito gentil da parte dele, mas acho que não disse isso a ele. (*Greg parece tenso e relutante.*)
Connirae: Portanto, você não tem observado tanto os pontos positivos de Eric quanto seus pontos negativos. Talvez você devesse desenvolver mais sua capacidade de observação.
Greg: É verdade.
Connirae: Greg, estou notando dois aspectos com os quais poderíamos trabalhar para melhorar seu relacionamento com seu enteado. Um deles é o seu lado que fica chateado e com raiva, às vezes. O outro é o seu lado que o impede de dizer a Eric que ele foi uma pessoa educada. Você sabe de que lado seu estou falando? (*Connirae pára, a fim de dar a Greg o tempo necessário para pensar e observar a experiência. Greg concorda com a cabeça.*)

Agora, gostaria que você fosse para dentro de si mesmo e pedisse ao seu inconsciente que lhe indicasse com qual desses dois aspectos seria mais interessante trabalhar hoje. (...) Você pode fechar os olhos e simplesmente ficar atento a qualquer resposta que venha da sua sabedoria interior. Pode ser o seu lado que fica muito irritado com seu enteado. (...) Ou o seu lado que o impede de dizer a seu enteado que ele fez algo positivo. (...) Ou ainda qualquer outro lado seu do qual não estejamos conscientes.
Greg: Gostaria de trabalhar com o lado que me impede de falar com ele e de lhe dizer que estou satisfeito com aquilo que ele fez.

Reconhecendo a parte

Connirae: Agora, gostaria que fechasse os olhos e pensasse no momento em que Eric o deixou na porta do restaurante. O que o impede de dizer a ele que está satisfeito, quando ele faz algo que você considera educado? Pense nisso agora. Perceba essa sensação. Quais são as imagens, sons e sensações internas? Onde está localizado esse seu lado? (*Greg fecha os olhos e volta-se para dentro. Franze as sobrancelhas, fica com os olhos fora de foco, respira profundamente e a pele fica levemente enrubescida. Ele coloca a mão no estômago.*)

Recebendo e dando as boas-vindas à parte

Connirae: Gostaria que você agradecesse essa sua parte por ter um objetivo para você, mesmo que você ainda não saiba qual ele é. (*Greg concorda.*)

Descobrindo o objetivo

Connirae: Pergunte a esse seu lado: "O que você deseja quando me impede de dizer a Eric que gosto de algo que ele fez?".

Greg: (...) Quando esqueço a lógica e simplesmente tenho uma reação visceral, penso que, se eu reconhecer o que ele fez de bom, estarei perdendo o controle da situação.
Connirae: Então, o objetivo desse seu lado é manter o controle da situação.
Greg: Mas sei que não é verdade, pois não faz sentido. É simplesmente o que surgiu, de repente.
Connirae: Isso é muito bom, pois torna a reação ainda mais válida. É justamente o fato de ela ter surgido de repente e parecer sem sentido, que me faz acreditar que ela seja a intenção verdadeira. Ela tem uma lógica própria, que não é a lógica racional consciente. Gostaria que você agradecesse a essa sua parte interior por fazê-lo saber que ela deseja manter o controle da situação e que ela acha que perderia o controle da situação se você elogiasse seu enteado.

Descobrindo a cadeia de objetivos

Connirae: Pergunte a essa sua parte: "Se você mantiver o controle da situação de maneira plena e completa como deseja, o que você quer obter através desse objetivo que seja ainda mais importante?"
Greg: (...) A palavra que surge é respeito. Tenho medo de ser considerado um velho molenga. Não quero isso.
Connirae: Certo. Então essa sua parte quer ser respeitada?
Greg: Isso mesmo.
Connirae: Agradeça a essa sua parte por ser tão clara e depois faça a seguinte pergunta: "O que você quer obter através do respeito que seja ainda mais importante?"
Greg: (...) A resposta que surge é tranqüilidade.
Connirae: Portanto, esta parte quer tranqüilidade.
Greg: Acho que sim. Foi isso que surgiu.
Connirae: Agradeça a essa sua parte pela informação e vamos ver se há algo ainda mais essencial que ela deseje. Pergunte a ela: "O que você quer, além de respeito e tranqüilidade, que seja ainda mais importante?". Com certeza essa parte deseja algo realmente essencial.

O estado essencial: entrando em contato com a fonte interior

Greg: (...) Paz interior.
Connirae: Paz interior.
Greg: Isto é realmente importante para mim.
Connirae: Portanto, essa parte é muito importante, essencial. Agora, volte para dentro de si mesmo e agradeça a ela por querer um estado tão importante para você. Diga-lhe quanto você está grato e feliz de ter uma parte tão maravilhosa dentro de si e pergunte-lhe: "Se você obtiver paz interior de maneira plena e completa, o que você deseja obter através dessa paz interior que seja ainda mais importante?".
Greg: Não surge mais nada.

CADEIA DE OBJETIVOS DE GREG
Partes com que trabalhar: quando Eric faz algo positivo, não o elogio.
Objetivo pretendido nº 1: controle.
Objetivo pretendido nº 2: respeito.
Objetivo pretendido nº 3: tranqüilidade.
Estado essencial: paz interior.

Revertendo a cadeia de objetivos a partir do estado essencial
Connirae: Ótimo. Está claro que seu estado essencial é a paz interior. Parece-me que essa parte sua partiu do princípio que você primeiro tem que obter certas coisas — ter controle da situação e respeito — para alcançar a paz interior. Assim, essa sua parte vem lutando muito para obter algo que é muito importante para você. (*Greg concorda enfaticamente.*)

Pergunte a essa sua parte: "O que você acha de ter paz interior desde o início, sem ter de lutar para obtê-la?". (...) Assim você não estará deixando que algo tão importante dependa de outras pessoas. É muito melhor do que ter de lutar para que os outros o respeitem. Paz interior é algo que vale a pena *ter* desde o início.

Portanto, o que acontece quando você convida essa parte a vivenciar a paz interior de maneira permanente — porque é algo importante para você? De que maneira as coisas são diferentes quando você começa sentindo essa paz interior desde o início?

Greg: É mais fácil eu me sentir tranqüilo. E faz também com que o controle da situação e o respeito tornem-se menos importantes. Consigo visualizar uma imagem, ouvir sons, e tenho a sensação de conseguir ter um bom relacionamento com meu enteado.

(*Greg mudou visivelmente. Sua reação indica que ele levou seu estado essencial através de toda a sua cadeia de objetivos, e que isso transformou seu comportamento original. Entretanto, Connirae continua guiando-o através de cada uma dessas etapas, para ter certeza de que ele vai aproveitar plenamente a mudança.*)

Connirae: Ótimo. Agora, gostaria que você convidasse essa parte a observar como o fato de sentir essa paz interior como algo natural transforma a sensação de tranqüilidade.

(...) E você também pode convidar essa sua parte a observar como essa paz interior, que agora é uma maneira natural de ser, se irradia para a experiência de respeito, transformando-a ainda mais plenamente.

(...) E convide essa parte a observar como o fato de sentir essa paz interior naturalmente transforma a necessidade de manter o controle da situação ainda mais profundamente. (*Greg concorda, indicando que terminou a experiência.*)

Transformando o contexto original
(...) E agora convide essa parte a perceber como o fato de sentir essa paz interior de maneira plena modifica a situação em que Eric faz algo de que você gosta.

Greg: Sinto-me mais receptivo em relação a ele. Sinto vontade de entrar em contato com ele.

Fazendo a parte crescer

Connirae: Agora, volte para dentro de si mesmo e pergunte a essa sua parte: "Quantos anos você tem?".
Greg: Esta parte vem me acompanhando desde sempre. Ela tem a minha idade.
Connirae: Greg, normalmente essas partes se formam quando somos muito jovens, e, mesmo que elas cresçam conosco, crescem *separadas* de nós e *sem* o estado essencial. Você percebe o que estou dizendo? (*Greg responde que sim.*) Então, pergunte a essa sua parte se ela gostaria de sentir a presença dessa paz interior em todos os momentos da sua vida. (*Greg faz que sim.*) Você pode convidar sua mente inconsciente a permitir que isto aconteça agora. Essa sua parte pode voltar ao momento de sua formação e, a partir daí, ter plenamente presente a sensação de paz interior. (...) Com a paz interior presente, ela pode evoluir através do tempo até chegar à sua idade atual. (...) Vivenciando e desfrutando como é ter essa paz interior. (...) Seu inconsciente lhe indicará quando tiver terminado, e você então fará um sinal para que eu saiba. (...) (*Greg faz sinal com a cabeça.*)

Incorporando plenamente a parte

Connirae: Agora que essa sua parte sente naturalmente uma paz interior, ela não precisa mais ficar separada de você. Assim, você pode permitir que a paz interior flua para dentro de você e espalhe-se por todas as células do seu organismo. E, à medida que ela se espalha, a paz interior torna-se disponível a todas as outras partes do seu ser. Às vezes, acontece que 99% das nossas partes têm acesso ao estado essencial, mas existe uma única parte que, apesar de desejá-lo profundamente, não tem acesso a ele. Ela acha que deve continuar lutando para consegui-lo. Assim, quando todas as suas partes sentirem esta paz interior, as coisas ficarão mais fáceis.
Greg: É meio estranho. Há outra parte de mim perguntando: "O que me impede de sentir paz interior desde o início?".
Connirae: É uma boa pergunta.
Greg: E a resposta é "nada", todas as minhas partes simplesmente absorvem a paz interior.
Connirae: É isso que estamos fazendo agora. Muitas vezes, as partes acham que têm de fazer certas coisas e provocar certas reações nas pessoas para que você possa sentir paz interior. O problema é que em geral a paz interior não surge assim. Quando a parte percebe que começar já sentindo paz interior facilita a adoção de atitudes que lhe darão o respeito das pessoas, ela fica muito contente por agir dessa maneira. E ainda bem que isso acontece, porque torna-se menos importante obter

respeito, ter controle da situação etc., porque a parte já possui a paz interior. Ela já possui o que é realmente importante. (...) Agora que todas as suas partes possuem essa paz interior, em que aspectos ou áreas da sua vida isso fará diferença?
Greg: Provavelmente em todos os aspectos da minha vida. Ficarei mais relaxado nas coisas que faço. Isso também muda minha maneira de lidar com a ação na justiça. Vou ser capaz de fazer o que precisa ser feito sem ficar tenso.
Connirae: Coisas dessa natureza são sempre desagradáveis e exigem muito trabalho. Mas, quando a pessoa já tem essa sensação interna de paz interior, fica mais fácil também ter clareza interior. A situação torna-se mais fácil.
Greg: Isto é fascinante. É a primeira vez que essa pergunta é colocada: "O que acontece quando você já possui paz interior?". Essa paz interior é algo que sempre procurei.
Connirae: Entendo.
Greg: Este processo funciona! Todo o resto foi apenas uma luta.
Connirae: O que torna tudo uma luta é que, de uma certa maneira, no nível do inconsciente, ficamos confusos, sem saber que coisas precisam ser conquistadas com esforço e que coisas são apenas estados essenciais. A paz interior é um estado essencial. Não precisamos lutar para obter um estado essencial. Temos apenas que senti-lo. O estado essencial é algo que simplesmente *temos*. Às vezes, as pessoas passam a vida inteira tentando alcançar um estado essencial! Mesmo que consigam obter aquilo que, segundo elas, poderia fazê-las chegar ao estado essencial, isso não as leva necessariamente a obtê-lo. E isto acontece porque os estados essenciais não são obtidos através de esforço. A única maneira de se chegar a um estado essencial é incorporá-lo no nível do inconsciente.

(*O objetivo de Connirae, ao falar sobre ter um estado essencial, em vez de lutar para obtê-lo, é aprofundar a mudança inconsciente que Greg já está demonstrando.*)
Greg: Parece tão simples.
Connirae: É simples. E o que torna este processo eficiente é o acesso às partes de si mesmo que lutavam para obter seu estado essencial.

Revertendo a cadeia de objetivos com a parte crescida

Connirae: Greg, agora que essa sua parte já cresceu e foi incorporada a todo o seu ser, tanto no nível consciente como no nível inconsciente, você pode perceber como o fato de possuir essa paz interior desde o início torna as coisas diferentes. (...) (*Greg faz que sim.*) E agora você pode perceber de que maneira a paz interior amplifica e enriquece a sensação de tranqüilidade. (...) E vivenciar de que forma ela se irradia e permeia o conceito que agora você tem de respeito. E como o fato de sentir essa paz interior transforma a sua experiência, mesmo quando você não está sendo respeitado. (*Greg faz que sim e sorri.*) Isso mesmo, você pode permitir que essa sensação se espalhe e começar a apreciá-la plenamente e a ser permeado por ela. Você pode perceber como o fato de sentir essa paz interior transforma seu desejo de controlar a situação e, mesmo quando não tem o controle da situação, como essa paz interior transforma naturalmente a experiência. (...) (*Greg concorda e sorri.*) Isso mesmo. E agora, como o fato de sentir essa paz interior transforma e enriquece, de maneira profunda e completa, sua capacidade de elogiar Eric quando ele faz algo positivo, e como isso modifica as situações em que você e ele estão juntos. (...) (*Greg respira profundamente e faz que sim. Ele está muito relaxado e muito quieto. Connirae deixa que ele desfrute por alguns momentos esse estado.*)

Avaliação das partes que contestam

Connirae: Agora pergunte dentro de si se existe alguma parte que se oponha ao fato de você sentir plena e profundamente essa paz interior.
Greg: (...) Uma pequena parte diz que não quer perder o controle da situação.

Contato com a parte que contesta

(*Quando encontramos uma parte que contesta, trabalhamos com ela da mesma maneira como fizemos com a primeira parte. Quando descobrimos qual é o seu estado essencial e retomamos o processo para que ela também tenha acesso a seu estado essencial, ela deixa de objetar ao estado essencial da primeira parte.*)
Connirae: Muito bem. Gostaria de verificar todas as objeções. Onde é que você percebe essa sua parte? Você a sente, ouve ou vê?
Greg: Eu a ouvi (*gesticulando à sua frente*) e depois a senti fisicamente.

Reconhecendo e dando as boas-vindas à parte que contesta

Conniraes: Gostaria que você agradecesse a essa parte por informá-lo que tem uma objeção. Ela acabará sendo um aliado muito importante. (...) (*Greg concorda.*)

Descobrindo a cadeia de objetivos da parte que contesta

Connirae: Já sabemos que essa parte quer manter o controle da situação. Agora pergunte a ela: "Se eu mantiver o controle da situação, o que você deseja obter através desse objetivo que seja ainda mais importante?".
Greg: (...) Ela está demorando para responder. Ela está me dizendo algo que não faz sentido no nível consciente: "Ser respeitado pelos outros". Acho estranha essa resposta, porque sinto que já sou respeitado pelos outros.
Connirae: Na verdade, para os objetivos deste processo, pouco importa se você é respeitado ou não. O que importa é que ser respeitado é o que

essa parte deseja. Pergunta a ela: "Se você for respeitada pelos outros, o que você deseja obter através desse objetivo que seja ainda mais importante?".
Greg: Sensação de segurança.
Connirae: Agradeça à parte por querer isso para você e pergunte a ela: "Se você for respeitada e se sentir segura, o que você deseja obter através desses objetivos que seja realmente positivo e essencial?".
Greg: A resposta é "sensação de bem-estar" e "paz interior".
Connirae: (*concordando*) Este é o mesmo estado essencial da primeira parte. Isso é muito comum. Muitas vezes várias partes desejam o mesmo estado essencial, mas, como são partes diferentes, precisam de atenção individual. Essa segunda parte também precisa sentir o estado essencial desde o início.
(*Pode parecer estranho que uma parte que acabou de discordar com o fato de sentir paz interior agora queira a mesma coisa. Partes que discordam geralmente terminam desejando o mesmo estado essencial que recusaram inicialmente. É como se a atenção da parte estivesse tão voltada para os seus vários objetivos que a fizesse esquecer que deseja a mesma coisa. Quando todas as partes entram em contato com o seu estado essencial, as objeções desaparecem. Mesmo quando os estados essenciais não são idênticos, eles são sempre complementares*).

A CADEIA DE OBJETIVOS DA PARTE DISCORDANTE
Parte com a qual trabalhar: a que discorda de sentir "paz interior" como uma maneira de ser.
Objetivo pretendido nº 1: controle.
Objetivo pretendido nº 2: respeito.
Objetivo pretendido nº 3: sensação de segurança.
Estado essencial: paz interior.

Revertendo a cadeia de objetivos a partir do estado essencial
Connirae: Agradeça a essa sua parte por ser tão clara. Essa parte acompanhou o que fizemos com a primeira parte, mas ainda não descobriu como o fato de sentir paz interior torna as coisas diferentes para ela. Então, volte para dentro de si mesmo e pergunte a ela: "De que forma tudo vai ficar diferente quando você sentir uma profunda e constante paz interior?". (*A voz de Connirae torna-se mais grave e suave. Ela passa a sentir paz interior, para que o seu tom de voz reflita o estado, e convida Greg a sentir esse estado de maneira ainda mais profunda.*)
Greg: Ela gosta da idéia. É o que ela deseja.
Connirae: Então, convide essa parte a observar "como o fato de sentir plena e constantemente essa paz interior enriquece a sensação de bem-estar. (...) (*Greg concorda.*) E agora, pergunte a ela: "De que maneira o fato de possuir essa paz interior aumenta sua sensação de segurança?".
Greg: (...) Agora ela está plenamente presente.

Connirae: Ótimo (...) Agora, convide essa sua parte a observar como o fato de possuir plena e constantemente essa paz interior transforma a sua necessidade de ser respeitada. (*Greg volta-se para dentro e faz que sim.*)
Agora que você já *possui* plena e profundamente essa sensação de paz interior, como fica o fato de ser respeitado pelos outros? (...) (*Greg concorda.*)
E agora que você já possui essa paz interior de maneira plena e profunda, como isso transforma o fato de alguém não respeitá-lo? (...) (*Greg concorda.*)
Talvez ser respeitado torne-se menos importante.
Greg: É verdade. Agora, é menos importante.
Connirae: Agora, pergunte: "De que maneira o fato de possuir, desde o início, essa sensação de paz interior, transforma completamente a questão do controle?".
Greg: (...) Essa questão tornou-se menos importante também.
Connirae: E agora, pergunte: "Agora que você já possui paz interior, você aceita o fato de outras partes também terem essa sensação de paz interior?".
Greg: Sim, a parte responde que não há problema nenhum.

Fazendo a parte crescer

Connirae: Agora pergunte a essa parte: "Quantos anos você tem?".
Greg: A parte respondeu: "Nasci quando você tinha sete anos". Vi uma imagem do momento em que ela surgiu pela primeira vez. Essa necessidade de controle surgiu quando eu tinha sete anos. Meu pai começou a trabalhar à noite e tornei-me o homem da casa.
Connirae: Então agora, voltando àquela época, você pode perceber que essa parte teve uma atitude positiva. E você também pode observar que a situação não é mais a mesma. Essa parte nasceu quando você tinha sete anos. Ela ainda acha que tem sete anos?
Greg: Não, ela é adulta.
Connirae: Ótimo. Mais uma vez, convide essa parte a voltar à idade de sete anos, levando dentro de si a sensação de paz interior (...) plenamente (...) e ela poderá evoluir no tempo, mas de outra maneira, levando a paz interior que está dentro dela até sua idade atual. (...) (*Greg faz um sinal de que terminou.*)

Incorporando plenamente a parte

Connirae: Muito bem. Agora pergunte a essa sua parte se ela está pronta a ser sua aliada, passando-lhe a sensação de paz interior, agora que ela sabe que é isto que ela realmente deseja para você.
Greg: Sem dúvida alguma.
Connirae: Ótimo. Agora essa sua parte já tem a experiência plena de paz interior. (*Greg concorda.*) Onde ela está localizada agora? Ainda está fora de você, na sua frente?

Greg: *(concordando)* Vejo-a aqui *(indicando um ponto à sua frente)*, mas não está fisicamente fora — continua dentro de mim.
Connirae: Você a sente dentro de você, embora a veja fora?
Greg: Isso mesmo. Há uma sensação de que ela está dentro de mim.
Connirae: Ótimo. Normalmente, quando vemos que uma parte de nós mesmos ainda está fora do nosso corpo, ao trazê-la para dentro temos uma experiência ainda mais completa do nosso estado essencial. Vamos ver se isso acontece com você. Convide essa parte a fluir para dentro de você, para que você possa sentir ainda mais profundamente a paz interior (...) para que todas as suas células sejam permeadas pela paz interior. (...) E, quando a paz interior se espalhar por todas as células do seu corpo, você poderá permitir que *esta* paz interior integre-se à paz interior daquela primeira parte. (...) Como você sente isso?
Greg: É como um fluxo.

Verificando se há outras objeções

Connirae: Muito bem. Agora, vamos verificar se alguma outra parte faz objeção a que você tenha essa permanente sensação de paz interior.
Greg: *(Pára para refletir e verificar.)* (...) Não há nenhuma objeção.

Generalização da linha temporal

(Até aqui, o leitor acompanhou as fases do Processo de Transformação Essencial que já conhecia. A generalização da linha temporal é uma nova fase do processo. Seu objetivo é dar a Greg a experiência de ter o estado essencial de paz interior disponível em toda a sua linha temporal.)

Connirae: Agora vamos fazer algo que torna sua experiência de paz interior ainda mais rica, completa e automática. Esta técnica chama-se "generalização da linha temporal". Gostaria que você deixasse todo o seu passado fluir por uma linha situada atrás de você, e seu futuro por uma linha à sua frente, enquanto você continua no presente. Vamos chamar a isso "linha ou caminho temporal". *(Greg concorda.)*

Com a paz interior permeando todo o seu ser, deixe-se flutuar por cima da sua linha temporal. Vá percorrendo a linha em direção ao passado, até chegar ao momento da sua concepção (...) levando com você essa profunda sensação de paz interior. (...)

E ao chegar lá, percorra novamente a linha em direção ao presente, para que a sensação de paz interior possa colorir e transformar todos os momentos da sua experiência. (...)

Perceba como, no nível inconsciente, a paz interior torna-se mais plena e rica, crescendo e ampliando-se, enquanto seu passado se modifica com essa paz interior que se irradia através de todos os momentos da sua experiência, enquanto seu inconsciente caminha até o momento presente. E, ao chegar ao presente, imagine-se continuando o caminho em direção ao futuro, observando como ele está sendo colorido e transformado pela presença da paz interior (...) Às vezes é útil refazer o caminho mais uma vez. (...) (*Greg concorda.*)

Só que, dessa vez, você já partirá desse novo nível de paz interior, permitindo que ele se torne ainda mais pleno, enquanto flutua por cima da sua linha temporal mais uma vez, voltando ao momento da sua concepção, entrando no tempo e deixando-se flutuar (*Connirae emite um som que indica um movimento rápido: "zupt"*) até o momento presente. (...)

E, mais uma vez, para o futuro (*zupt*).

Se você quiser, pode repetir, mais rápido ainda. (*Greg concorda e faz uma pausa.*)

Gostaria de fazer algum comentário sobre algo que notou conscientemente?

Greg: Não há nada específico de que eu esteja consciente.

Connirae: Ótimo. Se seu inconsciente quiser que você tenha ainda mais paz interior, poderá criar sonhos, que lhe permitirão perceber como o fato de ter essa paz interior modifica diferentes situações.

Verificação dos resultados

(*As perguntas que Connirae faz a Greg têm o intuito de verificar se as mudanças por que ele passou são completas e para dar maior embasamento à mudança. Tanto a reação não-verbal como a descrição verbal de Greg são muito diferentes das do início da sessão.*)

Connirae: O que acontece agora quando você pensa em Eric fazendo algo de que você gosta?

Greg: (*verificando internamente*) Gosto e tenho prazer.

Connirae: Muito bem. E o que acontece quando você pensa em Eric fazendo uma *daquelas coisas* — que antigamente costumavam irritá-lo? (*Greg dá de ombros, como se não fosse muito importante.*) Não é importante? Muito bem. Agora que você possui essa sensação de paz interior de maneira profunda e permanente, como se sente ao examinar seu comportamento anterior? É algo que lhe parece estranho ou você sente compaixão pela maneira como era antigamente?

Greg: Sinto compaixão e compreensão.

Connirae: Portanto, quando você se vê como era antes você sente compreensão?

Greg: (*concordando*) Não havia nada de errado com o objetivo que eu queria atingir.

Connirae: Muito bem. Agora, como pai, você tem um objetivo em mente, e também para os filhos que está criando, não é? (*Greg concorda.*) De que maneira o objetivo positivo que você tinha para seu filho mudou?

Greg: (...) Não tenho um novo objetivo para ele. Ainda quero que ele seja feliz e bem-sucedido, mas não sinto mais pressão nem tensão. No passado, eu me sentia responsável.

Connirae: Era como se você fosse responsável pelo que acontecesse com ele.

Greg: Isso mesmo. Não queria que ele cometesse os mesmos erros que cometi no passado.
Connirae: E, quanto ao seu enteado, pense na atitude que tem em relação a ele agora.
Greg: (...) De certa maneira, a pressão desapareceu. A questão não é mais minha responsabilidade para com ele, mas a maneira como me relaciono com as pessoas.
Connirae: Isto é o que importa.

(*Às vezes, quando escolhemos uma parte importante com que trabalhar, as outras partes se transformam automaticamente. No início da sessão, Greg ficava irritado quando pensava ou falava sobre certas coisas que o enteado fazia. No final, ele parece tranqüilo, e essas mesmas coisas não o irritam mais. A mudança aconteceu sem que precisássemos trabalhar com a parte que ficava irritada. O acompanhamento posterior mostrou que a mudança foi duradoura. Se não tivesse sido, teria sido necessário trabalhar diretamente com a parte que ficava irritada.*

Como a sessão foi para o casal, e Greg havia passado por mudanças positivas profundas, Connirae passou a trabalhar com Ann, a esposa de Greg, para lhe dar a oportunidade de mudar em áreas que eram importantes para ela. Não incluímos a sessão com Ann neste livro.)

•••

Acompanhamento

Uma semana após a sessão, Greg nos forneceu a seguinte informação sobre os resultados do Processo de Transformação Essencial: "Foi impressionante. Ainda estou empolgado. Tudo mudou. Houve uma mudança muito positiva nesta semana. Aconteceram várias coisas que normalmente me irritariam muito, mas não fiquei irritado. Acho que realmente modifiquei algumas das minhas antigas convicções!".

Um ano após a sessão, Greg disse o seguinte: "O mais empolgante foi descobrir que não precisava procurar a paz interior fora de mim. Fez uma enorme diferença, e ainda faz. As coisas que antes me irritavam ainda acontecem, mas não conseguem mais me tirar do sério".

RESUMO DA SESSÃO COM GREG

OBJETIVO DE GREG: modificar meu relacionamento com meu enteado.

1. **ESCOLHER UMA PARTE COM A QUAL TRABALHAR:** Quando ele faz algo positivo, não o elogio.

   Aceitando, recebendo e dando boas-vindas à parte.

2. **DESCOBRINDO O OBJETIVO/PRIMEIRO OBJETIVO PRETENDIDO**

3. **DESCOBRINDO A CADEIA DE OBJETIVOS**

4. **ESTADO ESSENCIAL:** Paz interior

5. **REVERSÃO DA CADEIA DE OBJETIVOS A PARTIR DO ESTADO ESSENCIAL**

6. **FAZENDO A PARTE CRESCER**

7. **INCORPORANDO PLENAMENTE A PARTE**

8. **REVERSÃO DA CADEIA DE OBJETIVOS COM A PARTE CRESCIDA**

9. **AVALIAÇÃO DAS PARTES QUE CONTESTAM SEGUNDA PARTE COM A QUAL TRABALHAR:** Objeção contra sentir paz interior

   Descoberta da cadeia de objetivos e do estado essencial

   Reversão da cadeia de objetivos

   Fazendo a parte crescer

   Incorporando plenamente a parte

   Verificando se há outras objeções

10. **GENERALIZAÇÃO NA LINHA TEMPORAL**

CAPÍTULO 17

COMPLETANDO O PROCESSO COM TODAS AS PARTES
Compreendendo a estrutura

> *As armas não podem atingi-lo,*
> *Fogo não pode queimá-lo,*
> *Água não pode molhá-lo,*
> *Vento não pode empurrá-lo.*
> *Ele é eterno e difuso,*
> *Sutil, inamovível e sempre o mesmo.*
> *Bhagavad-Gita*

Na demonstração com Greg, mostramos o Processo de Transformação Essencial completo, em suas dez etapas. Geralmente, apenas o exercício do estado essencial, o crescimento da parte e a incorporação da parte já produzem resultados profundos e duradouros. Entretanto, às vezes existem outras partes envolvidas no problema. Nesse caso, para obter resultados profundos e duradouros, o Processo de Transformação Essencial deve ser feito com todas as partes envolvidas.

Etapa nº 9: Descobrindo partes discordantes

Quando Greg acabou de trabalhar com sua primeira parte — a que o impedia de elogiar seu enteado —, parecia ter terminado o processo. Mas era importante verificar se havia outra parte envolvida. Quando surge outra parte que ainda não possui o seu estado essencial, ela pode vir a interferir nos resultados desejados.

É muito simples descobrir partes discordantes. Quando tiver terminado de trabalhar com a primeira parte, pergunte internamente: "Há alguma outra parte minha que não quer que eu tenha [estado essencial] de maneira plena e constante?". Se a resposta for afirmativa, essa parte também deverá passar pelo Processo de Transformação Essencial.

A dádiva das partes contestadoras

Geralmente, quando descobrimos que há uma parte discordante, nos sentimos desapontados ou chateados. Isto acontece porque temos a ilusão de que objeções são empecilhos. Quando surge uma parte discordante, ela na verdade está nos oferecendo a oportunidade de fortalecer e enriquecer ainda mais nosso estado essencial, o que nos permitirá transformar nossa vida. Quando Greg conseguiu levar a sensação de paz interior não apenas à primeira parte, mas também à parte que fazia objeção, seu estado essencial ficou muito mais rico e profundo.

Cada uma das nossas partes interiores representa uma certa quantidade de energia e vitalidade. Quando incluímos todas as nossas partes interiores, literalmente ganhamos força e vitalidade. Nossa energia passa a fluir livremente, em harmonia, sem obstáculos.

A cada vez que passamos pelo Processo de Transformação Essencial, nossas partes se revelam de uma maneira levemente diferente. No próximo capítulo, "Como reconhecer partes que precisam ser incluídas", o leitor encontrará muitos outros exemplos valiosos de como as partes podem se manifestar. Eles vão ajudá-lo a se preparar para reconhecer e reagir à maneira especial e individual como cada parte se manifesta.

Etapa nº 10: Generalização da linha temporal

Depois que todas as partes envolvidas num problema tiverem obtido seus estados essenciais, chegado à idade atual e sido plenamente incorporadas, é útil passar pela generalização da linha temporal. Esse processo amplia o estado essencial, conduzindo-o através de toda a linha temporal — passado, presente e futuro. Isso permite curar eventos passados desagradáveis e problemáticos e assegura que os estados essenciais estejam automaticamente disponíveis em situações futuras.

CAPÍTULO 18

COMO RECONHECER PARTES QUE PRECISAM SER INCLUÍDAS
Orientações e exemplos

> *Os seres humanos têm uma natureza superior. Se conhecermos e aceitarmos todas as nossas partes, podemos chegar a essa natureza superior.*
> *Virginia Satir,* The new peoplemaking

Em mais de vinte anos de experiência no campo do crescimento pessoal, eu (Connirae) já usei e ensinei muitos processos. De todos eles, acho que o Processo de Transformação Essencial é o mais eficaz. Portanto, se você aplicar as técnicas que ensinamos aqui, qualquer problema pode ser resolvido. Quando atingimos o estado essencial de cada parte, vencemos nossas limitações. Quando isso não acontece, geralmente significa que ainda não estamos trabalhando com a parte que precisa de atenção. E aí é necessário procurá-la.

Neste capítulo, vamos dar vários exemplos e orientações para ajudá-lo a descobrir quando mais de uma parte está envolvida na questão. Você também poderá usar esses exemplos para descobrir com que partes trabalhar.

Antes do processo: partes que existem desde o início

Às vezes, você sabe desde o início que deve trabalhar com mais de uma parte. Partes desequilibradas geralmente surgem aos pares, que quase sempre são lados opostos de um conflito interior. Uma mulher queixou-se de que, por um lado, queria ser o centro das atenções, mas, por outro, preferia esconder-se e tornar-se invisível.

A dificuldade de Darla era tomar uma decisão com relação ao seu trabalho. Por um lado, queria deixar a empresa onde trabalhava. Havia muitas coisas no seu ambiente de trabalho que não lhe agradavam. Ainda assim, apesar de se sentir infeliz, Darla continuava no emprego. O fato de não ter abandonado o trabalho era uma pista de que havia outra parte envolvida — uma parte que a impedia de abandonar o emprego. Essa outra parte queria segurança. Darla estava num impasse, porque as duas partes pareciam não chegar a um acordo. Nenhuma das decisões a satisfazia totalmente. Era como se ela tivesse que escolher uma parte de si mesma em detrimento da outra. Deixar o emprego significava negligenciar uma parte de si mesma.

Darla aplicou o Processo de Transformação Essencial a esse problema e descobriu que o estado essencial de ambas as partes era "estar em paz". Através do processo, ambas as partes foram plenamente integradas, o que lhe deu a congruência necessária para tomar sua decisão a partir de uma posição de plenitude. Um mês depois de passar pelo Processo de Transformação Essencial, tornou-se claro para Darla que ela queria deixar o emprego. Como estava muito mais integrada, pôde tomar uma decisão satisfatória para sua pessoa como um todo. Em vez de abandonar o emprego ou agir de uma forma que provocasse a demissão, ela conversou honestamente com seu chefe. Ele decidiu demiti-la e ofereceu-lhe três meses de aviso prévio e de seguro-saúde, o que facilitou sua transição para um novo emprego.

Uma maneira de descobrir se um lado nosso faz parte de uma dupla é procurar o lado oposto daquele com que se começou a trabalhar. Se você estiver trabalhando com um hábito, provavelmente começará com a parte que o *faz* ter esse hábito. Em seguida, você pode verificar se existe uma outra parte que tenta *impedi-lo* de fazer aquilo. Brenda tinha uma parte que queria comer em excesso e "beliscar", e uma outra parte que era muito rígida quanto a seus hábitos alimentares e gostava de fazer dieta. Essa parte severa sentia-se mal quando ela comia demais e se alimentava de "porcarias". Para chegar a um equilíbrio, Brenda precisou trabalhar com ambas as partes.

Michele tinha várias partes dependentes da afeição dos outros. Vivia fazendo coisas que não queria para poder "manipular" as pessoas e fazer com que gostassem dela. Descobrimos que havia uma outra parte que queria evitar totalmente o contato com as pessoas.

Craig tinha uma parte que queria estar totalmente a serviço de outras pessoas. Essa parte queria que ele não tivesse nenhum desejo egoísta. No processo, descobrimos que havia outra parte que queria que ele só pensasse em si mesmo, sem se preocupar com os outros. Mais uma vez, ambas as partes eram importantes e precisavam ser incluídas e integradas. Só assim ele poderia se tornar uma pessoa inteira.

Normalmente, quando uma parte de nós defende uma posição extremista, existe outra parte que tem uma posição radicalmente contrária. Em geral, temos consciência apenas de um desses lados. No nível consciente, achamos que um dos lados é "bom" enquanto o outro é "mau". Entretanto, descobrimos que nos tornamos mais alinhados e equilibrados se trabalharmos com ambos os lados da questão, integrando os dois extremos num todo equilibrado.

Objeções evidentes

No exercício com Greg, o leitor deve ter observado que, após trabalhar com um dos lados, Connirae o orientou a fazer a seguinte pergunta a si mesmo: "Existe alguma parte de mim que se opõe ao fato de eu sentir plenamente essa paz interior?". Uma parte discordante pode aparecer para responder a essa pergunta, como aconteceu com Greg. Ele descobriu uma outra parte sua que queria controlar a situação, embora seu estado essencial também fosse a paz interior.

Uma segunda parte pode levantar uma objeção em qualquer fase do processo, mesmo quando não pedimos que ela se manifeste. As partes discordantes se manifestam de várias maneiras, através de imagens, palavras, sons ou sensações. Quando estava trabalhando com uma parte, Mary Jo ouviu uma voz interna bem alta que dizia: "Pare!". Algo parecido aconteceu com Ben. Ele interrompeu o processo e disse: "É como se surgisse uma parede entre mim e essa parte. Não consigo obter mais respostas". Quando surgir uma objeção forte, é melhor passar a trabalhar com a parte que está contestando e depois voltar a trabalhar com a parte original.

Quando percebem uma parte discordante, as pessoas geralmente pensam: "Ah, não! Não quero isso". Tentam descartar as objeções ou convencer a parte a aceitar o que elas desejam. Em geral, nenhuma dessas duas atitudes funciona. Quando são negligenciadas, as objeções internas quase sempre voltam para impedir as mudanças que desejamos, sabotando-as. Muitas abordagens de mudança pessoal consideram as objeções um problema. Costuma-se rotular essas objeções como "resistência" e tentar eliminá-las ou ignorá-las. É muito mais útil aceitar essas partes discordantes como aliados. No Processo de Transformação Essencial, partimos do princípio de que todas as partes são importantes, valiosas e necessárias para que a pessoa se torne inteira. Ao aplicar o Processo de Transformação Essencial a essas partes discordantes, estamos lhes dando o estado interno que elas desejam profundamente e, ao mesmo tempo, aceitando-as como fontes de recursos.

Bonnie queria aprender a lidar com a raiva. Quando começou a trabalhar com a parte que criava a raiva, teve uma sensação de calor no crânio e no pescoço. A parte disse a ela que seu objetivo era controlar tudo e todos. Então, uma voz em pânico gritou no seu ouvido esquerdo: "De jeito nenhum! Não quero ser controlada!". Essa parte que apresentava a objeção desejava ter segurança, liberdade e uma sensação de "ser". Quando teve acesso ao que realmente queria — a sensação de ser — a parte sentiu-se feliz. Então, Bonnie pôde retornar à parte que queria controlar tudo, tendo essa segunda parte como aliada. Bonnie descobriu que ela queria controlar tudo para fazê-la sentir-se segura. Através dessa segurança, o que ela realmente queria era "existir", "estar ligada a tudo" e ter uma sensação de "unicidade". Guiando ambas as partes pelo Processo de Transformação Essencial, Bonnie entrou em contato com dois estados essenciais, que acabaram transformando totalmente sua experiência de vida.

Zack tinha uma parte que o impedia de sair com mulheres. Sempre que ele pensava em sair com uma mulher, ficava nervoso e embaraçado. Ao trabalhar com a parte que o fazia sentir-se nervoso, Zack descobriu que ela queria lhe dar segurança para que ele pudesse se sentir amado. Surgiu então outra parte que dizia: "Isto é ridículo! Você jamais vai se sentir amado! Não se engane!". Então ele trabalhou com essa parte, cujo estado essencial era o "amor incondicional". Depois, completou o processo com a primeira parte e descobriu que ela tinha o mesmo estado essencial.

Nadine, uma cirurgiã, trabalhou com uma parte que a impedia de ter emoções. Ela sentia essa parte como uma armadura colocada diante de si. Ao aproximar-se do seu estado essencial, a armadura tornou-se cada vez mais flexível, até se transformar num vestido de veludo. De repente, Nadine viu uma tela negra erguer-se entre ela e o vestido de veludo. Quando perguntou a essa tela negra o que ela queria, a tela respondeu: "Impedi-la de tornar-se vulnerável". Ela trabalhou primeiro com a tela negra e depois passou a trabalhar com o vestido de veludo.

Durante o processo: sutis interferências das partes

Se o processo lhe parece difícil, pense que essa dificuldade pode se transformar numa bênção interior. Tudo o que você precisa fazer é perceber que tipo de dificuldade está tendo e pensar nela como uma outra parte que pode se tornar uma aliada.

O problema de Kevin era que ele vivia adiando tudo o que precisava fazer. Enquanto estabelecia sua cadeia de objetivos, ele descobriu que estava tendo dificuldade em concentrar-se no processo. Queixou-se de estar "fora do ar". Kevin achou que talvez o processo não funcionasse com ele. Expliquei-lhe que essa sensação de estar fora do ar era apenas outra parte que deveria ser incluída. Pedi a ele para observar onde e como se sentia fora do ar. Ele notou uma sensação na cabeça, como se uma parte de si mesmo começasse a flutuar. Então perguntou à parte: "O que você quer obter quando começa a flutuar?". "Proteção", foi a resposta. Kevin comentou que isso tinha sentido. Lembrou que, quando estava na escola, várias vezes "saía do ar" quando não sabia o que ia acontecer. Ele completou o processo com a parte, cujo objetivo essencial era a "união com Deus", e depois voltou a trabalhar com a questão da procrastinação.

Se você sentir uma "interferência", é preciso respeitá-la e passar a trabalhar imediatamente com a parte que interferiu. Faça uma pausa, diga à parte com a qual começou a trabalhar que voltará a ela mais tarde e aplique o processo à parte que está interferindo. Isto eliminará o conflito.

A interferência pode se manifestar de uma maneira muito sutil, através de uma dor de cabeça, de uma dor corporal, uma emoção forte, uma sensação de inquietação, um pensamento repetitivo ou qualquer outra coisa que atrapalhe o processo. Dentre as várias interferências sutis, que veremos mais detalhadamente a seguir, temos a "conversa mental", a "ansiedade em deduzir" e a "autocrítica".

Conversa mental

Um tipo comum de interferência é a "conversa mental". Às vezes, quando nos voltamos para dentro, nossa mente evita se concentrar na parte com a qual queremos trabalhar. Passamos a pensar se desligamos o forno em casa, a nos preocupar com uma reunião, ou ainda a relembrar uma discussão que tivemos com um amigo.

Em vez de lutar contra essa conversa mental, podemos torná-la um aliado. Trate a conversa mental como se fosse uma parte interior. Pergunte: "O que você deseja?". E assim você descobrirá o estado essencial dessa parte interior. Ao trabalhar com essas partes, você ganhará muito mais do que se trabalhar apenas com o problema inicial. Essa conversa mental provavelmente já o atrapalhou em outras situações. Quando você conseguir estabelecer o estado essencial desta parte, ela tornar-se-á sua aliada.

Ansiedade em deduzir

Ao perguntar à parte "O que você deseja?", algumas pessoas tentam "descobrir" a resposta, em vez de esperar que a parte interior expresse o seu desejo. O gosto pela análise e pela dedução é uma característica da cultura americana que pode ser muito útil em outros contextos. Mas, mesmo quando não temos a *intenção* de interromper o processo, o hábito de analisar pode tornar-se um empecilho. É muito fácil transformar essa interferência em algo positivo. Basta tratar essa ansiedade como outra parte interior e descobrir o seu estado essencial.

Bety tinha esse problema. Observei que, em vez de simplesmente voltar-se para dentro e esperar a resposta que surgiria, ela logo tentava "perceber" a resposta de uma maneira mais analítica. Ela dizia: "Acho que essa parte quer proteger-me, porque a proteção é muito importante para mim". Bety estava tentando encontrar um significado, em vez de simplesmente esperar e prestar atenção ao que a parte expressava. Sentia a necessidade de analisar suas percepções. Quando conversei com ela sobre isso, ela concordou que seria melhor simplesmente parar e observar, mas não conseguia, porque automaticamente começava a analisar e a deduzir que tipo de resposta poderia receber. O que pode resolver o problema é trabalhar com a parte que "automaticamente tem de analisar o que está acontecendo". Após trabalhar com essa parte, Bety observou que ainda sentia necessidade de analisar e deduzir. Então, descobriu uma segunda parte sua que tinha esse mesmo comportamento.

A primeira parte era uma voz que falava com ela a partir da testa. A segunda estava localizada na parte posterior do crânio. Quando ambas as partes que estavam ansiosas para entender o que estava acontecendo descobriram seus estados essenciais, todas as outras partes de Bety puderam expressar-se sem que ninguém se apressasse a adivinhar o que elas iam dizer. Com isso, o processo pôde fluir naturalmente.

Quando eu (Connirae) apliquei esse processo pela primeira vez em mim mesma, tive dificuldade em entender as mensagens das minhas partes. Observei que questionava todas as respostas que recebia. Queria ter tanta *certeza* de que a resposta estava certa que era difícil continuar o processo. Decidi tratar essa tendência como uma parte "que duvida de cada resposta" e trabalhar com ela. Descobri várias partes iguais a essa, e tenho trabalhado com elas desde então. Levar essas partes aos seus estados essenciais me permitiu obter as respostas das outras partes. Agora o processo geralmente flui com facilidade e tranqüilidade.

É muito mais útil parar e trabalhar com essas partes que "interferem" do que tentar fazer com que o processo flua. Geralmente, essas partes são aspectos importantes da nossa personalidade. Por exemplo, ao trabalhar com as partes que duvidavam das respostas, descobri que esse era um tema constante na minha vida. Eu sempre havia *duvidado* de mim mesma. Trabalhar com essas partes internas me deu a possibilidade de viver de maneira mais confortável e segura.

Meu namorado (de Tamara) disse-me que sentia que havia uma parte minha que, de alguma maneira, queria controlar seu comportamento. Ao mesmo tempo, ele sentia que outra parte minha queria proteger sua liberdade e independência. Isso aconteceu numa época em que eu não tinha certeza se estava gostando de certas mudanças que estavam acontecendo no nosso relacionamento. Eu nunca tinha me achado controladora, mas, com ele às vezes me sentia assim, achei que valia a pena examinar essa possibilidade. Quando comecei a me perguntar se havia uma parte de mim que queria controlar o comportamento do meu namorado, rapidamente percebi que uma parte de mim tentava adivinhar as respostas à minha pergunta, sem esperar que meu inconsciente respondesse. Interrompi o processo e trabalhei com essa parte. Perguntei: "O que você deseja quando tenta adivinhar a resposta da outra parte?". Descobri que ela queria decidir que respostas dar para controlar minha vida. Percebi tudo à medida que minha cadeia de objetivos foi surgindo:

Parte com a qual trabalhar: aquela que tenta adivinhar as respostas das outras partes.
Objetivo pretendido n° 1: controlar a minha vida.
Objetivo pretendido n° 2: proteção.
Objetivo pretendido n° 3: segurança.
Estado essencial: ser.

Durante o processo, vi uma imagem de mim mesma com quatro anos de idade, escondida atrás de um muro, tentando proteger-me. Convidei essa parte a partir da sensação de simplesmente "ser". Foi maravilhoso! A necessidade de proteção e segurança tornou-se menos primordial. A imagem do muro desapareceu. Enquanto essa minha parte crescia, vivenciando plenamente a sensação de ser, percebi que sua intenção deixava de ser "controlar" minha vida e passava a ser "cuidar" da minha vida. Quando voltei à parte que queria controlar meu namorado, descobri que ela também havia mudado! Agora, em vez de querer "controlar" meu relacionamento, ela queria "cuidar" do meu relacionamento. Era como cuidar de um jardim, em vez de controlar um robô. Assim, a parte de mim que queria proteger a liberdade do meu namorado podia relaxar.

Antes de passar por esse processo, sempre que meu namorado ficava chateado comigo, eu sentia raiva dele por estar chateado. A raiva sempre foi uma emoção que eu não conseguia aceitar nas outras pessoas. Depois do processo, observei uma mudança clara na minha reação automática aos seus sentimentos. Quando ele ficava chateado, eu deixava que ele ficasse chateado e reagia de outra maneira, em vez de ficar com raiva dele. Antes eu entendia racionalmente que é melhor aceitar as emoções dos outros, inclusive a raiva. Agora eu realmente aceito melhor a emoção dos outros.

Autocrítica

Embora Jerry estivesse muito motivado para comunicar-se com suas partes interiores, as respostas não surgiam. Notei que sempre que Jerry parava para fazer uma pergunta a si mesmo, tinha um olhar irritado. Depois, ao me contar o que acontecera, parecia irritado: "A parte não quer falar comigo!". Ficou claro que ele estava muito impaciente com suas partes internas. Se elas não respondessem com uma mensagem clara imediatamente, ele ficava chateado. E isso dificultava a percepção das respostas que estavam surgindo. Depois que aceitamos a "parte dele que se sentia impaciente e chateada" e trabalhamos com ela, Jerry conseguiu aplicar o processo com facilidade às outras partes.

Qualquer parte que critique nossa experiência pode ser aceita e incluída. Às vezes temos uma parte interna que está chateada, que se sente abandonada ou que é rebelde. Outras vezes, uma parte pode sentir que "Isto está errado! Não deveria sentir-me assim!". Essa camada extra de crítica pode ser trabalhada como uma parte separada, que depois vai se tornar nossa aliada. Sempre partimos do princípio de que toda parte discordante tem uma função valiosa e positiva que deve ser preservada. Na verdade, na maioria das vezes, a parte que começou interrompendo acaba tendo uma função primordial no desenvolvimento do processo.

No final do processo: recebendo dicas do seu corpo

Ao terminar o exercício do estado essencial, quando a parte tiver crescido, convide-a a preencher o seu corpo. Às vezes, as pessoas dizem: "Meu lado direito está preenchido, mas não o esquerdo". Ou então: "Tudo ficou preenchido, com exceção do meu coração". Ou ainda: "Meu corpo está preenchido, mas não a minha cabeça". Sempre que uma parte do corpo não absorve o estado essencial, é um sinal de que há outra parte envolvida. Alguma outra parte precisa ser incluída para que o estado essencial possa penetrar naquele segmento. É possível descobrir que parte é essa perguntando: "Que parte de mim tem objeção a que o estado essencial entre nessa área?" e observar o que surge.

Quando terminamos o Processo de Transformação Essencial com uma parte, o corpo sente a mudança e o estado essencial flui através da pessoa como um todo. Se o estado essencial não estiver totalmente integrado, seu corpo provavelmente manifestará isso. É como se um lado sentisse uma coisa e um outro lado sentisse outra coisa. Por exemplo, quando falam as pessoas geralmente gesticulam com uma das mãos e não com a outra. Às vezes, parece que apenas a cabeça está expressando uma idéia, enquanto o resto do corpo permanece indiferente. Quando o estado essencial está plenamente integrado, o corpo inteiro movimenta-se harmoniosamente. Os movimentos podem ser sutis e delicados, mas parecem vir do corpo inteiro e, em geral, os gestos mantêm uma simetria, envolvendo ambos os lados do corpo.

Após o processo: você continua repetindo o comportamento inicial?

Muitas limitações desaparecem da primeira vez que trabalhamos com elas. Algumas delas só mudam após o segundo processo. Se a limitação ainda continuar presente, pode-se partir do princípio de que existem outros lados com os quais é necessário trabalhar.

Phil queria ser menos crítico em relação a seus filhos. Observava que sempre ficava irritado quando as crianças faziam algo que ele considerava "errado". Sentia o seu dedo indicador pronto para acusá-los e tinha vontade de gritar. Queria sentir-se mais flexível, para poder colocar limites de maneira clara, com uma atitude interna de aceitação. Da primeira vez que Phil trabalhou com esse problema, observou duas partes. A primeira queria descobrir o que havia de errado com as crianças e estava pronta para culpar a tudo e a todos. Phil chegava a ouvi-la falando com ele no seu ouvido esquerdo. Já a segunda parte sentia-se vulnerável por estar sendo culpada. Era uma parte muito jovem, que havia sofrido muitas reprimendas dos pais. Após trabalhar com ambas as partes, Phil percebeu uma ternura e uma intimidade com os filhos que jamais havia sentido. Também notou uma maior tranqüilidade em outras áreas da sua vida. Entretanto, Phil ainda sentia o impulso de brigar com os filhos quando eles faziam algumas coisas. Quando voltou para dentro de si mesmo, descobriu uma terceira parte que também gostava de brigar e que lhe falava diretamente no ouvido direito. Após trabalhar também com essa parte, Phil obteve os resultados que queria alcançar no relacionamento com seus filhos.

Como descobrir nossas partes

Quando aplicamos o Processo de Transformação Essencial, nosso objetivo é descobrir todas as partes ligadas a uma questão e levar cada uma delas ao seu estado essencial. Os dois próximos exemplos são de pessoas que tinham pelo menos três partes. Observe como essas partes surgiram e como o processo é simples mesmo quando mais de duas partes estão envolvidas.

Enquanto Beverly aplicava o processo, algumas objeções surgiram. Observamos que suas partes não queriam ter seu estado essencial como ponto de partida. Isso é um tanto estranho, porque na maioria das vezes as partes ficam encantadas em estabelecer o estado essencial que sempre quiseram vivenciar. Tive uma intuição e pedi a Beverly que perguntasse a si mesma: "Há alguma parte de mim que acredita que tudo tem que ser conquistado com muito esforço?". A resposta foi afirmativa. Quando estabelecemos a cadeia de objetivos dessa parte, descobrimos que essa parte de Beverly só tinha a sensação de que merecia obter alguma coisa se lutasse para consegui-la. Através dessa sensação de merecimento, o que a parte queria era sentir que aquilo era realmente dela e que ninguém lhe podia tirar. Quando descobrimos isso, ficou claro por que ela tinha criado uma objeção ao fato de obter o estado essencial sem esforço.

Depois, descobrimos que o estado essencial dessa parte que contestava era a "sensação de ser". Sua cadeia de objetivos era:

Parte com a qual trabalhar: a que se opõe a partir do estado essencial.
Objetivo pretendido n? 1: lutar para conseguir as coisas.
Objetivo pretendido n? 2: sensação de que mereço o que *tenho*.
Objetivo pretendido n? 3: o que tenho é meu e não podem me tirar.
Estado essencial: sensação de ser.

Quando Beverly perguntou à parte: "De que maneira o fato de ter essa 'sensação de ser' como ponto de partida melhora sua experiência?", a parte descobriu que, partindo dessa sensação de ser, a vida ficava mais fácil. Na presença dessa sensação de ser, ela não precisava lutar para obter as coisas. Trabalhada esta parte, o resto do Processo de Transformação Essencial transcorreu tranqüilamente. Essa parte era a chave para que o processo pudesse funcionar.

Charlotte escolheu trabalhar com uma parte que criava um tique nervoso. Tudo correu tranqüilamente até ela chegar ao objetivo pretendido de "correr e brincar". De repente, Charlotte ficou muito tensa e disse que outra parte se manifestara: "Ela está aqui", disse, apontando para o lado direito do rosto. "E diz: 'Gostaria que essa parte crescesse e fizesse o que tem de ser feito'." Tratava-se de uma parte divergente. Eu disse a Charlotte: "Dê as boas-vindas a essa nova parte e diga-lhe que estamos contentes por ela estar aqui e que sabemos que ela tem objetivos importantes para você. Diga-lhe que queremos incluí-la também e ajudá-la a obter o que ela realmente deseja para você. Pergunte-lhe: 'Você pode esperar um pouco enquanto terminamos com a primeira parte, ou precisamos interromper o processo e passar a trabalhar com você?' ".

A parte divergente disse a Charlotte que podia esperar. Então continuamos com a primeira parte. Quando chegamos ao objetivo pretendido de "sentir-se parte integrante de um todo", Charlotte sentiu algo muito intenso e ameaçador surgir diante dela. Essa sensação era a manifestação de uma terceira parte. Como a sensação de ameaça era muito intensa, decidimos passar a trabalhar imediatamente com essa terceira parte, cujo estado essencial era "sentir-se bem". Depois que revertemos a cadeia de objetivos, essa parte deixou de contestar o processo. Fizemos com que ela crescesse e se espalhasse por todo o corpo de Charlotte e depois voltamos atrás e completamos o processo com a primeira parte. Em seguida, passamos a trabalhar com a segunda parte, que havia contestado inicialmente e queria que a primeira parte "crescesse e fizesse o que deveria ser feito". Ela agora sentia-se bem e não tinha mais nenhuma objeção.

Caso surjam muitas partes quando você estiver lidando com um problema, não é bom trabalhar com todas elas de uma vez. É melhor fazer algumas anotações e voltar a trabalhar com as outras partes mais tarde ou no dia seguinte.

Quando existem muitas partes

Às vezes, uma única questão parece ser o ponto focal de *muitas* partes. É como se várias partes se reunissem ao redor de uma limitação e a usassem. Quando Donna quis lidar com a perda de peso, um grupo de partes surgiu ao redor dessa questão. O trabalho foi intenso e poderoso e Donna ficou muito satisfeita com os resultados. Passou a sentir uma sensação mais profunda de si mesma e de bem-estar em muitas situações. Entretanto, não perdeu o peso desejado. Um ano e meio mais tarde, Donna aplicou de novo o Processo de Transformação Essencial à questão de perda de peso. Contou o quanto estava satisfeita com o progresso que vinha fazendo e disse que outras partes estavam surgindo para serem trabalhadas. Mais tarde, soubemos que Donna estava entusiasmada com as coisas que vinha fazendo para perder peso gradativamente: estava fazendo exercícios com regularidade, alimentando-se de maneira equilibrada e saudável e trabalhando suas emoções, em vez de comer quando se sentia infeliz. Era uma mudança de estilo de vida.

Às vezes, as interferências e interrupções vêm de diferentes partes que desejam passar pelo Processo de Transformação Essencial. Uma maneira de lidar com isso é explicar a todas as partes que você vai precisar trabalhar com uma de cada vez para garantir que todas obtenham o que desejam. Depois, estabeleça uma seqüência com a qual todas concordem. Outra possibilidade é trabalhar com todas as partes simultaneamente. Vamos mostrar como fazer isso no Capítulo 30: "Generalização do Processo de Transformação Essencial".

Resumo do trabalho com todas as partes

A seguir, resumiremos as várias maneiras de descobrir e trabalhar com mais de uma parte envolvida numa questão.

1. **Antes do processo — partes que existem desde o início:** Talvez fique claro desde o início que duas ou mais partes estão envolvidas numa questão. Em geral, são lados opostos do mesmo problema.

2. **Durante o processo:**

    a) **Partes que contestam abertamente** manifestam-se durante o processo. Elas podem comunicar-se através de palavras, sensações ou imagens que parecem bloquear o processo.

    b) **Sutis interferências das partes:** Se o processo não estiver transcorrendo tranqüilamente, é necessário prestar atenção ao que possa estar impedindo-o e tratar esse empecilho como se fosse uma outra parte interna.

Alguns exemplos:

Conversa mental

Ansiedade em deduzir

Autocrítica

3. **No final do processo — perceber dicas do corpo:** Se o estado essencial não preencher todo o seu corpo no final do processo, trabalhe com a parte que está bloqueando o fluxo do estado essencial.

4. **Após o processo:** Se, após o processo, o comportamento, a sensação ou a reação indesejável não tiver mudado, trate essa recorrência como se fosse uma nova parte.

PARTE V

O EXERCÍCIO INTEGRAL DE TRANSFORMAÇÃO ESSENCIAL

O processo de A a Z

Capítulo 19

AGINDO!
O EXERCÍCIO INTEGRAL DE TRANSFORMAÇÃO ESSENCIAL
Reunindo todas as etapas

Agradeço a Deus por este dia surpreendente: pelos espíritos verdejantes das árvores e pelo sonho azul do céu; e por tudo que é natural, que é infinito, que é afirmativo.
E. E. Cummings

Este capítulo é um resumo de todo o Processo de Transformação Essencial. Se precisar de orientações e explicações mais detalhadas, releia a parte ou capítulo que trata do segmento em questão. Para começar, sente-se num local tranqüilo e confortável, onde não seja incomodado. Se estiver fazendo o exercício sozinho, tenha um bloco e um lápis à mão para anotar sua cadeia de objetivos. É importante ir anotando a trajetória do processo, principalmente se você estiver trabalhando com mais de uma parte. Se estiver orientando outra pessoa, os trechos em itálico não precisam ser lidos em voz alta. Lembre-se de que, se conseguir entrar em contato com o seu estado essencial, estará criando um clima que vai ajudar muito o seu parceiro.

Agora você já sabe que o Processo de Transformação Essencial pode ser dividido em várias etapas. Você pode trabalhar dez minutos com uma parte numa questão menos importante ou passar três horas trabalhando com muitas partes relacionadas a um problema mais grave. Permita-se ser um explorador!

•••

Etapa nº 1. ESCOLHER UMA PARTE COM A QUAL TRABALHAR

a) Identifique a parte com a qual você deseja trabalhar. Neste roteiro, vamos nos referir a ela como [comportamento, sensação ou reação X].

b) Quando, onde e com quem você tem o [comportamento, sensação ou reação X]? (*Escreva a resposta em poucas palavras.*)

Vivenciando a parte

c) Feche os olhos, relaxe e volte-se para dentro. Mentalmente, reviva um incidente no qual ocorreu o [comportamento, sensação ou reação X]. Reviva o incidente e observe sua experiência interna. Talvez você perceba imagens, sons e sensações internas que acompanham o [comportamento, sensação ou reação X].

d) Como você não escolheu conscientemente o [comportamento, sensação ou reação X], é como se um lado seu o tivesse escolhido. Observe em que ponto do seu corpo "vive" esse seu lado. Você sente essa sensação mais profundamente em algum local específico do seu corpo? Se for uma voz, *onde* ela está localizada? Se forem imagens internas, *onde* você as vê? Convide delicadamente essa parte a tornar-se perceptível. Se a parte estiver localizada dentro do seu corpo, pode colocar a mão na área onde a sente mais forte. Isso vai ajudá-lo a dar as boas-vindas e a reconhecer a existência dessa sua parte.

Dando as boas-vindas e recebendo a parte

e) Receba e dê as boas-vindas a essa sua parte. Embora não conheça ainda seu objetivo, agradeça-lhe por estar presente, porque você sabe que ela tem um objetivo profundamente positivo.

Etapa nº 2. DESCOBRIR O OBJETIVO/PRIMEIRO OBJETIVO PRETENDIDO

a) Pergunte à sua parte [X]: "O que você deseja?". Então, preste atenção a qualquer imagem, voz, som ou sensação que surja como resposta.

b) (*Escreva a resposta que a parte lhe dá.*) Esse é seu primeiro objetivo pretendido. Agradeça a parte por se manifestar. Se *gostar* do objetivo pretendido, agradeça-lhe por querer isso para você.

Etapa nº 3. DESCOBERTA DA CADEIA DE OBJETIVOS

a) Pergunte à parte: "Se você obtiver o [objetivo pretendido da etapa anterior] de maneira plena e completa, o que você pretende obter, através desse *objetivo*, que seja ainda mais importante?". (*Escreva o objetivo pretendido.*) Agradeça à parte por querer isso para você.

b) (*Repita a etapa n.º 3 até chegar ao estado essencial. Sempre que obtiver um novo objetivo pretendido, anote-o. Sempre que fizer a pergunta à parte, use o novo objetivo pretendido.*)

Etapa n.º 4. O ESTADO ESSENCIAL: ENTRANDO EM CONTATO COM A FONTE INTERIOR

a) (*Quando você tiver atingido o estado essencial, desfrute-o. Então, passe à etapa n.º 5.*)

Etapa n.º 5. REVERTENDO A CADEIA DE OBJETIVOS A PARTIR DO ESTADO ESSENCIAL

a) (*O guia deve ler esta parte em voz alta.*) De alguma forma, nossas partes interiores acham que, para vivenciar plenamente seu estado essencial, primeiro têm de passar por uma longa série de objetivos pretendidos. Infelizmente, isso não funciona. Não conseguimos vivenciar nosso estado essencial quando tomamos esse caminho, porque um estado essencial não é algo que possa ser _obtido_ através de ações. A única maneira de atingir um estado essencial é entrar em contato com ele e vivenciá-lo.

PERGUNTAS ALTERNATIVAS PARA TRANSFORMAR OS OBJETIVOS PRETENDIDOS A PARTIR DO ESTADO ESSENCIAL

1. **O objetivo pretendido tem um valor intrínseco:**
   "De que maneira o fato de possuir esse [estado essencial] transforma, ou enriquece o [objetivo pretendido]?"

2. **O objetivo pretendido depende de outras pessoas:**
   a. "De que forma o fato de possuir esse [estado essencial] transforma sua experiência quando você obtém o [objetivo pretendido dependente]?"

   b. "De que maneira o fato de possuir esse [estado essencial] transforma sua experiência quando você _não_ consegue obter o [objetivo pretendido dependente]?"

3. **O objetivo pretendido não é bom para você:**
   "De que maneira o fato de já possuir esse [estado essencial] transforma a área que, _anteriormente_, era [objetivo pretendido negativo]?"

b) *Reversão geral*: Convide sua parte a entrar [no estado essencial] e pergunte: "Agora que você possui esse [estado essencial] como uma maneira de ser, de que forma esse [estado essencial] torna as coisas da sua vida diferentes?".

c) *Reversão específica*: (*Deixe que o estado essencial transforme cada um dos objetivos pretendidos, começando por aquele que surgiu imediatamente antes do estado essencial.*) Pergunte a essa sua parte: "De que forma o fato de possuir esse [estado essencial] como uma maneira de ser transforma ou enriquece o [objetivo pretendido]?".

Transformando o contexto original

d) (*Depois de trabalhar com cada um dos objetivos pretendidos, você estará pronto para descobrir de que maneira o estado essencial transforma o problema original.*) Faça a seguinte pergunta: "De que forma o fato de possuir esse [estado essencial] como uma maneira natural de ser transforma sua experiência de [contexto em que você anteriormente fazia X]?".

Etapa nº 6. FAZENDO A PARTE CRESCER

a) Volte-se para dentro e pergunte: "Que idade você tem?". (*Escreva a idade da parte.*)

b) Pergunte a essa parte se gostaria de usufruir dos benefícios que você conquistou ao evoluir no tempo até chegar à sua idade atual, tendo o [estado essencial] plenamente presente. (*Se a resposta for afirmativa, você pode continuar. Se, por acaso, a parte não quiser receber esses benefícios, pergunte-lhe qual é a sua objeção. Certifique-se de que qualquer objeção seja satisfeita antes de continuar.*)

c) Convide sua parte a vivenciar plenamente o [estado essencial]. Então convide seu inconsciente a permitir que essa parte, mantendo o [estado essencial], evolua no tempo, partindo da idade em que ela se formou até sua idade atual, trazendo consigo o [estado essencial] e fazendo com que ele se torne presente em todos os momentos de sua vida. Você pode fazer isto agora. Peça à parte que lhe informe quando tiver chegado à sua idade atual.

Etapa nº 7. INTEGRANDO PLENAMENTE A PARTE

a) Observe onde sua parte está localizada. Dentro ou fora do seu corpo? Onde especificamente?

b) (*Se a parte estiver fora do seu corpo, faça o seguinte:*) Convide sua parte a fluir para dentro do seu corpo. Dê-lhe as boas-vindas, observando por que ponto do seu corpo ela prefere penetrar, permitindo-lhe sentir de maneira mais completa o [estado essencial].

c) Depois de observar que ponto do seu corpo essa parte já preencheu, permita que ela flua livremente por todas as células, para que cada uma delas seja preenchida, alimentada e banhada pelo [estado essencial]. Você perceberá que, à medida que o [estado essencial] se irradia por todo o seu corpo, mais forte ele se torna no local onde começou. E, à medida que o [estado essencial] preenche todas as células, você já pode sentir que essa sensação faz parte do seu código emocional, a base do seu ser.

Etapa nº 8. REVERTENDO A CADEIA DE OBJETIVOS COM A PARTE CRESCIDA

(Repita rapidamente a reversão da cadeia de objetivos com a parte crescida e já plenamente integrada ao seu corpo.)

a) *Reversão geral*: Convide sua parte a entrar no [estado essencial] agora e pergunte-lhe: "Quando você parte desse [estado essencial] como uma maneira de ser, de que forma isso torna tudo diferente?".

b) *Reversão específica*: (*Continue a reversão da cadeia de objetivos, levando o estado essencial para todos os objetivos pretendidos e também ao contexto original, fazendo a seguinte pergunta:*) "De que maneira o fato de possuir esse [estado essencial] como uma maneira natural de ser transforma ou enriquece o [objetivo pretendido]?".

c) *Transformando o contexto original*: "De que maneira o fato de possuir esse [estado essencial] como uma maneira de ser transforma sua experiência dentro do [contexto no qual você anteriormente fazia X]?".

Etapa nº 9. VERIFICAÇÃO DAS PARTES DISCORDANTES

a) Pergunte: "Há alguma parte minha que é contra eu possuir o [estado essencial] agora, como uma maneira de ser?". (*Se a resposta for negativa, você pode passar à etapa nº 9b.*)

Se a resposta for "positiva", significa que outra parte sua deseja contribuir para o processo. Observe como você toma consciência dessa parte. Você vê, ouve ou sente algo? Onde ela está localizada? (*Volte à etapa nº 2 e faça o exercício do estado essencial com essa nova parte.*)

AS DEZ ETAPAS DA TRANSFORMAÇÃO ESSENCIAL

Quando você conhecer melhor o Processo de Transformação Essencial, poderá usar o resumo que apresentamos a seguir como lembrete de cada uma das etapas.

Etapa nº 1. ESCOLHA UMA PARTE COM QUE TRABALHAR: Sinta-a, aceite-a e dê-lhe as boas-vindas.

Etapa nº 2. DESCOBRIR O OBJETIVO/PRIMEIRO OBJETIVO: Pergunte à parte: "O que você deseja?".

Etapa nº 3. DESCOBRIR A CADEIA DE OBJETIVOS: Pergunte à parte: "Se você obtiver [objetivo pretendido da etapa anterior] de maneira plena e completa, o que você deseja obter <u>através</u> desse objetivo que seja ainda mais importante?".

Etapa nº 4. O ESTADO ESSENCIAL: ENTRANDO EM CONTATO COM A FONTE INTERIOR: Desfrute durante alguns minutos seu estado essencial.

Etapa nº 5. REVERTENDO A CADEIA DE OBJETIVOS A PARTIR DO ESTADO ESSENCIAL:

a) Geral: "Quando você já possui o [estado essencial], como sua maneira natural de ser, de que maneira esse [estado essencial] torna tudo diferente?".

b) Específico: "De que maneira o fato de possuir o [estado essencial] como uma maneira natural de ser transforma ou enriquece o [objetivo pretendido]?". *(Faça isso com todos os objetivos pretendidos.)*

c) Transformação do contexto original: "De que maneira o fato de possuir o [estado essencial] como uma maneira natural de ser transforma sua experiência de [<u>contexto</u> em que você costumava fazer X]?".

Etapa nº 6. FAZENDO A PARTE CRESCER:
Pergunte à sua parte:

a) "Que idade você tem?"

b) "Você quer ter as vantagens de evoluir na linha temporal até à sua idade atual, trazendo consigo o [estado essencial]?"

c) Evolua na linha temporal, a partir da idade em que a parte se formou, até chegar à sua idade atual, trazendo consigo o [estado essencial], e fazendo com que ele permeie todos os momentos da sua vida.

Etapa nº 7. INCORPORANDO PLENAMENTE A PARTE: Observe em que ponto do seu corpo se encontra agora essa parte e deixe que ela flua livremente por todo o seu corpo, permeando todas as células com o [estado essencial].

Etapa nº 8. REVERTENDO A CADEIA DE OBJETIVOS COM A PARTE CRESCIDA plenamente integrada a seu corpo (*contexto geral, específico e original*).

Etapa nº 9. VERIFICAR SE EXISTEM PARTES DISCORDANTES: "Alguma parte minha se opõe ao fato de eu possuir esse [estado essencial] <u>agora</u>, como uma maneira natural de ser?" (*Repita as etapas de 1 a 8 com todas as partes divergentes ou quaisquer outras partes que possam surgir no processo.*)

Etapa nº 10. GENERALIZAÇÃO DA LINHA TEMPORAL:

a) Imagine sua linha temporal e flutue por cima dela, até o momento da sua concepção. Com seu estado essencial permanecendo em todo o seu ser, percorra a linha temporal, para que o [estado essencial] possa colorir e transformar todos os momentos da sua experiência passada até o presente.

b) Veja-se caminhando em direção ao futuro, observando como ele também está sendo colorido pelo [estado essencial].

c) Refaça a generalização da linha temporal várias vezes, cada vez mais rápido.

b) Se você já está consciente de que existem outras partes envolvidas no processo, volte à etapa n.º 1 e refaça o exercício do estado essencial com elas. *(Quando todas as partes tiverem terminado a etapa n.º 8, passe à etapa n.º 10.)*

Etapa n.º 10. GENERALIZAÇÃO DA LINHA TEMPORAL

(Se você trabalhou com mais de uma parte e dois ou mais estados essenciais surgiram, anote cada um deles à medida que forem surgindo na etapa seguinte do exercício.)

a) Sinta que todo o seu passado flui por uma linha situada atrás de você. Todo o seu passado está nesta linha, inclusive aquilo de que você não se lembra conscientemente. Todo o seu futuro flui diretamente à sua frente, enquanto você permanece no presente. Esta é a sua linha temporal.

b) Com o [estado essencial] permeando todo o seu corpo, deixe-se flutuar sobre sua linha temporal. Percorra sua linha temporal em direção ao passado, até chegar ao momento anterior à concepção. (...)

c) Enquanto caminha pelo passado até o momento da sua concepção, mantenha o [estado essencial] plenamente presente, como uma maneira de ser. (...)

d) Quando chegar lá, percorra de novo sua linha temporal em direção ao presente, para que o [estado essencial] possa colorir, transformar e se irradiar por todos os momentos da sua experiência. (...) No nível inconsciente, sinta como [o estado essencial] se torna cada vez mais pleno e rico, como ele cresce e se amplifica à medida que você percorre todos os momentos de sua experiência passada em direção ao presente.

e) Agora você pode permitir que esse [estado essencial] se irradie para o futuro, que também vai sendo colorido e transformado.

f) Vale a pena repetir a generalização da linha temporal várias vezes, cada vez mais rapidamente. E, a cada vez, você pode permitir que as mudanças ocorram num nível cada vez mais inconsciente. Quando terminar, reoriente-se no presente.

g) Parabéns! Você conseguiu completar o Processo de Transformação Essencial com essa(s) sua(s) parte(s). Seus estados essenciais agora se irradiam por todo o passado, estão disponíveis no presente e esperam por você em todos os momentos do futuro. Relaxe e desfrute seus estados essenciais! Algumas pessoas gostam de dar uma caminhada ou fazer qualquer outra coisa que permita que as mudanças se concretizem.

PARTE VI

REIMPRESSÃO DA LINHA TEMPORAL PARENTAL

Levando os estados essenciais ao passado, presente e futuro

CAPÍTULO 20

INTRODUÇÃO
REIMPRESSÃO DA LINHA TEMPORAL PARENTAL
Levando os estados essenciais ao passado, presente e futuro

Tudo o que foi está atrás de nós e adiante de nós não tem a menor importância, comparado ao que está dentro de nós.
Oliver Wendell Holmes

Quando descobrimos o poder transformador dos estados essenciais, vale a pena utilizá-los de várias maneiras. Nesta parte, você vai aprender a usar essas dádivas interiores para transformar e corrigir o seu passado. Através da reimpressão da linha temporal parental, você poderá levar os benefícios dos estados essenciais aos seus pais e avós internos.

A reimpressão da linha temporal parental o ajudará a levar a profundas mudanças provocadas pela vivência dos estados essenciais a todos os contextos da sua vida. Nosso objetivo é que os estados essenciais estejam disponíveis de maneira natural e automática. Isso não significa que em todas as horas do dia vamos sentir tão fortemente esses estados quanto durante o processo, mas, num nível mais profundo, o estado essencial estará constantemente presente. A reimpressão da linha temporal parental fortalecerá sua experiência dos estados essenciais em todas as circunstâncias da sua vida.

Anos atrás, Steve e eu (Connirae) compramos um sofá novo para a nossa sala de estar. Ficamos tão empolgados com a compra que mudamos todos os móveis de lugar, em função do novo sofá. Nos primeiros dias, sempre que precisávamos de um livro, nos pegávamos indo para o lugar onde a estante costumava ficar. Às vezes, "esquecíamos" que o sofá estava na sala, e podia ser usado. Tínhamos que nos lembrar de que agora dispúnhamos de um lugar confortável onde podíamos nos sentar e ler para nossos filhos. Mesmo o sofá estando lá, nossa mente ainda não estava reorganizada para usar esse novo recurso. Levamos algum tempo para perceber que podíamos desfrutar daquele conforto.

Da mesma forma, quando adquirimos novos recursos através do Processo de Transformação Essencial, também precisamos reorganizar nossos programas internos para utilizá-los automaticamente. E é nisso que a reimpressão da linha temporal parental pode nos ajudar.

Em resumo, a reimpressão da linha temporal parental vai ajudá-lo a:

- Ampliar ainda mais o estado essencial.
- Estender o estado essencial a seus pais e avós internos.
- Aprofundar a generalização da linha temporal.
- Tornar as mudanças positivas permanentes e profundas.

Victoria sofria de baixa auto-estima. Vivia sob um forte estresse, que acabou prejudicando sua saúde. Filha adotiva, desde criança ouvia seus pais adotivos se referirem à sua família biológica como um "lixo". Mesmo sendo uma pessoa bem-sucedida, tinha a leve impressão de que não valia grande coisa porque seus pais biológicos não prestavam. A reimpressão da linha temporal parental permitiu a Victoria perdoar tanto seus pais biológicos quanto seus pais adotivos. Antes de passar pelo processo, ela sentia seu passado e sua história familiar como limitações. Agora, ela os vê como recursos. Como leva uma vida menos estressante, sua saúde melhorou. Saberemos como Victoria resolveu seus problemas no Capítulo 24: "A história de Victoria".

Transferência automática de aprendizado

Sabemos que os padrões de comportamento, emoção e relacionamento atuam não apenas nos indivíduos, mas também nas famílias. Algumas características "passam" de uma geração para outra. Muitos adultos se surpreendem ao perceber que incorporaram certas características de seus pais que haviam jurado jamais ter.

No nível comportamental, essa aprendizagem automática é bastante evidente. Uma pessoa que se criou no Sul do país terá um sotaque característico daquela região. Muitas vezes observamos semelhanças no modo de andar de toda uma família. Tudo isso é aprendido *automaticamente*, sem qualquer esforço.

Quando um dos nossos filhos tinha três anos de idade e mal sabia falar direito, viu o pai abrir a porta da geladeira para apanhar a manteigueira. O recipiente estava escorregadio e caiu no chão. Surpreso e chateado, meu marido soltou um palavrão, o que normalmente ele evita fazer diante das crianças. Poucos minutos depois, meu filho pegou um bloco de madeira, subiu no braço do sofá, jogou o bloco no chão e soltou o mesmo palavrão. Mesmo *sem saber* o que a palavra significava, ele conseguiu repeti-la, usando o mesmo tom de voz! Todos nós já tivemos a oportunidade de observar esse tipo de aprendizado imediato e automático nas crianças. Sabemos que elas aprendem e assimilam facilmente o ambiente *através da observação e da repetição*.

A maioria das pessoas reconhece a influência do passado. Recebemos recursos e limitações da família em que fomos criados. Um pai tímido pode fazer com que seu filho adote o mesmo comportamento — ou, ao contrário, torne-se uma pessoa extrovertida. A excessiva preocupação dos pais com o futuro afeta os filhos. Se uma mãe vive reclamando e criticando, isso influencia as crianças. Um pai ausente prejudica o amadurecimento dos filhos. Em suma, desenvolvemos muitas das nossas crenças, qualidades e hábitos a partir do relacionamento com nossos pais. Todos os pais passam alguma coisa de valor a seus filhos, mas também passam *algumas* coisas que vale a pena desaprender.

Minha mãe tem uma boa voz e um bom ouvido para música. Herdei isso dela. Ela e meu pai cantavam muito e eram muito afinados. Portanto, desenvolvi uma afinação que provavelmente não teria se tivesse sido criada em outra família.

Meu marido, Steve, cresceu numa família muito disciplinada. Como eram muito pobres, tinham poucas coisas, mas tudo era muito organizado. A mãe de Steve também era ótima planejadora. Steve assimilou naturalmente uma capacidade de planejamento que nos ajuda bastante quando temos que organizar as atividades dos nossos três filhos e das nossas duas empresas.

Essa transferência automática de aprendizagem também acontece com os estados essenciais. Quando os pais têm fortes estados internos, como paz interior, plenitude, amor, as crianças desenvolvem naturalmente esses estados essenciais. Há famílias que desenvolvem esses estados essenciais e conseguem passá-los de geração a geração.

Mudando o que aprendemos

Como absorvemos os padrões familiares de maneira tão automática, é fácil concluir que ficamos presos a padrões negativos que aprendemos com nossos pais: "Sou assim porque minha mãe é assim. Essa é minha maneira de ser. Todo mundo da minha família é obstinado, e eu sou como eles".

Entretanto, a reimpressão da linha temporal parental nos oferece métodos para modificarmos comportamentos, sentimentos e reações inúteis que herdamos dos nossos pais. Além disso, podemos aprender coisas úteis que nossos pais *não* nos ensinaram. O processo de reimpressão da linha temporal parental aproveita nossa tendência natural de absorver qualidades dos nossos pais e do nosso passado para criar uma profunda mudança na direção que desejamos. Ele nos dá a possibilidade de aprender com os pais que gostaríamos de ter tido. Pense como sua vida poderia ter sido diferente se você tivesse aprendido a sentir paz interior, amor, plenitude, bem-estar, com os seus pais!

Oferecendo nossos estados essenciais a nossos pais

No processo de reimpressão da linha temporal parental, doamosnossos estados essenciais a nossos avós e pais interiores, e depois os recebemos deles. Quando George fez a reimpressão da linha temporal parental pela primeira vez, relutou em oferecer aos pais o seu estado essencial.

Fui uma criança maltratada. Meu pai era um carrasco com minha mãe e ela descontava sua raiva e frustração em mim. Levei muitas surras e passei por experiências tão traumáticas que até hoje acho difícil falar disso. Já desculpei minha mãe, porque há quatro anos ela veio me pedir perdão. Mas meu pai nunca se aproximou para dizer "Sinto muito". Percebi que precisava resolver esse problema por mim mesmo, embora não soubesse como.

Meu pai e eu só nos falávamos no dia de Ação de Graças, no Natal, no Ano-Novo ou por ocasião dos aniversários — e só o estritamente necessário. Mantínhamos uma certa distância, como se não quiséssemos nos comunicar realmente. No fundo, acho que nos amávamos, mas não sabíamos como demonstrar esse amor. Eu não queria expressar meus sentimentos. Sempre que falava com ele, lembrava-me do passado e pensava: "Você é o responsável pelos meus problemas". Mas, em vez de dizer isso a ele, eu o evitava e ficava cada vez com mais raiva.

Não fiz o processo de reimpressão da linha temporal parental com a intenção de perdoar meus pais. Para falar a verdade, nem queria oferecer-lhes meu estado essencial! Achava que eles não mereciam algo tão maravilhoso. Mas quando me dei conta de que estaria oferecendo o estado essencial a uma parte de *mim*, aceitei o processo. A única coisa que pensei foi, "Vamos ver no que vai dar".

Aprendi que as pessoas fazem o melhor que podem, mas não concordava com isso quando se tratava dos meus pais. Quando pensava em tudo o que tinha acontecido comigo, não conseguia aceitar que eles tivessem dado o melhor de si. À medida que o processo foi se desenvolvendo, tive uma sensação maravilhosa. Compreendi que meu pai é assim por causa dos pais *dele*, que por sua vez tentaram dar o melhor de si na criação dos seus filhos. Essa percepção fez com que eu entendesse a maneira como eles me criaram e me trataram.

Hoje eu e meu pai temos um relacionamento totalmente diferente. Há algumas semanas, comprei um computador. Como meu pai entende muito de computadores, eu fui à casa dele e pedi: "Será que você pode me ajudar?". Ele foi mais do que prestativo. Sentou-se ao meu lado e me ensinou a lidar com o computador. Jamais havia pedido sua ajuda. Sei que meu pai não mudou a maneira de se comunicar comigo. O que mudou foi a maneira como eu o trato e reajo a ele. Então ele passou a reagir a mim de outra maneira. É interessante. Antigamente, eu ficava na defensiva e ele respondia na mesma moeda. A mudança no nosso relacionamento foi impressionante!

George conseguiu transformar seu relacionamento com o pai quando lhe doou seu estado essencial. Entretanto, não foi o pai *exterior* de George quem recebeu o estado essencial, mas seu pai *interior*. O que mudou foi a maneira como George passou a entender o pai. Ao dar a *si mesmo* o que gostaria que o pai lhe tivesse dado no passado, o relacionamento entre pai e filho na vida real mudou automaticamente.

CAPÍTULO 21

DEMONSTRAÇÃO COM DAVE
Como criar uma infância feliz

Nunca é tarde para se ter uma infância feliz.
Mensagem em camiseta.

Dave está participando de um seminário e já passou pelo Processo de Transformação Essencial, inclusive pelo crescimento da parte, sua plena incorporação e a generalização da linha temporal. Neste exercício de reimpressão da linha temporal parental, Connirae vai ajudá-lo a criar uma experiência do passado, presente e futuro dos seus pais e avós que inclui seu estado essencial. Convidamos o leitor a acompanhar cada etapa do processo de Dave, aplicando-o a si próprio e utilizando seu próprio estado essencial.

Como nas outras demonstrações, os comentários acrescentados posteriormente estão em itálico e entre parênteses.

•••

Connirae: Dave, você consegue sentir o seu passado — tudo o que fez até agora — e o seu futuro? (*Dave concorda.*) Gostaria que visualizasse toda a sua linha temporal — passado, presente e futuro — no chão, à sua frente. (*Connirae faz um gesto amplo para o chão, para indicar onde ficará a linha temporal de Dave.*) Onde está seu passado e onde está seu futuro?
Dave: O passado está à esquerda e o futuro à direita.
Connirae: Muito bem. O presente fica onde você está agora?
Dave: Exatamente!
Connirae: Ótimo. Agora você pode deixar toda a sua experiência de vida fluir para essa linha no chão, mesmo que você não tenha consciência das suas lembranças. Sinta apenas que toda a sua vida está ali. Tudo o que aconteceu no seu passado está à sua esquerda, e tudo o que você

DIAGRAMA nº 21-a

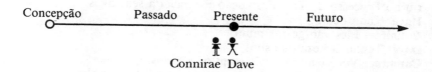

visualiza para o futuro, à direita. (*Dave concorda.*) Agora, vamos caminhar sobre sua linha temporal e voltar até o momento anterior à sua concepção. (*Connirae e Dave andam até esse ponto.*) Vamos ficar bem aqui, para que você possa olhar de frente para sua linha temporal. Diante de você está seu passado e, além dele, o presente e o futuro. (*Ver diagrama n.º 21-b*).

DIAGRAMA nº 21-b

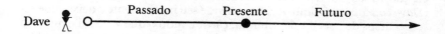

Agora, crie um espaço atrás de você para as linhas temporais dos seus pais. Um de cada lado. Quem você quer colocar do lado esquerdo e do lado direito?

Dave: Minha mãe à esquerda e meu pai à direita.

Connirae: Muito bem. Então vamos colocar sua mãe aqui e seu pai aqui. (*Indica com um gesto os locais em que Dave colocou os pais. Ver diagrama n.º 21-c.*)

DIAGRAMA nº 21-c

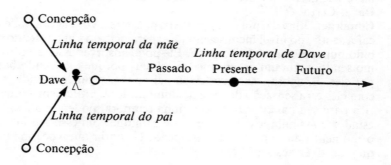

Oferecendo os estados essenciais ao lado paterno

Connirae: Agora vamos oferecer os estados essenciais que você adquiriu no Processo de Transformação Essencial a seus avós.
Dave: Tudo bem.
Connirae: Eles vão gostar muito.
Dave: Tenho certeza que sim!
Connirae: Você lembra quais eram os estados essenciais?
Dave: O primeiro era "ser" e o segundo era "iluminação".
Connirae: Iluminação, certo?
Dave: (*rindo*) Isso mesmo.
Connirae: (*Para o grupo*) Isso é ótimo, porque, para Dave, essa palavra caracteriza exatamente o estado que ele experimentou. (*Para Dave*) Ótimo. E para que avós você quer dar esses presentes em primeiro lugar?
Dave: Aos meus avós paternos.
Connirae: Portanto, aos que estão à sua direita. Talvez você prefira fechar os olhos, para que seu inconsciente possa trabalhar melhor. (*Falando mais lentamente.*) Mesmo voltado para a *sua* linha temporal, gostaria que você imaginasse que pode enxergar, bem atrás de você, o momento anterior à concepção do seu pai. Antes de ele ser concebido, seus avós já existiam não é? (*Dave concorda.*) Ótimo. Agora, convide seu inconsciente a deixar que esses recursos de "ser" e de "iluminação", e tudo o que você sabe que isso significa, fluam para os pais do seu pai, antes mesmo de ele ser concebido, para que você possa ver como ficam seus avós agora que já possuem e usam plenamente esses recursos (...) como uma maneira natural de ser. (...) E gostaria que me dissesse se quer que eu vá mais rápido ou mais devagar, ou que eu use mais ou menos palavras. Está bem?
Dave: Está.
Connirae: Essa informação é muito importante para mim. Você já está conseguindo ver e sentir seus avós com esses recursos presentes? Há uma linda ambigüidade na palavra "presente", porque ele é, na verdade, uma dádiva. (...) Avise-me quando seu inconsciente terminar de oferecer esses recursos, esses estados de ser, a seus avós paternos. Talvez, conscientemente, você não tenha acesso a nenhuma imagem ou som de seus avós com esses recursos, mas apenas a sensação e o conhecimento inconsciente de que eles *já possuem esses recursos*. (...)
Dave: Certo.
Connirae: Ótimo. Com esses recursos presentes, você agora pode começar a sentir, no nível inconsciente, a experiência do seu pai sendo concebido num ambiente tão positivo. Ele pode absorver esses estados, mesmo sendo ainda um organismo unicelular, porque está sendo banhado por eles. E, agora, seus avós e seu pai podem seguir pela vida levando com eles essa sensação de ser e de iluminação. (...) Perceba o que significa para seu pai evoluir na sua linha temporal podendo dispor desses estados e assimilá-los. Deixe que ele caminhe com esse sentimento até o momento anterior à sua concepção. Gostaria que você me dissesse quando tiver acabado. (...)

Dave: Terminei.
Connirae: Ótimo! Maravilhoso!

DIAGRAMA n? 21-d

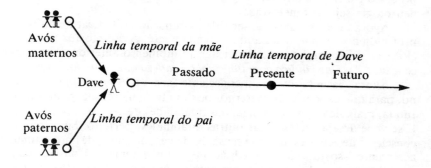

Oferecendo os estados essenciais ao lado materno

Connirae: E agora que seu pai cresceu, trazendo com ele os estados essenciais, vamos verificar o que acontece quando você der o mesmo presente ao lado materno da sua família. Seu pai pode ficar esperando um pouco, enquanto nos dirigimos a seus avós maternos, no momento em que sua mãe foi concebida.

Agora, deixe que esses estados de ser e de iluminação (...) isso mesmo (...) fluam para dentro deles, para que eles se tornem pessoas novas, que agora possuem esses recursos, a plena capacidade de ser e de iluminação. (...)

Quando você e seu inconsciente estiverem prontos, deixe que essa sensação se amplie mais, para que sua mãe seja concebida nesse ambiente caloroso. As qualidades de ser e de iluminação estão disponíveis para que ela as absorva. (...) Ela está banhada por esses estados, que lhe possibilitam desenvolver-se naturalmente, cercada por esses recursos, caminhando pela vida até o momento anterior à *sua* concepção, Dave. Avise-me quando terminar.

Dave: (...) Terminei. (*Dave abre os olhos.*)
Connirae: Excelente. (...) Dave, você acha que pode repetir essa etapa, de forma que seus avós e seus pais incorporem ainda mais seus estados essenciais? (*Dave concorda.*) Agora você pode dar a seus avós paternos uma capacidade ainda maior de ser e de iluminação, percebendo como eles são agora que dispõem plenamente desses recursos. Deixe que eles percorram sua linha temporal (...) isso mesmo (...) e sinta seu pai sendo concebido nesse ambiente, absorvendo ainda mais as qualidades de ser e de iluminação. Sinta como ele absorve essas qualidades enquanto ca-

minha por sua linha temporal até o momento anterior à *sua* concepção, Dave (...) Talvez você observe que, dessa segunda vez, seu inconsciente acha mais fácil passar por todo o processo mais rapidamente, para que você possa vivenciar a experiência num outro ritmo. É bom repetir o processo em ritmos diferentes, para que segmentos diferentes da nossa neurologia sejam transformados.

Agora, essa sensação de ser e de iluminação pode ficar ainda mais profunda no seu pai, irradiando-se plenamente. Avise-me quando o ciclo tiver sido completado e ele chegar ao momento anterior à sua concepção. (...) (*Dave indica com um sinal da cabeça que terminou.*) Ótimo.

Agora, permita que seu inconsciente faça o mesmo do lado materno, para que os seus avós maternos possam ter uma sensação mais profunda, mais rica, mais completa das qualidades de ser e de iluminação. E se você desejar acrescentar outras qualidades, perfeito. Se o seu inconsciente decidir lhes dar uma sensação de paz, de amor, de auto-estima, acrescente isso também à medida que a linha temporal da sua mãe desdobra-se e evolui. Seu inconsciente pode permitir que esses outros estados essenciais estejam profundamente presentes nela enquanto ela percorre sua linha temporal até o momento anterior à *sua* concepção. Através do seu inconsciente, observe essas qualidades fluindo por todo o corpo de sua mãe e de seu pai, da cabeça aos pés. Avise-me quando isso tiver acontecido. (...) (*Dave concorda com a cabeça.*)

Connirae: Você gostaria de repetir o processo mais uma vez ou acha que esta fase já terminou?

Dave: Acho que preciso fazer isso mais uma vez.

Connirae: Muito bem. Agora que você já possui uma nova base, Dave, pode convidar seu inconsciente a acrescentar qualquer coisa que você, intuitivamente, saiba que será útil. Com base no que você sabe agora, partindo do ponto onde você se encontra, pode ir construindo em todos os níveis, porque cada passo lhe abrirá as portas da visão, da audição e da sensação, mostrando-lhe que existem muitas outras coisas possíveis, que antes você não podia ver, ouvir nem sentir, mas agora estão claras. A partir dessa nova base, Dave, você pode permitir que os seus avós paternos recebam ainda mais essas qualidades de ser e de iluminação. Isso mesmo, e de maneira ainda mais profunda. E pode acrescentar qualquer coisa que sua sabedoria inconsciente saiba que é necessária, uma sensação de valor, de satisfação, de amor, plenitude, graça, paz interior ou qualquer outra coisa que seu inconsciente saiba que seria um verdadeiro presente para eles. E, enquanto essas novas qualidade são acrescentadas, você talvez sinta vontade de adotar um ritmo diferente, talvez mais rápido, ou então mais rápido e depois mais devagar, e de novo mais rápido. Deixe que seu inconsciente escolha o ritmo que melhor lhe convém.

Dave: Quero que seja mais rápido. Você vai ter que falar menos.

Connirae: Então, vou calar a boca! (*Risos.*)

(*Dave sente-se à vontade para pedir a Connirae a ajuda de que necessita. A orientação verbal como a que mostramos neste capítulo geralmente ajuda a criar uma experiência inconsciente plena. Mas algumas pessoas preferem aplicar o processo à sua maneira, sem ajuda verbal, sobretudo nos ciclos mais adiantados, como esse em que se encontra Dave agora, que geralmente são mais rápidos.*)
Dave: Já passei pelos meus avós paternos.
Connirae: Ótimo. Então, vou deixá-lo continuar e você me dirá quando tiver terminado.
(*Dave concorda e continua a processar internamente.*)
Dave: (...) Terminei.
Connirae: Ótimo. E agora pode passar a seus avós maternos, para que eles também tenham essas qualidades de maneira ainda mais plena. (*Dave indica que já terminou.*)
(*Sempre que Dave termina uma fase, podemos perceber que ele vivencia os estados essenciais em seus pais e em seus avós de uma maneira cada vez mais profunda.*)

Dave absorve os estados essenciais de seus pais

Connirae: Então, agora seus pais estão no momento imediatamente anterior à concepção, já com todos os recursos que receberam de seus avós, certo? (*Dave concorda.*) Então, agora que seus pais incorporaram plenamente os recursos dos estados essenciais, quero que você, quando estiver pronto, dê um passo e entre nessa nova linha temporal de seus pais. Por causa desses recursos, ela vai desenrolar-se de outra maneira. Quando estiver pronto, entre na linha temporal, no momento anterior à sua concepção, observando como se sente ao ser banhado por esses estados. Como eles já estão presentes em seus pais, você *não pode deixar* de absorvê-los de maneira ainda mais profunda, plena e completa, porque é muito fácil absorver o que nos rodeia. Está pronto? (*Dave faz sinal que sim e dá um passo à frente.*)

DIAGRAMA n? 21-e

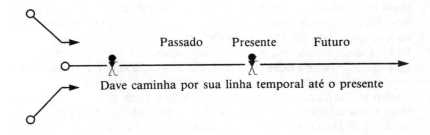

Muito bem, e agora você pode entrar na sua linha temporal, no momento da sua concepção, e absorver essa capacidade de ser e de iluminação dos seus pais, porque ela existe, porque seus pais a possuem e porque tudo ao seu redor está impregnado dessa capacidade... E, mesmo sendo ainda apenas uma célula, você já possui essa capacidade de ser e de iluminação. Automaticamente, quando essa célula se divide em duas, também esses estados essenciais duplicam. E o mesmo acontece à medida que as células vão se multiplicando e formando o seu corpo físico.

E você continua caminhando por sua linha temporal, permitindo que seu inconsciente (...) isso mesmo, que seu inconsciente o conduza no ritmo adequado, que vai lhe permitir vivenciar a transformação que está ocorrendo, que vai tornar possível a plena e completa absorção desses estados, para que você perceba, inconscientemente, como sua linha temporal se desenrola de outra forma (...) na presença desses estados, que se encontram à disposição para serem absorvidos. (...)

Isso mesmo, siga sua linha temporal até o fim. Talvez em alguns momentos você tenha consciência da mudança que está ocorrendo, enquanto em outros momentos você talvez apenas sinta o que aconteceu enquanto você caminha, levando dentro de você esses estados essenciais. (...) Isso mesmo, até o final da linha temporal. Avise-me quando tiver chegado ao momento presente.

(Enquanto Connirae fala, Dave caminha sobre sua linha temporal até o ponto que representa o presente. Enquanto ele caminha, Connirae observa vários sinais de integração inconsciente. Sua respiração torna-se mais plena e seu ritmo respiratório estende-se aos seus membros. Ele enrubesce e gotas de suor surgem na sua testa.)
Dave: Pronto.
Connirae: Muito bem. Agora, enquanto eu continuo falando, deixe que seu inconsciente continue a integração, e imagine que tem olhos na parte posterior do crânio, o que lhe permite perceber como sua linha do passado está diferente. Você pode me dizer se existem diferenças que se manifestam conscientemente. Mas, se as mudanças forem todas inconscientes, não há problema.

(Dave já tem uma aparência bastante diferente. É evidente que seus estados essenciais de ser e de iluminação se tornaram muito mais plenos. Para Connirae, essas mudanças não-verbais são mais importantes do que qualquer informação verbal que Dave possa lhe dar.)
Dave: Conscientemente, percebo uma mudança na zona escura que seguia paralelamente à linha temporal. Ela está muito mais iluminada, principalmente nas situações em que meus pais estão presentes.
Connirae: Perfeito. Agora, mantendo a sensação do que acabou de acontecer nessa trajetória *(Connirae indica o caminho entre o passado e o presente de Dave)*, você pode continuar no presente e deixar que seu inconsciente prossiga em direção ao futuro. Observe como seu futuro se

desenrola na presença do estado de ser e de iluminação. Deixe que seu inconsciente reclassifique, recodifique e dê um novo colorido ao seu futuro. (...) Me dê um sinal quando sentir que seu inconsciente terminou.
Dave: (...) Pronto.
Connirae: Ótimo. Agora, Dave tem dentro dele esse novo e profundo estado de ser e de iluminação que recebeu diretamente de seus pais ao percorrer sua linha temporal.

Repetindo o processo

Connirae: Agora que você já sentiu esse nível de ser e de iluminação, vamos repetir todo o processo, dessa vez começando com o *novo* nível de ser e de iluminação que você *já* possui. Esse novo nível de ser e de iluminação é a sua base, Dave. Agora, vamos voltar ao momento anterior à sua concepção. (*Eles caminham até o início da linha temporal e Dave fica esperando.*) E, agora, pode fechar os olhos, sentindo essa nova base, esse novo nível de ser e de iluminação dentro do seu corpo, em todas as suas células, tanto no nível consciente quanto no inconsciente. Deixe que essa sensação o leve a uma experiência ainda mais profunda e mais rica. (...) (*Dave começa a caminhar pela linha temporal e, de repente, pára. Seu rosto demonstra que ele está vivendo uma forte emoção.*)(...) O que está acontecendo? Existe alguma coisa que você queira me dizer?
Dave: Bom, a emoção não é dolorosa. É um sentimento que obtive com a iluminação. É muito confortante.
Connirae: Maravilhoso. E você pode permitir que essa emoção se intensifique cada vez mais, como você já está fazendo, para que seu consciente e seu inconsciente possam usá-la para construir uma experiência ainda mais rica e profunda. Depois, quando estiver pronto, volte ao momento em que foi concebido, quando seus pais já possuem esse novo nível de ser e de iluminação, para que esses estados essenciais sejam ainda mais absorvidos por você, automaticamente. (*Dave começa a andar.*) Isso mesmo (...) Às vezes, um ritmo diferente pode ajudar os estados essenciais a permearem um novo conjunto de lembranças. (...) Outra vez, sentindo que a sensação se amplia à medida que você refaz a trajetória, caminhando através do tempo, sentindo-se mais enriquecido e pleno (...) Isso mesmo (...), sinta como mais coisas se transformam, e mais profundamente, até chegar ao presente. Avise-me quando chegar lá. (*Dave está andando cada vez mais rápido pela linha temporal, e agora inspira profundamente.*) Muito bem, inspirando todas as transformações que estão ocorrendo no seu inconsciente. Muito bem, até chegar ao presente. Isso mesmo.
Dave: Estou aqui. (*Dave está de pé no "presente" da sua linha temporal.*)
Connirae: Ótimo. Mais uma vez, chegou o momento de sentir e apreciar a trajetória que você acabou de percorrer. Observe mais uma vez

as mudanças que ocorreram dessa vez. Se quiser, pode nos dizer se percebe alguma coisa no nível consciente.

(*Para o grupo*) Você devem ter observado, através da fisiologia de Dave, como o estado se aprofundou. Quando ele repetiu a trajetória, partindo de uma nova base, houve um nítido aprofundamento.

Dave: Quando você me disse para ir até o futuro, quando eu estava criando a primeira base, observei algumas coisas que sempre quis ter. No trabalho que fiz no ano passado, tive a sensação de que havia uma luz que me atraía na minha linha do futuro, bem no final. Isso mudou. Transformou-se numa sensação de que a luz refletia algo que brilhava dentro de mim.

Connirae: Fantástico!

Dave: Isso aconteceu pela primeira vez quando você me fez ir até o futuro. Dessa vez, quando me vi indo em direção ao futuro, percebi que a luz que vinha de dentro de mim se irradiava para outras pessoas. (*Dave está quase chorando de emoção.*) E agora consigo sentir a luz que emana dos meus avós passando através de mim e brilhando no meu futuro.

Connirae: Isso é muito maravilhoso. Você pode convidar seu inconsciente a assimilar isso também. (*Dave concorda e sorri.*) Ótimo. Agora você pode parar para desfrutar esse momento e absorvê-lo ainda mais, da maneira que você, intuitiva e inconscientemente, conhece e que é uma representação ainda mais completa dessa experiência. (...) Isso mesmo. Você já iniciou a próxima etapa, que é ir em direção ao futuro, deixando que essas qualidades percorram a mesma trajetória, do passado para o futuro, com a luz se refletindo em tantas direções que você não sabe como localizá-la, e nem quer. (*Dave concorda.*) Muito bem. Quando estiver pronto, avise-me. (*Dave concorda de novo.*) Maravilhoso.

Você conseguiu aprofundar ainda mais o processo. Gostaria de repetir tudo mais uma vez, para ter certeza de que o processo está completo e acabado?

Dave: (*concordando e sorrindo*) Acho que ainda não terminamos.

Connirae: (*rindo*) Acho que temos mais algum caminho a percorrer.

Dave: Aconteceu uma coisa meio estranha da primeira vez que andei pela minha linha temporal. Meu corpo ficou muito quente. Parecia que eu estava com uma febre purificadora ou que o meu organismo estava queimando toxinas.

Connirae: Isso não me surpreende, porque você estava suando muito. (*Para o grupo*) Vocês notaram como ele estava suando?

Dave: O que meu futuro fará desta vez? (*Ri, junto com o grupo.*)

Connirae: Só há uma maneira de descobrir! (*Eles voltam ao ponto anterior à concepção de Dave.*)

Bom, e agora você pode dar um passo até o momento da sua concepção, dessa vez deixando-se levar pelo ritmo que julgar mais conveniente. (*Dave anda pela linha temporal mais rapidamente.*) Assim mes-

mo, de modo que seu inconsciente possa permitir que esse nível de ser e de iluminação impregne as lembranças, os neurônios e as células que ainda não foram completamente preenchidas. (...) Assim, até chegar ao presente. (*Dave chega ao presente e pára.*) E pode continuar até o futuro, iluminando-o ainda mais. Isso mesmo, ótimo.
Dave: Pronto.
Connirae: Quer refazer o caminho?
Dave: (*rindo*) Acho que por hoje basta.
Connirae: Muito bem. Em geral, três vezes são suficientes. (*Para o grupo*) Poucas pessoas se satisfazem da primeira vez. Geralmente, sei quando isso acontece porque a pessoa faz uma profunda reorganização, bastante visível. Essas pessoas fazem tudo de uma vez e não querem repetir. Às vezes, são necessárias mais de três vezes. Já cheguei a fazer sete vezes. Se a pessoa chegar a esse ponto, começa a caminhar muito rápido. Algumas chegam a correr pela linha temporal. Portanto isso não exige muito mais tempo. No entanto, cada repetição aprofunda o processo. Podemos perguntar à pessoa: "Ainda estão acontecendo mudanças?". Quando a pessoa chegar a um limite e os estados essenciais não se aprofundarem mais, a fase terminou. Enquanto a pessoa estiver obtendo mais luz, mais cor e um aumento da linha temporal, deve continuar. (*Para Dave*) O que chama sua atenção no seu futuro? De que maneira ele mudou, Dave?
Dave: (*rindo*) Não há nenhum futuro. (...) Bem, há um futuro, é muito estranho! Sinto como se o estado essencial tivesse dominado tudo o que chamo de realidade. Sinto que estou irradiando essa luz de um ponto no futuro, mas é como se não houvesse nenhum futuro — é como se fosse um espelho. Quando a luz voltava para mim, era a mesma luz que vinha de mim. Era uma espécie de ciclo eterno — sem tempo.
Connirae: Eu estava começando a perceber isso em você. É muito interessante, e, pela expressão do seu rosto, posso afirmar que é maravilhoso. Muitas pessoas que passam por esse processo dizem que o futuro se abre — fica literalmente mais amplo e mais iluminado também. Algumas pessoas descrevem isso que Dave está sentindo. Seu futuro se abre totalmente e a luz adquire uma qualidade atemporal.

Firmando os novos estados essenciais de Dave

Connirae: Agora ainda resta uma fase a cumprir. O próximo passo vai dar mais firmeza e aprofundamento a esse estado que você traz dentro de si.

(*Para Dave e para o grupo*) Acredito que as pessoas que possuem naturalmente esses estados essenciais os obtiveram por terem sido criadas por pais que os possuíam. É assim que as pessoas os absorvem, como aconteceu com Dave na sua linha temporal.

Entretanto, embora possuam de maneira plena e profunda esses estados essenciais, essas pessoas não têm uma vida perfeita. Nem todos os momentos de sua vida foram maravilhosos e nem todos com quem conviveram foram delicados, amorosos e gentis. Pessoas que nunca tiveram que enfrentar desafios ou obstáculos acabam se tornando superficiais. Não constroem o que chamamos de "caráter". Suas capacidades não se aprofundam, pois jamais foram colocadas à prova.

Em geral, as pessoas que são realmente resistentes e que possuem grande força interior são as que recebem os estados essenciais de seus pais e depois passam por algumas provas. Quando desfrutamos desses estados essenciais *dentro* de nós, os desafios da vida não os anulam; ao contrário, os *aprofundam*. Assim, quando nos vemos diante de uma situação difícil, deixamos de encará-la como uma dificuldade e passamos a senti-la como uma possibilidade de aprofundamento dos recursos que já possuímos dentro de nós. E esses recursos tornam-se ferramentas que utilizamos para enfrentar novos desafios. Você percebe o que estou dizendo, Dave?
Dave: Sim.
Connirae: Ótimo. Agora que você absorveu os estados essenciais do exterior, eu gostaria que você encarasse o período que identifica como seu passado como um momento de dificuldade, um desses momentos nos quais seus recursos ficam mais profundos e mais fortes. Entende o que quero dizer?
Dave: Entendo.
Connirae: Então, com esses estados essenciais presentes no seu âmago e no seu corpo, vamos voltar ao momento em que você foi concebido. (*Eles voltam ao início da linha temporal.*) Assim, a experiência torna-se mais sólida e você poderá sentir esses estados essenciais e esse nível de ser e de iluminação de maneira mais plena. (...) Talvez essas palavras não sejam as mais adequadas, mas você já conhece esse estado. Agora, você possui esse estado dentro de você. Algumas pessoas referem-se a isso como um pai espiritual ou uma fonte espiritual. Não importa como você o adquiriu, mas ele está dentro de você, enquanto você caminha pela linha temporal, transformando toda a sua vida através dos seus estados essenciais. Agora, vou lhe pedir que, dessa vez, deixe seus pais agirem como fizeram na vida real, enquanto seus atos são transformados pelo fato de você possuir esses estados. Entende o que estou pedindo?
Dave: Entendi. Continuo possuindo esses estados essenciais dentro de mim, mas minha vida se desenrola como aconteceu na realidade.
Connirae: Isso, só que você pode deixar que sua vida se modifique pelo fato de você possuir esses estados essenciais *dentro* de você, irradiando-se através de você. Você vai perceber que sua vida fica *muito diferente*. Mesmo que os fatos continuem basicamente os mesmos, a maneira como você os vive será completamente diferente.
Dave: Acho que já estava começando a fazer isso.
Connirae: Ótimo, foi o que achei. Por favor, recomece.

Dave: Partindo do momento em que fui concebido ou antes da minha concepção, no ponto em que se encontram meus avós?
Connirae: Parta da sua concepção, trazendo dentro de si todos os seus recursos. (...) Geralmente, é mais fácil deixar o inconsciente guiá-lo. (*Dave começa a andar pela linha temporal.*) Assim você poderá andar rápida e tranqüilamente, enquanto seu inconsciente permite que tudo se transforme (...) porque é isso que nos permite saber, num nível muito profundo, como é possuir plenamente esses recursos, mesmo em situações em que os outros não estão conscientes dos recursos que possuem. Muito bem, continue a andar até chegar ao presente.
(*Dave chega ao presente e pára.*) E agora deixe-se fluir para o futuro. (*Dave inspira profundamente, expira e faz um sinal afirmativo.*) Ótimo. Parece que você completou inteiramente o processo. Acha que já terminou ou quer repetir mais uma vez?
Dave: Quero repetir mais uma vez.
Connirae: Ótimo. (*Eles voltam ao início da linha temporal.*) Mais uma vez, levando consigo esse novo nível de seus estados essenciais (*Dave começa a andar pela linha temporal*), aprofundando-os enquanto caminha (*Dave chega ao presente*), até chegar ao presente e continuando em direção ao futuro.

Muito bem. Este é o processo (*Numa voz muito suave.*) Se quiser, pode deixar que seu inconsciente absorva ou generalize ainda mais esse estado, deixando que a luz continue a fluir e a aprofundar-se em outras áreas. A integração pode continuar sendo feita da maneira adequada e correta, natural e automaticamente, mesmo depois de termos terminado, porque esse tipo de mudança e integração geralmente continua, e é bom perceber e agradecer que isso aconteça. Então, quando estiver pronto, volte conscientemente a esta sala, enquanto a integração prossegue no nível inconsciente. Obrigada.
(*Dave abraça Connirae.*)

Capítulo 22

REIMPRESSÃO DA LINHA TEMPORAL PARENTAL
Compreendendo a estrutura

A vida só pode ser compreendida com um olhar para trás, mas deve ser vivida para a frente.
Soren Kierkegaard

A reimpressão da linha temporal parental é um processo em três etapas:

Etapa I: Oferecer a nossos avós nossos estados essenciais e depois deixar que nossos pais os absorvam plenamente de nossos avós, enquanto crescem.

Etapa II: Absorver os estados essenciais de nossos pais, enquanto crescemos.

Etapa III: Firmar nossos estados essenciais, atravessando a linha temporal com eles já incorporados, a fim de transformar nossa percepção do que "realmente" aconteceu conosco.

A seguir, damos uma descrição resumida de cada uma dessas etapas e dos seus objetivos. Se você preferir fazer o processo sozinho e descobrir a estrutura através da sua própria experiência, pode passar diretamente ao próximo capítulo, que contém o exercício.

Etapa I: Oferecer a nossos avós os estados essenciais e, através deles, a nossos pais

Nosso passado determina a visão que temos de nós. Ninguém exerce mais influência sobre nós do que as pessoas que nos educaram — na maioria dos casos, nossos pais. Nossos estados essenciais podem facilmente transformar nosso passado quando retrocedemos no tempo e oferecemos o dom dos estados essenciais àqueles que nos influenciaram. Para a maioria das pessoas, é mais fácil oferecer os estados essenciais aos avós do que aos pais. Nossas idéias sobre nossos pais são normalmente mais rígidas do que nossas idéias sobre nossos avós. Se tivermos dificuldade de oferecer os estados essenciais a nossos avós, podemos retroceder ainda mais no tempo e oferecê-los a nossos bisavós. Conheço uma pessoa que precisou retroceder até Adão e Eva. Em questão de segundos, fez com que os estados essenciais viajassem a partir de Adão e Eva através de todos os seus antepassados, até chegar a seus pais.

Se seus pais são adotivos, achamos interessante oferecer os estados essenciais tanto a eles quanto a seus pais biológicos, pois, mesmo que você não os conheça, no seu íntimo você provavelmente sabe como eles são. Não importa se sua impressão sobre seus pais biológicos é correta ou não. O que importa é que sua *opinião* sobre eles será transformada pelos estados essenciais.

Etapa II: Absorver os estados essenciais dos pais e vivenciá-los através do tempo

Esta etapa oferece outra maneira de vivenciar o estado essencial desejado pela nossa parte interior. Geralmente, as pessoas sentem-se profundamente amadas quando absorvem os estados essenciais dos pais.

Etapa III: Firmar os estados essenciais para transformar o que "realmente" aconteceu

É maravilhoso vivenciar nosso passado com pais "fantásticos", que possuem estados essenciais. Mas, se vivenciarmos nosso passado somente com esses pais maravilhosos, provavelmente não estaremos preparados para conviver com nossos verdadeiros pais, ou pessoas como eles. Precisamos ter certeza de que podemos dispor de nossos estados essenciais mesmo quando as pessoas que nos rodeiam não tenham pleno acesso a eles. Esta etapa ancora nossos estados essenciais ainda mais dentro de nós. Eles já estão profundamente presentes, mas nesta etapa irradiam-se por todas as nossas experiências passadas, inclusive os momentos em que nossos pais não tinham acesso aos seus próprios estados essenciais. Como agora passamos pela linha temporal já possuindo nossos estados essenciais, os momentos que foram traumáticos na "vida real" tornam-se recursos importantes e positivos.

Repetindo o ciclo várias vezes

É difícil traduzir em palavras o que as pessoas sentem quando passam por este processo, porque os estados essenciais são, em si, muito poderosos. Mas, se depois passarmos rapidamente pela linha temporal — através do passado, presente e futuro —, a experiência se amplifica ainda mais. Repetir a trajetória pela linha temporal várias vezes faz com que nossos estados essenciais se tornem cada vez mais intensos. Dave começou a reimpressão da linha temporal parental com estados essenciais muito intensos. No entanto, ele nos contou que a intensidade triplicou com a repetição do processo.

Incentivando o processamento inconsciente

Na demonstração com Dave, Connirae o incentiva a permitir que o processo aconteça no nível inconsciente. Ela o observa cuidadosamente enquanto o orienta em cada etapa, notando o que amplia seu processamento inconsciente e como ele recodifica os incidentes, na presença dos estados essenciais.

Se fizer o processo sozinho, o leitor vai perceber que se torna cada vez mais sintonizado com o que "relaxa a sua mente interior" em cada uma das etapas, permitindo que as mudanças aconteçam sem que ele precise compreender conscientemente o que está acontecendo. Enquanto permite que seu inconsciente transforme sua experiência, você vai sentir as mudanças acontecendo, mesmo sem saber exatamente que mudanças são essas.

O resultado da reimpressão da linha temporal parental

Muitas pessoas comentam que sentem seus estados essenciais mais ancorados: mais plenos, mais ricos e mais associados ao fluxo contínuo da vida. Isto não significa que os estados essenciais sejam uma experiência "excepcional", mas uma vivência cotidiana. A terceira etapa do processo de reimpressão da linha temporal parental. (Firmar os estados essenciais para transformar o que "realmente" aconteceu) é muito importante para se obter esse resultado. O estado essencial não estará separado da nossa vida quotidiana, mas permeará todas as nossas lembranças e nossa percepção de presente e futuro.

Vários outros resultados são comuns, e o leitor pode vir a sentir um ou todos eles. Geralmente as pessoas dizem que o passado se torna um recurso mais importante. Mesmo os momentos difíceis são percebidos como uma bênção. Às vezes, lembranças que inicialmente eram muito dolorosas agora são sentidas como positivas, por mais traumáticos que os incidentes tenham sido. Isso não quer dizer que passemos a desejar que coisas ruins nos aconteçam, mas que, num nível profundo, não julgamos mais aquela experiência negativa. Quando os estados essenciais passam a permear essas experiências, elas ficam curadas.

Outro resultado é que nos sentimos livres de coerções que achávamos que nos eram impostas pelo nosso passado. Se nos sentíamos limitados pelo passado — "Não tenho opção porque tive tais e tais experiências quando criança" —, passamos a sentir uma sensação de liberdade quando vivemos a partir dos nossos estados essenciais, não importa que passado tenhamos tido.

Após passar pelo processo, geralmente sentimos uma abertura em relação ao futuro. Muitas pessoas observam que seu futuro torna-se literalmente mais luminoso e mais expansivo. Talvez seja interessante observar como você vê o seu futuro ao iniciar o processo. Ele é escuro ou luminoso? Estreito ou amplo? É muito provável que essas dimensões mudem radicalmente. E as pessoas também descrevem uma mudança correspondente nos seus sentimentos em relação ao futuro. Algumas pessoas que passaram pelo passado, presente e futuro com seus estados essenciais sentiram que sua percepção do tempo se diluía, levando-as a uma experiência de realidade simultânea. Foi o que Dave sentiu em relação ao seu futuro. Isto advém da unicidade que permeia a maioria dos estados essenciais. Outra maneira de vivenciar a unicidade é sentir que, neste exato momento, sou tudo, que estou ligada a todos os momentos.

Resumo

Quando concluímos as três etapas da reimpressão da linha temporal parental, teremos vivenciado nossos estados essenciais desejados de várias maneiras diferentes e permitido que eles transformem aspectos diferentes das nossas lembranças e experiências. Cada etapa transforma e reorganiza segmentos diferentes da nossa neurologia.

Entrar em contato com os estados essenciais a partir de vários ângulos diferentes é como sentir uma escultura em todos os seus lados. Se tocarmos a escultura apenas de um lado, estaremos tendo a experiência de apenas uma de suas facetas. Se tocarmos na escultura de todos os seus lados, poderemos vê-la de todos os ângulos. Se tocarmos a escultura com uma das mãos, não vamos senti-la tanto quanto se a tocarmos com ambas as mãos.

CAPÍTULO 23

AGINDO!
O EXERCÍCIO DE REIMPRESSÃO DA LINHA TEMPORAL PARENTAL
Oferecendo os estados essenciais a si mesmo e à sua família interior

O sofrimento é optativo.
Mensagem em camiseta

A reimpressão da linha temporal parental aprofunda e amplifica os estados essenciais que foram identificados durante o Processo de Transformação Essencial. Para fazer este exercício de maneira tranqüila e efetiva, é necessário ter completado todo o Processo de Transformação Essencial, inclusive o crescimento da parte, a plena incorporação do estado essencial e a generalização da linha temporal. Se puder, peça a alguém que leia este exercício para você lentamente, numa voz suave. Indique os nomes dos seus estados essenciais antes de começar. Se estiver fazendo o exercício sozinho, será melhor lê-lo uma vez antes de começar. Se estiver orientando outra pessoa, as partes que estão em itálico não precisam ser lidas em voz alta. Se você for o guia, será mais proveitoso para seu parceiro se você estiver impregnado de um dos seus estados essenciais prediletos.

••

ESTABELECENDO SUA LINHA TEMPORAL

1. Coloque a sua linha temporal no chão, como Connirae e Dave fizeram no exercício de demonstração. Primeiro, sinta seu passado, seu presente e seu futuro. Depois coloque-os no chão numa linha reta, de maneira que sua vida inteira adapte-se no espaço disponível. (*Se puder, descubra um espaço suficientemente longo para sua linha temporal. Senão, pode "condensá-la" temporariamente.*)

2. Agora, caminhe ao lado da sua linha temporal até o ponto imediatamente anterior à sua concepção. E então, volte-se e olhe de frente para sua linha temporal. (*Ver diagrama n.º 23-a.*)

DIAGRAMA n? 23-a

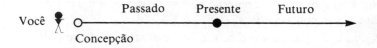

3. Parado no ponto imediatamente anterior à sua concepção, tendo à sua frente a sua linha temporal, imagine atrás de você outras duas linhas temporais, uma para sua mãe e outra para o seu pai, que se juntam no ponto anterior à sua concepção. De que lado está a da sua mãe? E a do seu pai? A quem você deseja oferecer primeiro os estados essenciais — à sua mãe ou ao seu pai?

DIAGRAMA n? 23-b

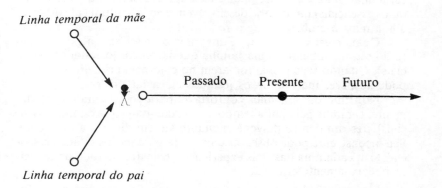

OFERECENDO OS ESTADOS ESSENCIAIS ÀS LINHAS TEMPORAIS DOS SEUS PAIS E AVÓS

4. Acompanhe com os olhos toda a linha temporal completa do seu pai/sua mãe até o momento em que ele/ela foram concebidos. Veja seus avós de pé, antes do momento em que seu pai/sua mãe foram concebidos. Que idade eles têm neste momento? (*Você pode inventar, se não souber.*)
5. Agora, permita que [os estados essenciais] fluam para seus avós e os preencham completamente.
6. Agora imagine seu pai/sua mãe sendo concebidos nesse ambiente, absorvendo [os estados essenciais] dos seus próprios pais. Permita que

a linha temporal do seu pai/sua mãe se desenrole, tendo estes estados essenciais disponíveis. Observe como ele/ela se desenvolvem, enquanto absorvem esses estados essenciais ainda mais plenamente. Permita que a linha temporal do seu pai/sua mãe se desenrole até o momento anterior à *sua* concepção.

7. (*Repita as etapas de 4 a 6 com o outro genitor, até que tanto o pai quanto a mãe estejam completamente preenchidos com os estados essenciais.*)

ABSORVENDO OS ESTADOS ESSENCIAIS DE SEUS PAIS

8. Agora entre no momento da sua concepção, de forma a poder estar totalmente rodeado com [os estados essenciais]. Você é apenas uma única célula, num universo cheio de [estados essenciais]. Você poderá absorvê-los completamente, porque está imerso neles. Quando você se dividir em duas células, [os estados essenciais] duplicarão. Quando você se subdividir em quatro células, [os estados essenciais] duplicarão mais uma vez. Você pode continuar a crescer, enquanto [os estados essenciais) também se desenvolvem e você continua absorvendo ainda mais o ambiente que o rodeia.

   Quando estiver pronto, dê um passo para a frente até o momento do seu nascimento numa família que já possui [os estados essenciais). Quando seus pais o tomarem no colo pela primeira vez, você pode absorver mais ainda os [estados essenciais) deles.

   No ritmo que for mais confortável para você, lenta ou rapidamente, caminhe pela linha temporal, deixando que [os estados essenciais] cresçam dentro de você enquanto vai em direção ao presente. Seu inconsciente pode observar como o fato de ter [os estados essenciais] em cada uma das suas experiências transforma tudo de maneira poderosamente criativa.

9. Agora que você chegou ao presente, sinta-se indo em direção ao futuro com [os estados essenciais] crescendo ainda mais, plenamente disponíveis em todas as situações. (*Repita as etapas n.ºs 8-9 quantas vezes desejar, para usufruir todos os benefícios desta fase. Aumente a velocidade. Se você estiver lendo isto para alguém que está indo muito rápido, talvez não tenha tempo de ler todas as palavras deste roteiro. Leia apenas aquilo que puder. Por exemplo, talvez precise somente dizer: "Isso mesmo, transformando, <u>ainda mais</u>, o passado, o presente e o futuro".*)

ANCORANDO SEUS ESTADOS ESSENCIAIS

10. Agora você pode voltar ao momento da sua concepção e passar mais uma vez pelo seu passado. Desta vez, com seus pais agindo como você se lembra deles na "vida real". Mas como você já tem (os estados essenciais) dentro de si, você descobrirá como *isto* transfor-

ma seu passado. Faça isto rapidamente, para que as novas relações possam surgir de maneira fácil e plena no nível inconsciente. Ao chegar ao presente, sinta [os estados essenciais] irradiando-se em direção ao futuro, fazendo com que tudo que vai acontecer se transforme na presença dos [estados essenciais]. (*Repita a etapa n.º 10 quantas vezes desejar, para fortalecer a base. Você também poderá variar o ritmo.*)

11. Agora que seu passado, seu presente e seu futuro foram transformados por esses [estados essenciais], você pode permitir que sua nova linha temporal flua ao seu redor da maneira que melhor lhe convier, para que esteja sempre com você no futuro. Quanto mais os [estados essenciais] preencherem seu passado e seu futuro, mais intensamente você poderá vivenciá-los aqui e agora.

••

Como lidar com objeções

Na maioria das vezes, após o Processo de Transformação Essencial, estamos prontos para passar à reimpressão da linha temporal parental. Raramente existem objeções a esse processo. Mas, se surgir uma objeção, é muito importante respeitá-la. A orientação neste caso é conduzir o processo com delicadeza. Lembre-se de que cada etapa o convida a fazer algo que pode ajudá-lo a aprender e evoluir. Antes de continuar, é preciso resolver a dificuldade que está implícita na objeção. Uma objeção geralmente surge quando não entendemos muito bem o processo ou seu propósito.

A seguir, indicamos as três objeções mais comuns que ocorrem durante o processo e a maneira como você poderá levá-las em consideração antes de continuar:

Objeção 1: "Se eu der esses estados essenciais a meus pais, será uma mentira. Meus pais na verdade não tinham esses recursos".

É verdade, eles não os tinham. Mas você não estará oferecendo esses estados essenciais aos seus *verdadeiros* pais, e sim aos pais que você carrega dentro de si. Você não está modificando realmente o passado, mas apenas se dando a oportunidade de sentir como seria se seus pais tivessem tido esses recursos, de maneira que você possa sair lucrando aqui e agora. Primeiro, trabalhamos com esses pais mais "enriquecidos", que possuem mais recursos do que seus pais verdadeiros, por os terem recebido de você. Depois você vai caminhar por sua linha temporal com seus pais verdadeiros, exatamente como eles existem nas suas lembranças. Geralmente, esta objeção desaparece quando percebemos que continuaremos capazes de nos lembrar do que realmente aconteceu em nossa vida.

Objeção 2: "Odeio meus pais e não quero lhes dar esses recursos. Eles não os merecem".

Como você estará dando esses recursos aos pais que leva dentro de você, na realidade os estará dando a si mesmo. Você está dando a *si mesmo* o tipo de pais interiores que mereceria ter tido na vida real. Às vezes, ajuda muito lembrar que nossos pais aprenderam com os pais *deles*. Se você pensar nos seus pais quando eles eram bebês, e no quanto necessitavam de carinho e amor, geralmente fica mais fácil dar-lhes os recursos.

Objeção 3: "Não acredito que as mudanças serão duradouras".

Neste caso, você precisa descobrir se a parte que está preocupada tem uma *objeção* a que as mudanças sejam duradouras. Geralmente, a parte realmente deseja que as mudanças durem e preocupa-se com o fato de que isso não aconteça. Se você tiver esta preocupação, volte para dentro de si mesmo e pergunte à parte que expressou esta preocupação:

"Você aceita que as mudanças sejam duradouras?"

"Você está interessada em aplicar o processo, a fim de descobrir se as mudanças vão ser duradouras?"

"Você quer me ajudar a fazer com que essas mudanças durem?"

"Você gostaria de me avisar se as mudanças não durarem?"

Se a parte que levantou a objeção for uma parte mais jovem, é conveniente submetê-la ao Processo de Transformação Essencial para reintegrá-la a você.

Quando você ainda não possui o estado essencial

Se ocorrer alguma outra dificuldade (além das três objeções indicadas acima), isto significa que você ainda não alcançou o *estado essencial* da parte com a qual está trabalhando. Talvez você tenha descoberto apenas um objetivo pretendido muito parecido com o estado essencial.

Reed aplicou o Processo de Transformação Essencial a uma parte de si mesmo que se sentia compelida a culpar os outros. A cadeia de objetivos pretendidos que ele descobriu foi a seguinte:

Culpa → Vingança → Saber que estou certo → Satisfação → Forte percepção de mim

Reed achou que essa "forte percepção de mim" era o seu estado essencial, mas, ao aplicar o processo de reimpressão da linha temporal parental, sentiu uma forte ambivalência. Ele e seu colega de grupo vieram pedir-me ajuda. Quando observei como Reed vivenciava esse estado, percebi que não se tratava de um estado essencial. Faltavam-lhe as qualidades necessárias para transformar sua linha temporal de maneira plenamente satisfatória. Juntos, voltamos à parte de Reed e perguntamos: "E se você tiver essa forte percepção de si, o que deseja obter através dela que seja ainda mais importante?". Reed descobriu duas outras etapas da sua cadeia de objetivos. Depois dessa "forte percepção de mim" surgiram "uma presença imponente" e uma "sensação de unicidade". Quando Reed completou o Processo de Transformação Essencial utilizando a unicidade e passou pela reimpressão temporal parental, não surgiram outras objeções. Depois, ele comentou: "Isso realmente purificou algo que estava dentro de mim há muito tempo. Sinto que agora minha vida tem um propósito. É como se a unicidade permeasse tudo. Eu nunca quis culpar os outros, mas não sabia como evitar isso".

CAPÍTULO 24

A HISTÓRIA DE VICTORIA
Os benefícios de levar os estados essenciais através do tempo

"... Era como se cada um dos pontos luminosos [na minha linha temporal] fosse uma cura, e mesmo tendo sido muito trágicas essas circunstâncias, elas foram uma bênção especial para mim."
Victoria

Victoria participou de um seminário de Aligned Self. O processo de reimpressão da linha temporal parental foi bastante poderoso para ela. Um ano depois, ela continua muito empolgada. Eis sua história:

A reimpressão da linha temporal parental foi algo maravilhoso para mim. Eu ia à igreja e ouvia tudo sobre Deus e sobre o perdão, o amor incondicional e a cura. E eu pensava, teoricamente: "Acredito nisto. É isto que quero fazer!". Mas o processo de amor incondicional e de perdão nunca ficou muito claro para mim até que fiz a reimpressão da linha temporal parental.

Eu disse: "É isto! Este é o processo do qual todos falam, mas ninguém ensina como fazer!". É interessante que ninguém chegue à noção de amor incondicional sem passar por algo parecido com esse processo.

Fui adotada, e meus pais adotivos me disseram que eu tinha vindo do lixo. Acho que eles jamais entenderam o impacto que essas palavras tiveram na minha vida. Afetou minha auto-estima num nível muito profundo. Por mais competente que eu fosse, eu acreditava que, por ter aquela origem, uma parte de mim não prestava. O processo funcionou como uma verdadeira cura em termos de perdão. Comecei a entender, num nível mais profundo, que meus pais naturais tinham passado por coisas que não eram da minha responsabilidade. Passei a me ver de uma maneira diferente, e com isso tirei um grande peso do coração.

Sofri de diabetes durante anos. Minha saúde melhorou muito desde o seminário, e atribuo grande parte disso à reimpressão da linha temporal parental. Havia uma parte dentro de mim que era como um vulcão, ou uma panela de pressão. E eu nem sabia o nível de intensidade que havia lá dentro! Um simples tom de voz era capaz de provocar em mim uma forte reação. Fiquei assustada com a intensidade de raiva e da dor que eu sentia. Não compreendia como uma coisa tão pequena podia provocar tal reação. Quando passei pela reimpressão da linha temporal parental, tomei consciência da dor que estava enterrada no meu passado e de tudo que eu tinha passado na minha vida. Comecei a perceber que os padrões mentais e as crenças que eu havia criado a partir daquelas experiências precoces tinham determinado a minha vida. E muitas dessas crenças e padrões mentais não eram saudáveis.

Como sou diabética, minha taxa de açúcar no sangue pode variar de um extremo a outro. Se não tomar insulina, a taxa de açúcar sobe demais e posso até entrar em coma diabético. Quando tomo insulina, a taxa desce. Se eu ingerir insulina em demasia, a taxa desce demais e posso ter um choque insulínico. A adrenalina, útil numa situação de perigo físico imediato, é muito nociva se for jogada constantemente no organismo. Sei que a adrenalina e outras reações físicas que advêm da situação de fuga ou luta em que tenho vivido toda a minha vida fazem mal ao meu pâncreas, provocando diminuição do fluxo sangüíneo e palpitações. A sensação é a de que estou diante de um grande perigo. Então, bastava alguém me olhar atravessado para que eu reagisse dessa maneira. Quando tenho essa reação de fuga ou luta e a adrenalina é jogada dentro do meu organismo, a taxa de açúcar no sangue se descontrola e é muito difícil saber a quantidade exata de insulina a ser ingerida. Portanto, como minhas emoções viviam desequilibradas, a taxa de açúcar no meu sangue parecia um ioiô, sujeita a fortes oscilações.

Quando não me encontro nessa situação de luta ou fuga, consigo digerir melhor os alimentos e metabolizar o açúcar de maneira mais equilibrada. Quando os resultados da reimpressão da linha temporal parental se tornaram mais presentes na minha vida, minhas emoções ficaram mais equilibradas e estáveis, e o nível de açúcar no sangue também se estabilizou.

Sempre me senti abandonada. Quando algo provocava esse medo de ser abandonada, eu me sentia fragmentada. Por fora, dava a impressão de ser uma pessoa arrogante, imatura. Mas por dentro, eu sentia o terror de ser abandonada. Bastava apenas um tom de voz para provocar esse medo terrível.

Racionalmente, eu sabia que meus padrões mentais são como sementes, que geram os resultados que obtenho na vida. Eu compreendia isso, mas não sabia quais eram esses padrões mentais.

O processo de reimpressão da linha temporal parental fez com que eu tomasse consciência de que, quando eu reagia a alguém com essa intensidade, era porque seu tom de voz era parecido com o que meus pais usavam. Era isso que provocava aquela reação, mesmo quando o assunto era totalmente diferente. Agora, quando alguém fala comigo nesse tom, ouço uma voz suave que me diz: "Isto nada tem a ver com você!". Portanto, não tenho mais um fluxo de adrenalina correndo constantemente no meu sistema.

Antigamente, eu achava que tudo o que as pessoas diziam era comigo, quando na realidade nada tinha a ver comigo, e sim com eles! Eu sofria de uma profunda baixa estima!

Quando coloquei minha linha temporal pela primeira vez no chão e comecei a ir em direção ao meu passado, uma parte de mim não quis caminhar. A pessoa que estava me guiando me estimulou a prosseguir. Assim que entrei na linha temporal, dei de cara com um monte de "acidentes" metafóricos. Tive a sensação de estar diante de grandes objetos negros, grandes buracos negros, e surgiu na minha mente a imagem de um acidente. Eu havia suprimido esses buracos negros durante tanto tempo que nem sabia que eles se encontravam ali. Não conseguia conversar sobre isso com meus pais adotivos. Fui uma criança muito abandonada.

Passei pelo processo de reimpressão da linha temporal parental duas vezes com orientação e uma terceira vez sozinha. Como tenho pais biológicos e pais adotivos, fiz o processo com os quatro. Ocorreu uma verdadeira integração. Quando repeti o processo pela terceira vez, consegui colocar minha linha temporal do passado à esquerda, onde podia vê-la, e percebi que aqueles lugares que haviam sido buracos negros agora eram pontos luminosos! Senti-me muito melhor. Era como se cada um daqueles pontos luminosos fosse uma cura, e, por mais trágicos que tenham sido as circunstâncias da minha vida, eu havia tirado alguma coisa boa delas.

Alguém me disse certa vez que minha relação com Deus era muito sólida. Mas a minha relação comigo mesma estava ameaçada, e era isso que causava meus problemas de saúde. Agora, cada um daqueles pontos luminosos é uma bênção, um pedaço de mim mesma que eu anteriormente havia negado, mas ao qual agora estava de novo ligada.

Mandei amor para meus pais, sobretudo para minha mãe, que precisava ter muito amor dentro de si para ser capaz de doá-lo. Além disso, consegui dar a eles um sentimento de compaixão e compreensão.

Quando fiquei de pé no presente e olhei para o futuro, senti que tudo ia ser muito melhor do que antes. Enquanto caminhava em direção ao futuro, lembro-me de olhar para meu passado e ver uma luminosidade no local onde anteriormente havia sombras. Isto foi muito importante para mim. Quanto mais eu entrava no futuro, mais luminoso ficava o meu passado, e mais eu me dava conta de quão importante ele era para a pessoa que eu seria no futuro. Era maravilhoso poder perceber que meu passado tinha um propósito na criação do meu caráter! Por exemplo, eu tinha um pai adotivo que tentara me afogar mais de uma vez. Pode parecer estranho, mas saber que sobrevivi a esses incidentes tornou-se um recurso para mim.

Achei o processo extremamente valioso em termos do meu bem-estar. Pude perceber que a causa dos meus problemas de saúde estão na minha identidade, em coisas que eu nem sabia que estavam na minha cabeça. Para mim, foi o trabalho mais espiritual que fiz. Aprender a realmente perdoar alguém é um dom da mais pura espiritualidade. E é isso que valorizo quando faço o processo com outras pessoas. Acho que ele as ajuda a descobrir o dom de suas vidas. Pouco importa o que tenha acontecido com elas, há algo de positivo que elas trazem dentro de si que as tornou as pessoas que são. Sempre que faço o processo com outra pessoa, sinto-me honrada e como se tivesse recebido mais um presente. É como se mais uma parte de mim tivesse se curado! Acho que, como as pessoas têm muitas coisas em comum, minha mente inconsciente sempre descobre algo análogo na experiência delas que também pode ser curado.

PARTE VII

INTENSIFICAÇÃO DOS RESULTADOS

Transformando algo bom em algo ainda melhor

CAPÍTULO 25

INTRODUÇÃO
INTENSIFICAÇÃO DOS RESULTADOS
Transformando algo bom em algo ainda melhor

As pessoas usam seus sentidos para procurar a resposta fora de si mesmas, sem notar que ela se encontra dentro delas o tempo todo.
Huang Po, c.850

    Há várias maneiras de aprofundar o Processo de Transformação Essencial, a fim de criar níveis mais profundos de mudança na sua vida. Nesta parte, vamos lhe mostrar várias maneiras de ampliar e aprofundar as mudanças que você já sentiu. Vamos lhe mostrar como descobrir outras partes e entender como elas se formaram. Daremos exemplos de padrões básicos de personalidade que não nos servem, e como trabalhar com eles usando o Processo de Transformação Essencial. A cura de doenças e outras crises importantes de vida é outro dos temas desta parte, além de depoimentos de pessoas que aplicam o processo a questões de saúde. Você aprenderá um exercício chamado "Generalização do Processo de Transformação Essencial", que reúne grupos de partes num mesmo processo.
    Nos últimos dois capítulos, falaremos sobre a transformação essencial e a espiritualidade e como usar esse processo de maneira contínua.

CAPÍTULO 26

DESCOBRINDO OUTRAS PARTES A SEREM TRANSFORMADAS
Recebendo bênçãos internas ainda maiores

*Existe apenas uma Única Mente
e nem uma partícula
de qualquer outra coisa.*

*Todos os fenômenos, desde o
menor dos átomos ao grande
quiliocosmos, são apenas
bolhas e espuma,
padrões mentais
de um grande sonho.*
Huang Po, c.850

As pessoas normalmente não gostam das suas limitações e tentam livrar-se delas. Com o uso constante do Processo de Transformação Essencial, acontece uma verdadeira mudança: passamos a amar e aceitar nossas limitações e hábitos negativos, nossas pequenas manias, nossas compulsões e fraquezas. Essa atitude de receptividade e aceitação de todas as nossas partes é uma dádiva imensa, que vai muito além das mudanças específicas que possamos obter com o processo.

Quando começamos o Processo de Transformação Essencial, geralmente temos muitos sentimentos que nos parecem desequilibrados, ou hábitos e comportamentos que queremos modificar. Entretanto, algumas das mudanças mais importantes surgem quando trabalhamos com partes que não nos aparecem claramente no início. Cada pessoa tem a oportunidade de descobrir e transformar muitas partes interiores, e assim criar uma maior unidade. Este capítulo pretende ajudar o leitor a descobrir mais oportunidades de entrar em contato com suas bênçãos interiores.

> **O TRABALHO COM PARTES QUE ESTÃO ZANGADAS**
> Antes de começar a trabalhar com as partes zangadas, normalmente empregamos frases que começam com o pronome "você":
> Você não deveria...
> Você jamais poderia...
> Você errou quando...
>
> Quando nossa raiva já foi tratada, em geral passamos a usar o pronome "eu":
> Estou zangada com...
> Sinto-me frustrada com...

Trabalhando com a raiva

Problemas que envolvem a raiva são muito comuns na nossa cultura. Aplicar o Processo de Transformação Essencial a partes que estão zangadas pode ser uma experiência altamente compensadora. É normal que um ser humano sinta raiva de vez em quando. O objetivo do trabalho com as partes zangadas não é eliminar a raiva, mas entender com clareza por que sentimos raiva e como a expressamos. Sempre que você sentir que sua raiva não está "limpa", pode trabalhar com ela.

A raiva é "limpa" quando meu objetivo ao ficar com raiva é expressar sentimentos e pensamentos. Se eu assumir meus sentimentos, em vez de dizer que tenho o direito de ficar zangada, então minha raiva é "limpa".

Se eu usar minha raiva para intimidar ou coagir alguém a mudar ou fazer o que quero, neste caso minha raiva não é "limpa". Art é um pequeno empresário que está acostumado a dar ordens. Em casa, porém, sua mulher, Rosemary, nem sempre demonstrava a mesma boa vontade que ele estava acostumado a receber de seus funcionários. Um dia, quando Rosemary resolveu cuidar do jardim manualmente, em vez de esperar que Art revolvesse a terra com um aparelho de jardinagem, ele começou a gritar com ela. Art deu-se conta de que não estava apenas expressando seus sentimentos. Uma parte dele queria que "ela obedecesse". Houve uma grande diferença quando Art trabalhou com essa parte.

Se estou usando a raiva para culpar alguém, minha raiva não é "limpa". Se minha raiva for extrema, chegando à beira da ira, provavelmente estou reagindo com base nas experiências de uma parte mais jovem de mim mesma, em vez de reagir ao que está acontecendo no presente. Isso pode ser "atualizado" ao se trabalhar com a parte que está enraivecida.

A raiva é "limpa" quando não esconde outra emoção. Jan ficou muito chateada porque o marido se esqueceu do aniversário de casamento, mas achou que seria uma fraqueza admitir isso. Como se enraivecia com facilidade, no dia seguinte ficou de novo zangada com ele por uma bobagem. Jan estava muito magoada e zangada. Tinha várias partes com as quais trabalhar: a parte que estava zangada, a parte que estava sentida e a parte que a criticava por estar ressentida e a impedia de expressar esse sentimento.

Sempre que você estiver sentindo raiva, poderá fazer o Processo de Transformação Essencial com a parte que está zangada. Sua raiva poderá desaparecer completamente, ou ser substituída pela compaixão e pela compreensão. Quando Juliane (no Capítulo 9) passou pelo Processo de Transformação Essencial, sua raiva se transformou num grande riso interior. Do momento em que reconhecemos nossos sentimentos, eles se dissolvem e se transformam.

Outras vezes, você talvez continue se sentindo zangado, mas sua raiva terá uma qualidade diferente. Ela será mais forte, porém menos intensa. Você vai perceber melhor aquilo de que não gosta, como deseja que as coisas sejam, e identificar aquilo que está ou não disposto a aceitar. Você vai se sentir mais capaz de expressar claramente sua raiva, sem julgamento ou coerção.

Emoções primárias e secundárias

Algumas emoções desaparecem naturalmente ou se transformam completamente depois que trabalhamos com elas usando este processo. Quando uma emoção desaparece ou se transforma, é o que chamamos de *emoção secundária*. As emoções secundárias parecem surgir porque estamos separados dos nossos estados essenciais. Ao retomarmos o contato com os estados essenciais desejados por essas partes, as emoções dissolvem-se. As emoções secundárias incluem a raiva, o ciúme, a vingança, a culpa e o ressentimento. Quando elas desaparecem, podemos expressar mais claramente nossas *emoções primárias*, que incluem a raiva, a tristeza, o amor, a gratidão, a compaixão e a alegria. Você vai sentir essas emoções mais limpas e mais alinhadas com o seu estado essencial.

Vivenciar todas as emoções é uma parte natural da vida. Toda pessoa precisa de uma grande gama de emoções para ser um ser humano pleno. Ao mesmo tempo, sempre que você estiver sentindo uma forte emoção, com certeza vai sair ganhando se aplicar o Processo de Transformação Essencial à sua parte que está expressando essa emoção.

Aceitando as emoções

Quando fazemos o Processo de Transformação Essencial com partes intensamente emocionais, nossas emoções parecem ficar mais equilibradas e menos intensas. Quando percebemos uma emoção desagradável, nossa tendência é nos livrarmos dela. Mas se, ao contrário, aceitarmos e trabalharmos com essas partes, a dor e o desconforto vão nos levar a uma ligação mais profunda com o nosso íntimo. As emoções podem tornar-se bênçãos que nos ajudam e nos direcionam. Uma das participantes dos nossos seminários viu surgir uma série de partes, que ela a princípio identificou como "dolorosas" ou "terríveis". Embora essas partes estivessem muito carentes, sentindo-se desvalorizadas, cada uma queria atingir um estado essencial importante. Após integrar quatro dessas partes, ela disse: "Estou chegando ao ponto. Estou me dando conta de que não há nada em mim que seja realmente horrível".

Se você vem reprimindo ou ignorando muitos dos seus sentimentos, à medida que você passar a se aceitar mais, talvez chegue a uma fase em que suas emoções se tornem *mais* intensas. Uma das minhas clientes que passou pelo Processo de Transformação Essencial estava preocupada porque a princípio passou a sentir emoções *mais fortes*. E ela tinha se habituado a achar que as emoções eram perigosas e negativas. Na verdade, suas emoções sempre tinham sido fortes, mas ela se acostumara a simplesmente afastá-las do seu campo de consciência e não lhes dar atenção. Quando aplicou o Processo de Transformação Essencial a cada parte emocional, obteve um novo sentimento de conforto e aceitação das suas emoções. Alguns meses depois, sua vida tornou-se mais equilibrada do ponto de vista emocional.

O que critico em mim e nos outros?

A pergunta "O que critico em mim e nos outros?" pode revelar partes importantes com as quais trabalhar. Coisas que criticamos em nós mesmos e nos outros podem indicar partes que têm algo a nos oferecer através do processo. Com freqüência, o que mais criticamos nos outros é também, inconscientemente, o que mais criticamos em nós mesmos.

Eu (Connirae) observei que durante anos criticara uma mulher que considerava arrogante. Decidi examinar essa questão. Observei que uma parte de mim se sentia intimidada por ela, murchava quando ela estava por perto. Então, fui atrás da parte de mim mesma que era arrogante. No início, não queria aceitar que ela existisse, porque preferia pensar que era diferente dela. Além do mais, a arrogância era algo que eu detestava. Entretanto, quando procurei, descobri uma parte de mim que também se sentia arrogante, que queria sentir-se superior a ela. Quando aceitei essa parte e fiz com ela o Processo de Transformação Essencial, descobri que ela tinha algo maravilhoso a me oferecer. Depois disso, observei que não mais me sentia tão "diferente" das pessoas arrogantes. Não precisava me distanciar. Não que eu tenha passado a gostar da arrogância — em mim mesma e nos outros —, mas deixei de ser tão crítica. Passei a sentir compaixão por aquelas partes arrogantes que existiam nos outros e em mim mesma.

Depois que comecei a procurar outras partes interiores parecidas com as que eu criticava nas outras pessoas, notei que deixei de ser tão crítica. Sempre me considerei uma pessoa tolerante, e, sendo terapeuta há muito tempo, sempre desejei aceitar qualquer qualidade que meus clientes pudessem apresentar. Agora, sinto que há um nível diferente nessa minha aceitação. Anteriormente, eu aceitava os outros de maneira mais "racional", sentia-me separada e diferente dessas pessoas. Atualmente, sinto-me igual a todas as pessoas com que trabalho, e de uma maneira muito mais profunda. Outro exemplo: quando meu marido usou essa abordagem, percebeu que criticava a falta de responsabilidade de outras pessoas. Descobriu várias partes com as quais trabalhar. Uma delas ficava zangada quando alguém não assumia suas responsabilidades, e outra parte dele queria ser irresponsável. Circunstâncias de sua vida o haviam obrigado a assumir responsabilidades cedo demais. Ele nasceu no Havaí e tinha seis anos quando Pearl Harbor foi bombardeada. Então, veio para o continente com a mãe, juntamente com muitas mulheres e crianças que foram evacuadas naquela ocasião. Como o pai havia falecido quatro anos antes, a mãe ficou sozinha com dois filhos, Steve e uma irmã mais velha, e precisava que ele amadurecesse rapidamente. Foi uma época difícil do ponto de vista financeiro, e Steve passou a assumir responsabilidades adultas muito cedo. Depois, por causa dos problemas de saúde da mãe, ele teve de sustentá-la enquanto fazia a faculdade. Portanto, a parte dele que queria ser irresponsável havia sido abandonada há muito tempo.

Já falamos dos três aspectos principais do trabalho com as partes interiores que têm atitudes críticas: 1) nossas partes interiores que criticam — seja a nós mesmos ou aos outros; 2) nossas partes interiores que reagem inadequadamente quando outras pessoas fazem coisas que criticamos; e 3) nossas partes interiores que são *semelhantes* àquelas que criticamos nos outros.

Quando aceitamos cada uma dessas partes de nós, tornamo-nos mais capazes de aceitar os comportamentos e reações de outras pessoas. À medida que nos tornamos menos críticos e resistentes, somos capazes de observar e identificar em nós mesmos e nos outros comportamentos como arrogância, ciúme, covardia, nervosismo, competitividade, frivolidade, preguiça e necessidade de controlar ou ser o centro das atenções. Isso não significa que gostemos desses comportamentos, e sim que deixamos de *julgá-los* errados ou negativos e não ficamos mais irritados com eles. Podemos observá-los com neutralidade e compaixão. (Para maiores detalhes sobre crítica e julgamento, ver o Capítulo 18: "Como reconhecer partes que precisam ser incluídas".)

O que os outros criticam em mim?

Outra maneira de descobrir partes é perguntar: "O que os outros criticam em mim?". Quando outra pessoa nos critica, temos a tendência de ignorar a mensagem ou decidir que ela simplesmente "não nos compreende", ou está projetando seus problemas em nós.

Eu acho mais fácil trabalhar com essa área quando não me preocupo em saber se a crítica é verdadeira ou não. Talvez a crítica seja realmente um reflexo daquela pessoa; entretanto, posso usá-la para descobrir uma parte de mim que mereça ser trabalhada. Isso é especialmente verdadeiro quando a crítica se repete.

Tom queixou-se de que sua mulher, Betty, tinha mudanças de humor e era imprevisível emocionalmente. Embora reconhecesse que isso às vezes era verdade, Betty sentia que isso era apenas uma pequena parcela de seu relacionamento e que o problema era mais de Tom, já que ele reagia com tanta intensidade à questão. Apesar disso, Betty decidiu fazer o Processo de Transformação Essencial com essa sua parte que tinha humor instável e era imprevisível emocionalmente e descobriu um conjunto de partes com sentimentos muito fortes, como ressentimento, rejeição e tristeza, que tinham sido deixados de lado e ignorados. Quando fez o processo com cada uma das partes, Betty descobriu que todas elas tinham o estado essencial de "comunhão com todos". Pouco tempo depois, ela nos contou que seus períodos de instabilidade tornaram-se muito menos intensos e que havia começado a perceber os seus sentimentos de ressentimento e tristeza em relação a Tom e a ela mesma. Tom, por sua vez, declarou que, quando Betty tinha uma dessas crises de humor, já não se sentia tão irritado, e que quando ela passou a compartilhar com ele seus sentimentos, também ficou animado em trabalhar seus próprios sentimentos de ressentimento e tristeza.

Partes que evitamos

Eis algumas perguntas que você poderá fazer quando estiver procurando partes. O que surgir na sua mente enquanto faz essas perguntas provavelmente será uma indicação do material com o qual trabalhar.

Que coisas tenho certeza de que não são verdadeiras a meu respeito?

Qual é a coisa com a qual desejo menos trabalhar?

O que não desejo que seja verdade a meu respeito?

A maioria das pessoas, senão todas, tem certas características de personalidade que preferiam negar. Quando me fiz essas perguntas, descobri uma série de características que havia negado em mim mesma. Uma delas era o orgulho. Fui criada numa comunidade religiosa que não considerava o orgulho uma virtude. Aprendi a ser humilde muito cedo e consegui ótimos resultados. Via-me como uma pessoa humilde, e agir com humildade fez com que as pessoas ao meu redor passassem a me respeitar. A descoberta da parte de mim que se sentia orgulhosa, e do seu estado essencial, aliada ao fato de eu tê-la aceitado, fez com que eu me tornasse uma pessoa mais completa.

Quando eu era criança, aprendi que era bom ser boazinha e delicada. Aprendi a afastar meus pensamentos e sentimentos "negativos", a tal ponto que nem conseguia notá-los. Foi muito importante reconhecer e incluir essas partes de mim mesma que têm pensamentos negativos ou que impulsivamente desejam fazer algo que eu julgava ruim.

Quando passamos a aceitar e trabalhar com essas partes de nós usando o Processo de Transformação Essencial, não nos tornamos pessoas ruins, tornamo-nos pessoas mais completas e equilibradas. Passamos a nos assumir mais. E, pelo fato de nos tornarmos mais inteiros, incluindo todas as nossas partes, passamos a ser verdadeiramente delicados, uma delicadeza que brota do âmago do nosso ser, e que não é apenas uma maneira de agir.

Para recuperar essas partes, você talvez ache útil trabalhar com qualquer indício que surgir quando fizer as perguntas acima. No início, é uma revolução aceitar que temos uma qualidade que preferiríamos não possuir. As partes internas que foram deixadas de lado talvez possam precisar de uma acolhida extra. É bom lembrar que, se você descobrir uma parte "gananciosa", ou uma parte que deseja controlar os outros, isso não significa que você seja uma pessoa controladora ou gananciosa — na realidade, você deve ser justamente o oposto na maioria das vezes. Isso significa apenas que essa é uma das suas muitas facetas e uma fonte de energia que agora você pode recuperar. Sempre que desejamos que algo a nosso respeito não seja verdade, estamos diminuindo nossos limites interiores; o nosso ser torna-se, de alguma maneira, coagido. Aceitando essas partes banidas, estamos nos abrindo para uma vida mais plena.

Após trabalhar com tantas pessoas e comigo mesma, percebi que, quanto mais tentamos afastar essas partes de nós, mais distorcidas e aparentes elas se tornam. Aquilo que tento negar em mim torna-se mais extremado e desequilibrado. Quando aceitamos nossas partes perdidas, tornamo-nos mais equilibrados.

Abigail tentava controlar seu desejo de descansar e dedicar mais tempo a si mesma. Achava que isso era preguiça, e que devia sempre estar trabalhando. Ela trabalhava bastante, mas era sempre uma luta. Quanto mais se forçava a trabalhar, mais se pegava perdida em pensamentos de uma "vida ociosa". Abigail achava uma imaturidade esses sonhos de simplesmente abandonar tudo. Queria resolver essa questão, porque começou a sentir-se tão cansada que isso passou a interferir no seu trabalho.

Abigail precisava aceitar essa parte de si mesma que queria abandonar tudo. Precisava incluí-la, em vez de lutar contra ela. Abigail também tinha uma parte que a criticava quando ela se divertia. Ao chegar ao estado essencial de ambas as partes, ela descobriu que eles eram idênticos: paz interior. Depois de aceitar ambas as partes no nível dos seus estados essenciais, Abigail viu-se invadida por uma sensação de tranqüilidade. Pela primeira vez, sentiu que gostava de trabalhar e achou natural incluir algum tempo de lazer.

Uma maneira de incluir suas partes, até então negadas, é dar as boas-vindas a qualquer parte "possível", imaginando que se trata de uma parte sua, e trabalhar com ela. E assim como Abigail, você também poderá trabalhar com a sua parte que julga que essas partes são negativas.

A avaliação corporal

A "avaliação corporal" é outra fonte abundante de partes com as quais se pode trabalhar. Em geral, carregamos emoções abandonadas em diferentes partes do nosso corpo. Podemos passar a percebê-las, observando qualquer sensação mais forte: sensações de peso, calor excessivo, dores mais fortes ou mais fracas, sensação de fraqueza ou outras sensações que não conseguimos definir. Quando eu (Connirae) avalio meu corpo, procuro esses sinais. Um indício de dor ou de incômodo corporal pode estar indicando a existência de uma parte. Em geral, começo com sensações que não consigo descrever, mas que estão localizadas no meu corpo. Certa vez, fiz uma avaliação corporal e observei uma leve sensação de calor na parte esquerda do estômago. Voltei-me para dentro e perguntei àquela sensação: 'O que você deseja?'. E a resposta imediata foi: 'Quero amor'. Esta foi minha primeira resposta. A partir daí, pude obter a cadeia de objetivos completa. Nunca cheguei a conhecer as experiências atuais ou anteriores dessa parte, e nem precisava saber para obter os benefícios do Processo de Transformação Essencial.

Dependência

A dependência é outra área de busca. Dependência, neste caso, seria a necessidade de que nós mesmos, ou os outros, *sejamos* de uma certa maneira ou *façamos* uma certa coisa.

Quando é importante para mim que as coisas aconteçam de uma certa forma, estou dependente. A dependência de coisas positivas — como o sucesso, a inteligência, a aparência, outras pessoas, o trabalho — é mais facilmente ignorada. Se me julgo estúpida, provavelmente vou achar que isso é um problema. Entretanto, se for importante para mim ser inteligente, esse julgamento sutil também pode atrapalhar. Passo a ter dificuldade de observar, reconhecer e aceitar verdadeiramente meus erros. Talvez eu fique tensa com o esforço para parecer inteligente. Talvez eu me comporte com superioridade em relação aos outros ou tenha dificuldade em aceitar a sabedoria que reside em cada pessoa. Ao trabalhar com minhas dependências negativas e positivas, posso me equilibrar e ser capaz de observar e dar valor a qualquer coisa.

Se você quer descobrir as qualidades positivas das quais você depende, tente relacioná-las numa lista. Depois, procure uma parte que sinta orgulho em ser dessa maneira. As partes que negamos em nós geralmente são o *oposto* daquilo que aceitamos em nós. Se a frase "Sou uma pessoa generosa" consta da minha lista de qualidades positivas, posso procurar uma parte que queira ser egoísta. Se eu observar que "Sou tolerante e faço tudo o que os outros querem", posso procurar uma parte que deseja controlar. Se minha lista incluir "Sou uma pessoa delicada", posso procurar uma parte que seja indelicada. Quando trabalho com ambas as partes — a parte que é delicada, que gosta de ser delicada, e a parte que quer ser indelicada —, estou caminhando mais rapidamente para a plenitude. Quando aceito ambas as partes *no nível dos seus estados essenciais*, torno-me menos dependente da necessidade de ser delicada e desenvolvo mais compaixão e neutralidade em relação à indelicadeza, tanto em mim mesma como nos outros.

Refletir sobre "minhas dependências" ajudou-me (Connirae) a observar as reações de desequilíbrio tanto em família como no trabalho. Por exemplo, às vezes percebo que tenho "necessidade" de que meus filhos reajam de uma certa maneira. Se um deles chega da escola triste, naturalmente desejo que ele se sinta melhor. Mas já observei que fico dependente do bem-estar dele e chateada quando ele não consegue se sentir melhor. Essa dependência pode impedir que meus filhos aceitem sua própria infelicidade e caminhem com suas próprias pernas e no seu próprio ritmo. Depois que trabalhei com essa parte de mim que depende do bem-estar dos meus filhos, passei a me sentir muito mais capaz de aceitá-los como eles são — felizes ou infelizes. Sinto-me mais capaz de aceitar que cada um deles tem um ritmo próprio de desenvolvimento.

Quando meus filhos estão com dificuldade numa matéria na escola, sinto necessidade de que eles aprendam com facilidade. Quando trabalhei com a parte de mim que precisa que eles aprendam facilmente, passei a aceitar melhor a maneira como eles funcionam, qualquer que seja ela. Ainda quero que meus filhos aprendam facilmente, e ainda fico pensando em maneiras criativas e interessantes de ajudá-los, mas sinto-me menos dependente dos resultados e mais receptiva à maneira como eles reagem.

Também observei que, quando tinha uma opinião forte sobre a educação de nossos filhos, sentia a necessidade de que meu marido aceitasse meu ponto de vista. Ao trabalhar com a parte de mim que "dependia" da aceitação do meu marido, pude partilhar com ele minhas preocupações e idéias sem tentar convencê-lo, mas partindo do desejo de que a "verdade" surgisse.

No mês passado, eu (Tamara) acordei gripada e queria muito ficar boa. Então, fui comunicar-me com a parte de mim que estava criando a gripe. Ao prestar atenção ao que estava acontecendo dentro de mim, não recebi resposta da parte que estava criando a gripe. Fiquei cada vez mais infeliz por não estar obtendo as respostas que queria! Dei-me conta de que havia uma parte de mim muito dependente do fato de eu estar bem de saúde. Então, mudei de nível e passei a trabalhar com aquela parte. Através do Processo de Transformação Essencial, senti uma profunda sensação de paz interior. Embora ainda quisesse ficar boa rapidamente, não me sentia mais totalmente dependente disso. Consegui me tranqüilizar e descansar, e em alguns dias estava completamente recuperada.

Outra forma de olhar para essas dependências é vê-las como "obrigações". Sempre que me pego dizendo a mim mesma ou a alguém que alguma coisa "deveria" ser assim ou assado, é sinal de que existe uma parte que está muito dependente de um resultado final e que com certeza se beneficiaria do Processo de Transformação Essencial.

Perceber minhas dependências me ajuda a observar as maneiras sutis que indicam que ainda não estou plena. Quando preciso de algo que está fora de mim, é um sinal de que não estou reconhecendo como já sou plena interiormente. Se preciso ser de uma certa maneira, é porque ainda não estou percebendo como já sou completa de uma maneira muito mais profunda.

A utilização desses métodos para descobrir partes interiores e poder trabalhar com elas me ajuda a ir muito além de simples paliativos. Um remédio paliativo é aquele que "conserta o que está quebrado". O nível de mudança por que passamos através deste processo é semelhante ao que acontece com um minério como o ferro. Não há nada de "errado" com o ferro original. Entretanto, quando é levado a altas temperaturas torna-se cada vez mais purificado e pode ser utilizado para outros fins.

Estou esquecendo alguma coisa?

Quando ensino este processo em seminários, observo que as pessoas ficam (à primeira vista) chocadas ao descobrir e trabalhar com partes interiores negativas ou ruins. Por exemplo, elas ficam chocadas quando descobrem que uma das suas partes quer matar alguém. Entretanto, são essas as partes que necessitam de mais atenção e têm muito a nos oferecer. Quando as pessoas se sentem suficientemente seguras para trabalhar com elas, essas partes ficam livre para mudar.

O Processo de Transformação Essencial nos oferece uma maneira de recuperar tendências negativas e mesmo "assassinas" de uma maneira que, paradoxalmente, amplia nossa capacidade de amar e sentir compaixão. Se não descobrirmos nenhuma parte que deseje vingar-se, controlar ou mesmo matar, provavelmente é porque estamos deixando algo de fora. Vale a pena procurar partes desse tipo, e também as partes que julgam que essas qualidades são ruins. Num certo ponto do processo, mesmo as vontades mais negativas e ruins sempre acabam se tornando positivas. O fato de eu ter uma parte que quer destruir não significa que *eu* queira destruir. Trata-se apenas de um aspecto do meu ser. Na verdade, se eu integrar essa parte e o seu estado essencial, fico menos disposta a agir de maneira destrutiva. Se você estiver preocupado com impulsos negativos que possam estar se transformando em comportamento, nós o aconselhamos a procurar ajuda de alguém que já conheça bem o processo.

A recuperação de nossas facetas mais negativas talvez seja o trabalho mais tocante e mais impressionante de todo o processo. Trabalhar com impulsos negativos nos ajuda a recuperar vitalidade e energia. Ao permitirmos que a parte *finja* que consegue aquilo que quer — vingança, destruição ou qualquer outra coisa —, esse impulso passa a atuar em nosso sistema. É dessa recuperação do impulso que precisamos, e não da concretização do comportamento. Entretanto, esse processo vai muito além da simples catarse. Queremos que o impulso se expresse através do nosso sistema, para que possamos perguntar: "Qual o objetivo que você deseja através disso?". Às vezes, nossas partes precisam viver e recuperar várias camadas de impulsos muito "negativos" antes de entrar no aspecto positivo da questão.

Quando sentimos que essas facetas negativas nos levam diretamente aos estados essenciais, a mensagem é a seguinte: *Não importa o que eu descubra dentro de mim, não importa quão terrível isso possa parecer, sempre há nisso algo incrivelmente maravilhoso.* E, à medida que começamos a sentir isso dentro de nós, percebemos que o mesmo acontece com outras pessoas.

Aplicando o Processo de Transformação Essencial às minhas partes interiores literalmente centenas de vezes, fui chegando, aos poucos, a um nível de autopercepção totalmente diferente. Gradativamente, fui descobrindo dentro de mim partes iguais a todas as que encontro em outras pessoas. Ao descobrir isso, tive uma sensação muito profunda de comunhão e igualdade, e uma atitude de reverência e respeito por todas as pessoas. Cada um de nós é, de certa maneira, um espelho para o outro. Em outras palavras, sou um espelho para você e para todas as outras pessoas. Tenho dentro de mim facetas que espelham todas as qualidades possíveis de serem encontradas dentro de um ser humano. Você também possui isso dentro de você. Quando reconheço e incluo todas as minhas facetas e os estados essenciais inerentes a elas, passo a ser completa. Se descubro algumas partes minhas e digo: "Isso não sou eu, nada tenho parecido com isto", de alguma forma estou solapando minha própria força.

Essa visão a respeito da humanidade é semelhante à idéia do holograma. A característica inédita da imagem holográfica é que, se eliminarmos um segmento da imagem total, a pequena porção daquela imagem ainda pode criar a imagem inteira, embora com menos clareza. Cada um de nós tem dentro de si a "imagem completa" que reproduz toda a humanidade.

CAPÍTULO 27

COMO AS PARTES SE FORMAM
Dividindo e separando aspectos de nós mesmos

*"Nunca devemos nos sentir mal quando cometemos erros",
explicou calmamente Reason, "desde que tenhamos o
cuidado de aprender com eles. Porque geralmente
aprendemos mais quando estamos errados pelas razões
certas do que quando estamos certos pelas razões erradas."*
Norton Juster, The phantom toll booth

Para aceitar e reintegrar nossas partes interiores, é bom ter uma idéia de como as criamos. Demos alguns exemplos de como as partes se formam nos casos e histórias pessoais narradas neste livro. A seguir, daremos mais alguns exemplos específicos de como isso pode acontecer.

Quando não obtemos o que queremos

Sara sentia-se triste e deprimida e decidiu trabalhar com o Processo de Transformação Essencial. Descobriu que os objetivos que sua parte queria eram:

ser cuidada → calma e calor → paz e conforto → bênção → ser

Quando fazemos o Processo de Transformação Essencial, em geral não ficamos sabendo como nossa parte interior se formou. O processo nos leva simplesmente a curar o que está diante de nós. Entretanto, quando Sara perguntou à sua parte: "Que idade você tem?", a resposta foi: "Três meses", e ela imediatamente lembrou-se de algo. Sara se viu bebê, no berço, ouvindo os pais brigando, sem lhe darem atenção. Após completar o processo, sentiu-se imediatamente melhor. Ficou feliz porque, além de sua depressão ter desaparecido, sua necessidade de ser cuidada deixou de ser um problema no relacionamento com o namorado.

Quando Ruth tinha cerca de quatro anos, a mãe a deixou num acampamento de verão durante três meses. Explicou que voltaria para pegá-la e levá-la para casa, mas Ruth era jovem demais para entender. Achou que jamais veria a mãe e sentiu-se arrasada e abandonada. A parte de Ruth que se sentiu arrasada ficou "congelada" naquela tenra idade. Concluiu que Ruth jamais obteria a segurança e o amor que desejava, e que de alguma forma não merecia isso. Ao chegar à idade adulta, Ruth observou que não se sentia à vontade para pedir aquilo que queria. Era como se parte dela ainda achasse que ela não merecia.

Quando Joe tinha seis meses de idade, sua mãe ficou gravemente doente e passou dois meses de cama. Como o pai ia trabalhar todos os dias e a mãe estava doente, Joe ficava sozinho no berço a maior parte do tempo. Ele queria o calor humano e o colo a que estava acostumado. O choro de Joe transformou-se num uivo desesperado. Era como se uma parte dele houvesse concluído que nunca mais teria aquilo que queria e de precisava. Essa parte que precisava de carinho e aconchego se separou dele e continuou a funcionar como se fosse um bebê de seis meses.

Precisamos entender que muitos de nós, quando éramos crianças, nos separamos de uma parte de nós num momento de dificuldade ou crise. Uma vez separada, essa parte tende a persistir no comportamento que escolheu quando era criança e não tem acesso às informações e opções que adquirimos à medida que crescemos. De certa maneira, essa parte permanece congelada no tempo. Foi o que aconteceu nos casos que acabamos de contar. Embora adulto, Joe tinha uma parte que queria continuar se lamentando, Ruth tinha sentimentos infantis de abandono, e Sara tinha necessidade de ser cuidada de uma forma que nada tinha a ver com os recursos que ela agora possuía.

Julgamento, crítica e sentimentos, ações e pensamentos inaceitáveis

Ron queixava-se de se sentir "preso". Não conseguia controlar sua vida e muitas vezes ficava com raiva por imaginar que os outros estavam tentando controlá-lo. Quando tratou a sensação de estar sendo controlado como se fosse uma parte, Ron voltou ao tempo em que era bebê. Estava sentado num cadeirão, batendo alegremente na mesa, com muito barulho, quando sua mãe chegou e segurou firmemente suas mãos. A partir dessa experiência, Ron formou uma crença inconsciente de que não conseguia controlar sua vida.

Karen foi criada numa fazenda onde havia muitos gatinhos com que costumava brincar. Ela os amava e cuidava deles como se fossem bebês. Ela lembra-se nitidamente do dia em que um deles morreu atropelado. Karen ficou muito triste e confusa pelo fato de alguém fazer isso com um bichinho. Ela pegou o gatinho e levou-o para sua mãe, que, chateada por ter sido incomodada, abruptamente jogou o gatinho na lata de lixo. Karen ficou chocada por ver que algo de que ela gostava tanto podia ser jogado fora daquela maneira. Foi como se uma parte dela houvesse sido jogada no lixo junto com o gatinho. A partir daí, Karen passou a descartar seus sentimentos.

O pai de Frank entrava em pânico sempre que o filho sentia dor e chorava. Quando Frank dava uma topada ou arranhava o joelho e começava a chorar, o pai corria para ele, insistindo em que o ferimento já estava bom, e logo começava a fazer piadas. Se Frank continuasse a chorar, o pai dizia que ele estava sendo infantil e que meninos não choram. Logo, ele já nem mais sentia dor. Como qualquer criança, vivia se cortando e se machucando, mas literalmente não sentia dor e nem sabia como tinha se machucado. Ao chegar à idade adulta, Frank tornou-se uma pessoa fria, que não conseguia desfrutar plenamente a vida.

Quando somos jovens, as partes podem se separar diante de sentimentos muito fortes que não são aceitos. Como a parte de Frank que sentia dor e queria chorar era inaceitável para seu pai, ele a separou de si mesmo. Ao ver que seus sentimentos de perda e tristeza pela morte do gatinho suscitaram na mãe apenas indiferença e chateação, uma parte de Karen começou a tratar seus próprios sentimentos com a mesma indiferença. Quando Ron expressou alegremente seus sentimentos de bebê, e sua mãe os "controlou" segurando suas mãos, uma parte dele passou a acreditar que ele não podia controlar seus sentimentos.

A crítica por parte daqueles que nos rodeiam geralmente resulta na divisão de partes. Se uma criança está excitada e empolgada e um adulto lhe diz num tom de voz zangado para ficar calma e calar a boca, aquela parte da criança pode realmente se calar. Quando ela chegar à idade adulta, talvez seja incapaz de expressar ou mesmo sentir entusiasmo. Todos nós nos lembramos de momentos da nossa infância em que nos sentimos julgados, criticados ou não aceitos. O motivo pode ter sido nossas fraldas sujas, nossa maneira desordenada de comer, nossa incapacidade de aprender algo, nossa falta de vontade de parar o que estávamos fazendo ou de ir mais rápido, nossa incapacidade de compreender uma ordem, a exploração de nossos órgãos genitais ou dos de outra criança, o medo, o choro, gritos, o fato de termos machucado um irmão ou de não querermos dividir os brinquedos. Quando julgamos esses pensamentos, sentimentos ou ações errados, naturalmente tentamos afastá-los. Inconscientemente, nós os rejeitamos e fingimos que eles não nos pertencem. Qualquer tipo de crítica pode provocar a separação de partes.

Jon era vendedor, mas tinha dificuldade em dar telefonemas para os clientes, o que impedia o desenvolvimento de sua carreira. Sempre que pensava em dar um telefonema, imediatamente tinha medo, e sentia um frio e um aperto na boca do estômago. Jon descobriu que a cadeia de objetivos dessa parte era:

→ proteção → estar seguro → liberdade → divertir-se e brincar → ser feliz → paz → profunda paz → morte → silêncio → paz e relaxamento → eternidade

Essa sua parte tinha nove meses de idade e Jon acha que foi a seguinte experiência que a criou: "Estou no berço e vejo o rosto da minha mãe. Ela está zangada. É melhor eu não fazer nenhum barulho. Ela tem poder e eu não. Ela está certa e eu estou errado. Talvez ela esteja chateada comigo porque eu estava chorando". Após haver completado o Processo de Transformação Essencial com essa parte, ela passou a sentir o estado essencial de eternidade mesmo nesta situação com a mãe.

Embora isso tenha mudado muito os sentimentos de Jon em relação aos telefonemas, ele sentiu que ainda não tinha terminado. Ao explorar ainda mais a questão, ele viu imagens internas de um grupo grande de crianças — ele mesmo em idades mais tenras. Sentiu que essas imagens correspondiam às ocasiões em que a reação dos adultos o haviam feito sentir-se ressentido, medroso ou alienado. Após aplicar o Processo de Transformação Essencial simultaneamente a todas as partes (ver Capítulo 30, "Generalização do Processo de Transformação Essencial"), Jon foi capaz de dar telefonemas sem sentir medo.

Além de separar as partes que consideramos "inaceitáveis", geralmente formamos partes que funcionam como um juiz. Essas partes assumem o papel de juiz e continuam julgando, a nós e aos outros, mesmo quando nossos pais, ou quem quer que seja que nos "julgou", não estão mais por perto. Por exemplo, quando nos disseram que não deveríamos ter medo, provavelmente tentamos nos livrar daquela parte que tinha medo. Ao mesmo tempo, outra parte adotou uma atitude crítica em relação ao medo. Essa parte provavelmente vai nos julgar, e aos outros, sempre que tivermos medo.

Partes que nos protegem de traumas

Quando Alice tinha cerca de nove anos, seus pais pediram que ela e os irmãos se vestissem para ir até a estação ferroviária. Embora os pais estivessem calados e sérios, Alice não se deu conta de que havia algo de grave. Quando chegaram à estação ferroviária, a mãe de Alice virou-se para as crianças e disse: "Digam adeus ao seu pai, pois esta é a última vez que vocês o verão". Alice ficou aturdida. Uma parte dela não queria ver o que estava acontecendo. Quando pensou naquela lembrança, ela literalmente conseguiu rever o incidente até chegar à estação, mas, na volta para casa, suas lembranças já não eram tão claras. Logo depois, precisou usar óculos. A parte de Alice que fez com que sua visão ficasse embaçada queria protegê-la daquela experiência desagradável.

Rose não se lembrava de muita coisa de sua infância. Havia um vácuo de vários anos. Ela fora profundamente maltratada quando criança. Ainda muito jovem, uma parte interna sua se formou para tentar protegê-la desse trauma. Essa parte percebeu que, se ela pensasse nas coisas horríveis que lhe tinham acontecido, ia se sentir de novo muito mal. Num nível inconsciente, essa parte quis proteger Rose ao fazer com que ela se esquecesse daquelas lembranças.

Quando sentimos algo que não sabemos como assimilar, como foi o caso de Rose e Alice, em geral uma parte nossa tenta eliminar a experiência. É a melhor maneira que conhecemos, no momento, para nos proteger de algo que não sabemos como integrar em nosso universo. Jean tinha uma parte que sentia necessidade de ser perfeita. Se achasse que não ia conseguir fazer algo com perfeição, não queria nem tentar. Isso a impedia de fazer muitas coisas que queria na vida. Quando Jean começou a trabalhar com sua parte interior, ficou claro como ela se formou. Quando Jean era criança, a mãe freqüentemente gritava com ela. Embora os gritos da mãe tivessem mais a ver com suas próprias mudanças de humor e com os problemas da sua vida, a criança Jean achou que era algo contra ela e ficou muito ressentida. Com cerca de nove anos, uma parte de Jean chegou à conclusão de que, se conseguisse ser perfeita, a mãe não gritaria mais com ela. A partir daquele dia, essa parte interior sentiu-se levada a fazer tudo de uma maneira absolutamente perfeita.

Aceitando todas as partes

A maneira como acontecem essas divisões interiores nos indica como criar nossos filhos para serem mais completos. Eis um exemplo:
Anne chega em casa da escola chorando. A mãe pergunta: "Anne, o que aconteceu?".
"Eles estavam rindo de mim! Eles me chamaram de boba!", com lágrimas nos olhos. A mãe quer o melhor para Anne e lembra-se de que também foi chamada de boba por outras crianças. Ela não quer que Anne tenha essa experiência. Então, fica um pouco tensa, força um sorriso e diz, com voz animada: "Ora, Anne, isso não é nada. Não deixe que uma coisinha à toa como essa chateie você".
A mãe de Anne tem boas intenções, embora não se dê conta de que está passando para a filha a mensagem de que há algo de errado na sua experiência. Será melhor para Anne se a mãe partir do princípio de que a experiência que a filha está tendo é perfeita no sentido mais amplo. É um sinal da totalidade de Anne de que ela é capaz de se sentir mal quando algo desagradável acontece. Seria melhor que a mãe lhe prestasse solidariedade: "Anne, sinto muito", diria, abrindo os braços para confortá-la. "Você não gostou que fizessem pouco caso de você, não é?" Assim, estaria passando para a filha a mensagem de que seus sentimentos podem ser incluídos, que não há problema em sentir-se assim. Com isso, ela não precisaria rejeitar aquela parte de si mesma e fingir que não está chateada.

Estabelecer limites sem julgar

Criar filhos para serem completos não significa que eles possam fazer o que quiserem para não se sentirem frustrados. Crescer de maneira saudável, alegre e completa implica aprender a incluir as necessidades dos outros e as situações. É muito importante estabelecer limites, e as crianças que não têm limites adequados tornam-se infelizes e incapazes de se relacionarem bem com os outros.

Quando as crianças recebem limites sem a mensagem de que seus pensamentos, sentimentos e ações são ruins ou errados, não precisam separar uma parte de si mesmas. Se os pais estabelecerem limites, aceitando ao mesmo tempo os sentimentos e comportamentos das crianças como naturais e positivos, a criança não precisará separar-se de uma parte sua.

Darei um exemplo simples: Andy, de quatro anos, está brincando na casa do vizinho e já chegou a hora de voltar para casa. "Não!", grita Andy, "Vou ficar!" A mãe de Andy tem várias opções para enfrentar a questão e não abrir mão de suas necessidades (já está na hora de ir para casa), mesmo reconhecendo que a reação de Andy é legítima. Ela pode dizer: "Você está se divertindo muito aqui, não é? Mas precisamos ir agora, Andy. Amanhã, você pode voltar para brincar". Ou então pode dizer: "Você gostaria mesmo de brincar mais um pouco, não é? Mas precisamos ir para casa agora, porque tenho de fazer o jantar para toda a família. Você quer se despedir do seu amiguinho?".

Separando-se e dando boas-vindas de novo

Nós nos separamos de muitas das nossas partes porque inconscientemente concluímos que, para sermos amados, aprovados, protegidos, aceitos, cuidados e alimentados, essas partes que se "comportam mal" precisam ficar "em outro lugar". Colocamos essas partes fora de nós para nos distanciarmos delas, mas os resultados não são aqueles que desejamos. Essas partes ficam separadas de nós e não crescem e nem amadurecem. Portanto, continuam a adotar esses "maus comportamentos" mesmo quando chegamos à idade adulta. Às vezes, essas partes incorporam esses comportamentos projetando-os nos outros. Por exemplo, se descartamos uma parte zangada, ela pode aparecer quando formos adultos, sob a forma de uma crítica a outras pessoas que estão zangadas.

As partes sempre expressam nosso esforço para lidar com dificuldades. Não importa como ou por que nossas partes se separaram de nós, podemos dar-lhes as boas-vindas e transformá-las, através do Processo de Transformação Essencial. Não precisamos saber como nossas partes se formaram para descobri-las e trabalhar com elas. A maioria das pessoas não sabe. Tudo o que é necessário é o desejo de mudar uma sensação, um comportamento ou um padrão mental. O ponto de partida deste trabalho é sempre nossa experiência atual.

CAPÍTULO 28

QUEM ESTÁ NA DIREÇÃO?
Transformando padrões básicos de personalidade que não nos servem

Por favor, chame-me pelos meus nomes verdadeiros,
para que eu possa acordar e a porta do meu coração possa
ser deixada aberta, a porta da compaixão.
Thich Nhat Hanh

Há uma grande diferença entre fazer algo porque se quer fazer e porque se tem de fazer. Quando agimos por uma imposição interior, estamos sendo "dirigidos", ou seja, estamos agindo por compulsão. Obsessões e vícios são os estados de compulsão mais evidentes. Entretanto, existem muitos outros. Agimos por compulsão, quando estamos muito presos a nossos objetivos. Dentre eles podemos citar objetivos pessoais positivos, como segurança, sucesso, fortuna, fama, respeito, poder e amor. Nossa dependência desses objetivos pretendidos está geralmente fora do nosso campo de consciência, é inconsciente.

Ao contrário do que ocorre na compulsão, quando caminhamos em direção a nossos objetivos partindo de um estado essencial, sem dependências, temos uma sensação de bem-estar e plenitude mesmo quando não atingimos nossos objetivos.

Compulsão de fazer e obter

A compulsão nos leva a *fazer* ou *obter* nossos objetivos. Carrie acredita que precisa *fazer* muita coisa para *sentir-se* bem. Quando criança, só era elogiada pelas coisas que *havia feito*: quando obtinha boas notas, quando era delicada, quando usava roupas bonitas. Ela não se lembra de sentir-se amada e aceita simplesmente por ser como era. Lembra-se de que lhe diziam: "Suas notas foram muito boas, você é uma boa menina". Já adulta, Carrie sente-se compelida a fazer, fazer e fazer, mas nada do que faz é suficiente, como se sempre tivesse que fazer mais. Isso provocou um desequilíbrio em sua vida. Por melhor que seja seu desempenho, ela nunca consegue se sentir bem consigo mesma.

Carrie nos dá um exemplo de um padrão bastante comum na cultura americana: a maior parte da nossa vida gira em torno de fazer e obter algo. Por exemplo, *fazemos* coisas para *obter* sucesso, segurança, amor, aprovação. Objetivos como sucesso e amor são valiosos, mas, quando nos sentimos compelidos a obtê-los, perdemos a capacidade de escolher nossos comportamentos e sentimentos. Todos precisamos comer. Para a maioria das pessoas, a comida não é um problema. Entretanto, se somos levados a prejudicar nossa saúde comendo mais do que nosso organismo necessita, ingerindo alimentos ruins ou evitando comer, aí sim temos um problema. Quando agimos por compulsão, nossas ações são comandadas pela necessidade ou pelo desespero, em vez de partirem de uma sensação de plenitude.

Podemos ser compelidos a fazer ou obter qualquer coisa, mas algumas compulsões são mais comuns em nossa cultura. Geralmente, somos "dirigidos" pelo desejo de:

1. Sucesso
2. Amor e aprovação
3. Fortes emoções
4. Dinheiro e bens materiais
5. Poder e controle

Convidamos o leitor a observar se alguma dessas compulsões está dirigindo seus comportamentos, sentimentos ou reações. Quase todos nós temos comportamentos, sentimentos ou reações compulsivos em cada uma dessas categorias, extremos ou sutis. Geralmente, não temos consciência dessas compulsões porque elas estão arraigadas na nossa experiência cotidiana. Nem percebemos que as coisas poderiam ser diferentes. Assim como o peixe não se dá conta da água que o rodeia, partimos do princípio que nossos padrões básicos de comportamento são normais, "como deveriam ser". Nossa intenção é que, lendo sobre esses casos de compulsão, o leitor comece a perceber comportamentos, sentimentos ou reações que tenham alguma qualidade compulsiva.

Orientado pelo sucesso

Ted era um homem de negócios bem-sucedido. Em quinze anos de carreira como consultor financeiro, um sucesso levava a outro. Era muito admirado por seus colegas, e todos pensavam que ele tinha tudo sob controle. Como trabalhava dezesseis horas por dia, dedicava pouco tempo à sua esposa e aos dois filhos. Apesar disso, tinha certeza de que eles se beneficiavam do seu sucesso. Há cinco anos não tirava férias, mas para ele isso não tinha importância. Afinal, o trabalho era realmente a coisa mais importante. Além disso, da última vez que tirara férias, não conseguira se divertir. Tinha uma constante sensação de vazio e não sabia o que fazer de seu tempo livre. A cada manhã, assim que acordava, corria para o trabalho para assegurar que aquele mês seria melhor do que o anterior. Entretanto, o sucesso estava começando a ter cada vez menos valor para ele. Mesmo quando obtinha um grande sucesso, continuava sentindo um grande vazio. Quando Ted era criança, seus pais eram pessoas muito ocupadas, que não lhe davam muita atenção, exceto quando ele ganhava um prêmio ou vinha para casa com ótimas notas.

Margaret era uma escritora de muito talento e pouco dinheiro. Todos os que liam suas histórias diziam-lhe que ela deveria publicá-las. Mas Margaret jamais entrou em contato com um editor. Uma de suas amigas chegou a mostrar parte do seu trabalho ao editor da revista da cidade, que ficou muito interessado. Mas Margaret nunca conseguiu marcar um encontro com o editor. Até que, finalmente, ele desistiu de vê-la. Sempre que começava a fazer algo por sua carreira, Margaret tinha uma sensação de vazio, quase como se estivesse desaparecendo. Quando surgia uma grande oportunidade, ficava muito empolgada, mas logo a empolgação virava ansiedade. Ela leu vários livros de auto-ajuda que falavam sobre "sabotagem" e percebeu que era isso que a estava atrapalhando. Mas não conseguia mudar. Os pais de Margaret eram pessoas muito bem-sucedidas, mas, segundo ela, muito frias e superficiais.

Ted e Margaret têm algo em comum: ambos são compelidos a obter um certo nível de sucesso. Ted sente-se coagido a buscar o sucesso, enquanto Margaret sente-se coagida a não obter sucesso. Ted tenta criar uma sensação de existência através da realização profissional; assim que diminui seu ritmo, sente que está perdendo essa sensação de existência. Já Margaret, uma pessoa sincera e calorosa, perde esse seu sentido de existência quando começa a ter sucesso, porque para ela sucesso é sinônimo de frieza e superficialidade. Sua idéia de "sucesso" não se enquadra na percepção que ela tem de si mesma. Ambos estão sendo coagidos por isso que chamamos de sucesso.

Orientado por amor e aprovação

Sara é uma pessoa extremamente simpática. Faz qualquer coisa por seus amigos: ajuda-os nos períodos de crise, organiza festas-surpresa, pega a roupa do vizinho na tinturaria, vive presenteando os amigos. Neste final de semana, enquanto está tomando conta dos sobrinhos e do filho de uma vizinha, ela vai tentar, durante a sesta das crianças, terminar a colcha de retalhos que está fazendo para a mulher do seu chefe. Depois, vai colocar todas as crianças no carro e dar um pulo na casa do ex-marido, que está viajando, para ver se está tudo bem. Depois que entregar as crianças na casa dos pais, vai passar o resto da noite fazendo *jogging* e lendo livros sobre esportes. Ela detesta esportes, mas leu recentemente num artigo que os homens gostam de mulheres em boa condição física e que partilham seus interesses.

Sarah contabiliza seu valor, em parte, pelo número de pessoas que gostam dela. Sente um vazio emocional quando está num lugar onde não conhece ninguém. Rapidamente faz amigos, para poder sentir-se segura. Ela se esforça tanto para obter a aprovação dos outros que já nem sabe o que quer para si! Embora a maioria das pessoas goste dela, ainda se sente um pouco vazia e preocupada com o fato de que as pessoas possam não gostar dela. Fica arrasada sempre que alguém a critica. Sua vida não é nada fácil, porque é muito difícil agradar a todo mundo, sobretudo hoje em dia, quando alguns de seus amigos a desaprovam por nunca fazer alguma coisa por si mesma!

Gail tem dois bons amigos, mas é uma pessoa bastante fechada. Quando estava na escola secundária, geralmente passava a hora do almoço lendo na biblioteca, porque tinha muito medo de ficar na companhia dos colegas. Agora que chegou à casa dos trinta, ainda tem medo de ir a um restaurante sozinha.

Gail é laboratorista. Como se mantém o tempo todo ocupada, não tem tempo para fazer amizade com os colegas. Gail gosta e admira muito Gary, um de seus colegas de trabalho, mas acha que jamais terá coragem suficiente para ir falar com ele. Não pode suportar a idéia de que ele talvez não goste dela.

Vic, ao contrário, é levado a fazer coisas que os outros desaprovam. Infringe pequenas regras, como falar alto num ambiente que exige silêncio, fumar numa área onde o fumo é proibido e entrar num restaurante sem camisa. Embora sob a forma de desaprovação, o que ele busca é amor e aprovação, porque não consegue sentir-se bem sem esses sentimentos da parte de outras pessoas.

Sarah é compelida a agradar. É como se seu bem-estar dependesse do amor e da aprovação dos outros. Além do mais, ela nunca se convence totalmente de que as pessoas gostam dela e nunca chega a sentir-se plenamente satisfeita. Muitas pessoas que passam a vida tentando agradar aos outros em detrimento de suas próprias necessidades acabam por sentir-se amargas e ressentidas, porque, apesar de tudo o que fazem pelos outros, continuam se sentindo vazias.

Embora o comportamento de Gail seja muito diferente do de Sarah, o que a move é, paradoxalmente, bastante semelhante. Ela também quer a aprovação dos outros, mas o medo de não obter aprovação é tão forte que, para evitar a rejeição, ela evita as pessoas. Ao evitar as pessoas, ela se protege contra a dor da rejeição, mas continua sendo coagida, porque está evitando justamente as coisas que mais deseja: amor e aprovação.

Vic é compelido a obter desaprovação dos outros fazendo coisas que sabe que vai chamar a atenção de maneira negativa.

Todo mundo deseja obter aceitação, amor, respeito, compreensão, admiração ou aprovação dos outros. Às vezes, temos consciência desses nossos objetivos e, intencionalmente, procuramos provocá-los nas pessoas com as quais convivemos. Outras vezes, agimos de maneira inconsciente, levados pelo sentimento de que só ficaremos satisfeitos quando obtivermos todos esses sentimentos positivos por parte dos outros.

Cada um busca amor e aprovação de uma maneira. Posso vestir uma certa roupa esperando que meu marido me ache atraente, ou comprar muitos presentes para minha família e meus amigos esperando que eles gostem de mim. Posso fazer tudo o que meus filhos pedirem na esperança de que eles me amem, ou assumir todas as responsabilidades no meu trabalho achando que isso fará com que os outros me respeitem.

Orientado por fortes emoções

Helena tem sentimentos fortes a respeito de tudo o que acontece. Quando as coisas estão indo bem, ela tem uma imaginação vívida e consegue expressar-se de maneira criativa e artística. Entretanto, quando as coisas vão mal, o que acontece na maior parte do tempo, ela se perde em suas emoções e fantasias. Para Helena, a vida é cheia de dor, perda, raiva e tristeza. O motivo pode ser qualquer coisa. Um dia, ficou furiosa porque uma loja não quis aceitar a devolução de uma roupa que ela havia comprado e que estava rasgada. Sentiu-se pessoalmente ofendida — não confiavam nela. Todo mundo que passou por perto dela naquele dia soube o quanto ela estava ofendida e irritada. No dia seguinte, ficou arrasada com a imagem de crianças famintas mostradas na televisão. Não parou de chorar o dia inteiro. Não conseguiu concentrar-se em mais nada. No outro dia, ficou cheia de inveja porque tanta gente parecia ter uma vida mais fácil que a dela. De repente, passou a odiar todos os vizinhos que tinham um limite de crédito melhor do que o dela.

Embora essas fortes emoções tornem a sua vida uma montanha-russa, Helena gosta de ter esses sentimentos. As fortes emoções a fazem sentir-se viva! Mesmo que suas emoções sejam extremamente dolorosas, ela acha que isso é melhor do que ter uma sensação de vazio, que é o que acontece quando suas emoções perdem a força, portanto Helena está sempre procurando algo que lhe provoque uma forte emoção.

A mãe de Barry morreu quando ele tinha quatro anos. Naquele dia, o pai lhe disse que ele era um homem e precisava ser forte. Para o pai de Barry, "ser forte" significava nunca chorar nem demonstrar emoções. Desde então Barry criou uma espécie de armadura. Não importa o que aconteça na sua vida, ele sempre rejeita suas emoções. Na verdade, desde os quatro anos, nunca mais chorou. Sempre que está com alguém que consegue expressar suas emoções, ele não sabe o que fazer.

Todos nós temos emoções desagradáveis de vez em quando. Faz parte da condição humana. Todas as emoções têm um valor positivo. Entretanto, às vezes ficamos presos a padrões emocionais que não nos fazem bem. Somos levados a vivenciar a mesma emoção, sem cessar e sentimo-nos presos a ela, mesmo sabendo que o resultado não está sendo positivo. Parece que organizamos nossa vida de forma a criar a mesma reação emocional repetidas vezes.

Helena é um exemplo extremo de uma pessoa que é levada por emoções fortes. Algumas pessoas sentem-se presas a fortes emoções de uma maneira mais sutil, e outras, como Barry, são levadas a não sentir emoções fortes. Embora poucas pessoas consigam enterrar suas emoções tanto quanto Barry, quase todo mundo passa por situações em que negligencia suas emoções, engolindo lágrimas enquanto tenta manter a cabeça fria. Na nossa cultura, ensinamos aos meninos, muito mais do que às meninas, que as emoções são inaceitáveis. Assim, existem mais homens que se sentem afastados de suas emoções.

Orientado por dinheiro e bens materiais

> *Buddha disse que o desejo é a fonte de todo o sofrimento. Ele também é a fonte de todo o consumo. A propaganda não nos faz comprar nada. As expectativas dos outros não nos fazem comprar nada. A televisão não nos faz comprar nada. Nossos pensamentos é que nos fazem comprar. Cuidado com eles.*
> Your money or your life,
> Joe Dominguez e Vicki Robin

Greta é viciada em bens materiais. Sua atração por coisas materiais vai muito além de uma profunda admiração pela qualidade e beleza. Por mais que tenha, sempre quer mais. Embora seu marido ganhasse um bom salário, ela vivia se queixando que ele não ganhava o suficiente. Tinha muita inveja da irmã, que possuía mais do que ela.

Há três anos, o marido de Greta pediu o divórcio. Na partilha de bens, ambos tiveram que abrir mão de coisas de que gostavam. Para Greta, cada uma dessas coisas parecia um pedaço de si que estava sendo arrancado. Depois do divórcio, embora precisasse economizar, sentia-se compelida a comprar móveis caros, cristais e prataria para substituir os bens que haviam ficado com o marido. De vez em quando, Greta tinha aquela sensação de vazio, e, para sentir-se melhor, saía e comprava. Embora conseguisse sentir-se melhor durante algum tempo, a sensação não era permanente. No final, viu-se sem dinheiro e passou a usar os cartões de crédito para comprar coisas que lhe dessem aquela sensação positiva durante algum tempo.

Greta foi procurar um especialista em planejamento financeiro para aprender a economizar e investir na sua aposentadoria. Entretanto, ao voltar para casa, começou a sentir-se mal só de pensar nos sacrifícios que teria de fazer para colocar suas finanças em ordem. Para sentir-se melhor, decidiu dar uma parada numa liquidação de casacos de pele. E assim terminou o planejamento financeiro de Greta.

Felicia foi criada mais pelos empregados do que pelos pais. Desde pequena, freqüentou internatos e acampamentos de férias. A partir dessa experiência, decidiu que dinheiro e bens materiais são ruins e passou a adotar uma vida austera. Vivia com o mínimo necessário e sentia muita raiva das pessoas que tinham dinheiro, julgando-os egoístas e vazios. Felicia vive com um rapaz chamado Gary, que evita acumular dinheiro e objetos materiais porque acha que isso significa responsabilidade demais para ele.

A nossa cultura valoriza demais os bens materiais. Muitas pessoas têm como objetivo de vida "viver tão bem quanto o vizinho". Linus, personagem dos quadrinhos Peanuts, que sempre carrega o seu cobertor, é um símbolo desse tipo de compulsão. Embora sem o mesmo exagero de Greta ou Linus, a maioria das pessoas tem, em maior ou menor grau, uma compulsão de comprar ou possuir coisas. Embora seja agradável comprar e possuir coisas, um estudo recente indica que as coisas não são responsáveis pela nossa felicidade a longo prazo. Atualmente, em nosso país, gastamos muito mais dinheiro em bens materiais do que há alguns anos, mas a porcentagem de pessoas que se julgam "moderadamente felizes" não mudou.

Ao invés de gastar dinheiro com objetos materiais, algumas pessoas são levadas a acumular dinheiro sem desfrutá-lo. E outras ainda, embora em menor escala, como Felicia e Gary, são levadas a evitar totalmente ter posses ou dinheiro.

Quando agimos a partir de um estado essencial, e não por compulsão, nosso objetivo não é renunciar a todas as nossas posses. Temos uma sensação de bem-estar que independe de comprar ou possuir coisas. O prazer de possuir algo torna-se um lucro adicional na nossa vida, e não algo que nos impõe uma coerção.

Orientado por controle e poder

Joel é gerente do departamento de marketing de uma grande empresa. Adora o cargo que ocupa, porque na maior parte do tempo é seu próprio patrão — e principalmente de outras pessoas. Quando Joel diz "De pé!", as pessoas se levantam. E ele gosta disso. Joel criou uma regra no seu departamento. Qualquer pessoa que chegue tarde, mesmo que seja um minuto, paga uma multa de dez dólares. Entretanto, uma vez por semana, Joel chega tarde — só para mostrar quem é que manda!

Várias vezes por ano Joel participa de um seminário para melhorar sua técnica administrativa. Ele gosta sobretudo das técnicas de aprendizagem que pode usar para fazer com que as pessoas lhe obedeçam. Na semana passada, Ned, um de seus funcionários, foi até à sala dele, sem hora marcada, para discutir algumas técnicas de venda. Mesmo estando satisfeito com as idéias de Ned, Joel ficou chateado com sua atitude. Parecia que Ned não tinha o respeito necessário por sua autoridade.

Joel sempre teve problemas na sua vida sentimental. Foi casado durante pouco tempo com uma mulher muito interessante e atraente. Os problemas começaram quase imediatamente. Um dia, ao chegar em casa, notou que ela havia mudado alguns móveis de lugar Joel ficou chateado. Queria as coisas à sua maneira e não gostava que ninguém contestasse suas opiniões. Além do mais, às vezes ela fazia observações sobre coisas que ele poderia fazer de outra maneira e ele achava isto intolerável.

Joel não gosta de visitar os pais porque sempre se sente de novo como uma criança. Lembra que, quando era pequeno, o pai tomava todas as decisões por ele e o punia severamente pelas coisas que não queria que ele fizesse Se há uma coisa que Joel detesta é obedecer.

Doug é assistente social e sente-se coagido a evitar responsabilidades. Quando tem uma idéia para melhorar o trabalho, passa-a a um dos seus colegas, de maneira que ele se encarregue da sua aplicação. Ele gosta do que faz e se preocupa com as pessoas a quem presta assistência. Quer que elas vivam melhor, mas se sente pouco à vontade com a idéia de exercer uma influência sobre suas vidas. Portanto, fica apenas desejando que elas melhorem por si mesmas.

Todos nós temos momentos em que nos chateamos com pessoas e coisas que não conseguimos controlar: o trânsito na estrada, a política mundial ou as pessoas com quem convivemos. Muitas das brigas de casais são disputas de poder: quem vai dirigir, quem fica com o controle remoto, quem decide como gastar o dinheiro E existem algumas pessoas, como Joel, que construíram suas vidas a partir do poder e controle. Outra maneira de uma pessoa ser compelida pelo poder e pelo controle é evitar assumir responsabilidades e exercer qualquer influência, como no caso de Doug.

Se julgamos as pessoas que têm sede de poder e de controle como pessoas ruins, podemos ter dificuldade de perceber essa tendência em nós mesmos. Se as pessoas que tentam controlar ou deter o poder nos irritam, provavelmente existe uma parte de nós que tem sede de controle e poder.

Livrando-se da compulsão: uma sensação segura de "ser" e de bem-estar

Quando partimos de um estado essencial, nosso objetivo é assumir responsabilidades pelas coisas que estão ao nosso alcance e manter a tranqüilidade quanto às coisas que estão fora do nosso campo de responsabilidade. Nossa paz interior e o nosso bem-estar independem da sensação de poder e de controle.

Darren está estudando para se tornar professor primário. Embora seus objetivos na vida sejam muito importantes, ele tem um sentimento de bem-estar mesmo antes de tê-los atingido. Os pais de Darren, ambos advogados muito bem-sucedidos, não aprovam a escolha de Darren. Acham a carreira de professor mal paga e sem prestígio. Têm medo de que o filho seja um joão-ninguém. Entretanto, Darren não está preocupado com isso. Sabe que seguir sua vocação é mais importante do que ter dinheiro ou prestígio. Está empolgado com a carreira que escolheu, na qual terá a oportunidade de realmente mudar algo na vida dos alunos.

Embora Darren trabalhe muito, sempre encontra tempo para si mesmo. Gosta da companhia de outras pessoas e também de ficar sozinho. Tem muitos amigos, que são atraídos por sua natureza calorosa e receptiva.

Uma vez, Darren tirou uma nota baixa num trabalho escrito. No início, ficou desapontado, mas logo seu desapontamento se transformou em curiosidade para conhecer as razões do professor. Então, foi lhe pedir maiores informações e viu que concordava com a maioria de suas idéias. Não concordou com algumas das sugestões mas ficou contente em poder utilizar essas informações para agradar ao professor. Sua nota foi muito mais alta no trabalho seguinte.

Há pouco, Darren começou a lecionar. Como estava um pouco inseguro sobre como lidar com as crianças, foi pedir orientação ao seu supervisor, que lhe deu muitas informações e sugestões. Um dia, um dos alunos ficou chateado com Darren e gritou: "Eu odeio você! Quero nosso verdadeiro professor de volta!". Darren já tinha notado que o aluno parecia frustrado, como se estivesse fazendo força para compreender a lição. Ao invés de ficar na defensiva ou imaginar que o menino tinha motivos escusos, Darren escutou-o e lhe fez perguntas que o ajudaram a entender o que o aluno desejava. O menino finalmente começou a chorar e lhe contou que estava com problemas em casa, e por isso não conseguia concentrar-se na escola.

Darren tinha um amigo que não aprovava sua namorada, Stacy. Para Bill, a aparência física era muito importante, e Stacy não era nenhuma estrela de cinema. Darren escutou o que o amigo tinha a dizer, mas deu-se conta de que, mesmo que Stacy não fosse a melhor escolha para Bill, ele não compartilhava seu desejo de ter uma namorada que tivesse a aparência de uma estrela de cinema. Agradeceu a Bill por seu comentário e disse-lhe quais eram as qualidades que apreciava em Stacy.

Melanie levou seu carro a uma oficina mecânica e, quando foi pegá-lo, observou que o antigo problema não havia desaparecido. Apesar de ficar chateada ao ver que o problema não tinha sido resolvido e que precisaria dedicar mais tempo a ele, Melanie não ficou irritada. Adotou imediatamente uma postura para solucionar o problema. Ao voltar à oficina mecânica para pedir informações, em vez de partir do princípio de que o mecânico estava tentando aproveitar-se dela, Melanie foi receptiva à possibilidade de que ele houvesse cometido um erro honesto.

Certa noite, os vizinhos de Melanie vieram jantar. Seus filhos pequenos, Jason e Rebecca, começaram a jogar comida de um prato para outro, implicando um com o outro. Melanie lembrou-os, de maneira delicada porém firme, que eles só podiam tocar na comida que estivesse nos seus próprios pratos. Disse-lhes claramente que essa era a condição para continuarem sentados um ao lado do outro. Caso contrário, ela se sentaria entre os dois. Ela não ficou sem graça ou chateada porque eles estavam se comportando mal diante das visitas. Encontrou uma maneira de manter um ambiente agradável na hora do jantar, sem necessidade de culpar os filhos pelo mau comportamento.

Quando o marido de Melanie derrubou tinta preta em cima do seu tapete oriental, ela ficou zangada e infeliz. Disse a John como se sentia, adotando em seguida um estado de aceitação. Deu o tapete para o Exército da Salvação, e pediu ao marido que lhe comprasse outro.

Darren e Melanie têm um senso básico de bem-estar e plenitude que se mantém presente quando eles se vêem diante de limitações e desafios pessoais. Sentem segurança e bem-estar, e sabem que têm liberdade interior para fazer as melhores escolhas.

Quando estamos num estado de compulsão, o simples fato de nos dizermos que precisamos "ter uma firme sensação de segurança e bem-estar" provavelmente não vai funcionar. Em geral, a consciência racional da compulsão não é suficiente para provocar mudanças, porque uma parte de nós ainda está lutando para chegar aos seus estados essenciais. Se não criarmos uma forma de atingir esse estado essencial, provavelmente continuaremos tentando chegar lá, usando os métodos que temos usado até então — os nossos objetivos pretendidos —, mesmo que eles não dêem bons resultados.

O comportamento de Darren e de Melanie não é provocado pela *tentativa* de atingir a perfeição ou de agir com maturidade. Todos sabemos a diferença entre tentarmos ser amorosos — apenas por hábito, sem entusiasmo — e ter um comportamento amoroso e delicado que vem de dentro de nós, porque já nos sentimos amorosos. Darren escolhe natural e automaticamente comportamentos que estão de acordo com seus valores mais profundos, porque parte de um estado essencial de "ser" que não depende de nada fora dele. Melanie tem a capacidade de manter a calma e o equilíbrio mesmo quando as coisas ao seu redor estão caóticas, porque tem acesso automático a esses estados essenciais que já se encontram dentro dela. Quando fica chateada ou zangada, o fato de possuir esses estados essenciais lhe permite expressar seus sentimentos de forma natural, sem julgar a si mesma ou aos outros.

E se eu não conseguir identificar o que provoca a compulsão?

Algumas das compulsões que nos afligem talvez não se enquadrem facilmente nas cinco categorias gerais citadas, ou talvez pareçam se enquadrar em várias delas. Por exemplo, nossa cultura valoriza muito a aparência física. Bilhões de dólares são gastos anualmente em remédios para perder peso, cosméticos, cirurgia plástica, moda e produtos contra o envelhecimento. O que leva as pessoas a fazerem todo esse esforço? A resposta é individual. Algumas pessoas se preocupam demais com a aparência para obter amor e aprovação, enquanto outras querem manter uma certa imagem de sucesso e ter uma sensação de realização. Para outras ainda, a questão resume-se a uma sensação de poder — alguns empresários chegam a falar de um "paletó poderoso". Algumas pessoas "têm" de se vestir de uma certa maneira para se sentirem bem. Para outras, ter um armário cheio de roupas caras significa riqueza.

Tanya sentia-se levada a competir com todos os que a cercavam, até com estranhos, a tal ponto que isso se tornou destrutivo. Como ela nos contou:

> A competição sempre esteve presente na minha vida. Quando eu era criança, competia com meus irmãos e irmãs pela atenção dos meus pais. Ao chegar à idade adulta, as coisas pioraram. Eu trabalhava para uma agência de publicidade. Supostamente, devia tra-

balhar em equipe com uma colega, mas havia muita competição entre nós pelo salário e pelas promoções. Fui enlouquecendo com isto. Finalmente, tive de me demitir e encontrar um emprego que não me permitisse competir tanto. Eu era estimulada por uma voz interna dura e agressiva. Mesmo quando andava de bicicleta, se alguém passasse por mim essa voz interior dizia: "Você não é boa o suficiente. Como pôde deixar alguém ultrapassá-la? Você não vale nada!".

Apliquei o Processo de Transformação Essencial a essa voz e descobri que essa parte de mim queria ser notada, amada e elogiada. Mais do que isso, ela queria ser amada por mim. Seu estado essencial era a união com o meu espírito.

Agora trabalho com duas outras mulheres e temos o mesmo chefe. Uma de minhas colegas é a favorita do nosso chefe. No passado, eu ficaria muito enciumada e tentaria competir com ela para "chamar a atenção" do chefe, mas atualmente não tenho desejo nenhum de me imiscuir na situação. Portanto, isso não é mais um problema.

Hoje, quando estou andando de bicicleta e alguém passa por mim, a voz crítica e dura não está mais presente. É como se eu pensasse: "E daí?".

Tanya era levada a competir por uma parte de si mesma que queria atenção, amor e elogios. Mas existem comportamentos compulsivos que é difícil classificar, como por exemplo a compulsão de se vingar, de beber, de fumar ou de falar demais. Felizmente, neste processo pouco importa se conseguimos analisar corretamente nosso comportamento. O que importa é perceber que temos um comportamento compulsivo e podemos transformá-lo.

CAPÍTULO 29

TRANSFORMANDO A DOENÇA
Tirando vantagem dos desafios

Em geral, é preciso uma crise para transformar nossa visão de mundo. Uma crise é uma bênção, uma oportunidade, e talvez uma manifestação de que a vida nos ama, fazendo-nos sair da dança em que estamos envolvidos.
Leslie Lebeau

Uma doença grave pode ser uma das maiores crises da nossa vida. É uma ameaça à nossa vitalidade e, às vezes, à nossa vida. Mesmo que, conscientemente, ninguém escolha ficar doente, esse tipo de crise pode ser muito mais freqüente do que parece. A citação acima é a conclusão a que chegou a escritora Leslie Lebeau, nossa amiga pessoal, após ter passado por grandes crises. A doença pode ser a indicação de que "a vida nos ama" o suficiente para nos dar uma boa cutucada. Uma crise de saúde, ou qualquer outra crise importante, pode ser a oportunidade de que precisamos para ultrapassarmos os limites que estabelecemos para nós. Uma crise em geral nos obriga a mudar nosso estilo de vida, permite que uma nova vida possa surgir a partir de um nível profundo de saúde e bem-estar interiores.

Para a maioria de nós, só uma crise consegue provocar um crescimento pessoal transformador. Às vezes, nada nos desafia no dia-a-dia a modificar nossos níveis mais profundos, nossa essência. Mudamos apenas a fachada com uma maquiagem mais adequada ou uma roupa mais bem-cortada, de modo a podermos mostrar ao mundo uma melhor aparência. Alcançamos o sucesso, mas não necessariamente a verdadeira satisfação interior.

Se essa idéia de que a crise é um meio de o universo chamar nossa atenção tiver algum fundo de verdade, então precisamos de ajuda para decifrar a mensagem. Ninguém procura naturalmente uma crise. Duas pessoas que sobrevivem a um desastre de avião podem reagir de maneira muito diferente. Uma delas pode perceber como a vida é preciosa e passar a vivê-la mais plenamente, enquanto a outra talvez ache que foi vítima de um mundo perigoso, ficar deprimida e recusar-se a sair de casa.

O Processo de Transformação Essencial nos indica uma maneira simples de utilizar a doença (ou qualquer outra crise) como uma oportunidade de ampliar nossos limites e descobrir a plenitude interior que pode tornar-se a base de nossa vida. Ele nos dá a oportunidade de ir ainda mais fundo. Podemos passar a vida toda apenas tentando desempenhar melhor nossos velhos papéis. Podemos organizar nossa vida sem precisarmos enfrentar certos aspectos de nós mesmos. Podemos evitar situações que nos levariam a crescer e a aprender. Mas, ao invés de nos ajudar a mudar de fachada, o Processo de Transformação Essencial nos oferece uma maneira delicada, porém poderosa, de mudar a partir do interior — de mudar nossa essência. Essa mudança essencial é como um retorno ao lar interior, um profundo reencontro consigo mesmo que todo mundo sempre quis, mesmo sem saber que o queria.

Neste capítulo, vamos falar especificamente do trabalho com a doença, mas esses princípios podem ser aplicados a qualquer crise.

Facetas de uma doença

Nosso organismo tem maneiras muito sofisticadas de nos manter saudáveis. Todos os dias, nosso sistema imunológico nos protege de milhões de vírus e bactérias. Muitos estudiosos da área médica acreditam que nosso organismo produz diariamente células cancerosas, que nosso sistema imunológico elimina antes que elas se transformem em doença.

Apesar da nossa impressionante capacidade natural de nos mantermos saudáveis, às vezes ficamos doentes. Por quê? Estudos determinaram vários fatores relacionados à doença. Dentre eles, temos a herança genética, a exposição a substâncias tóxicas, bactérias e vírus, a alimentação, a prática de exercícios físicos, o relacionamento social e familiar e o bem-estar mental e emocional. É muito raro que qualquer um desses fatores seja totalmente responsável pela criação ou prevenção de uma doença. Em geral, quando surge uma doença mais séria, pelo menos dois ou mais desses fatores foram responsáveis pelo seu surgimento. Sabemos que o cigarro aumenta as possibilidades do câncer de pulmão, mas nem todas as pessoas que fumam têm câncer de pulmão. Sabemos que embora os exercícios físicos reduzam bastante a possibilidade de um ataque cardíaco, alguns atletas têm problemas do coração.

Estudos provaram a ligação entre o bem-estar mental e emocional e a saúde. As pessoas têm uma tendência maior a ter câncer após a morte de um ente querido do que em outras ocasiões. Ficamos doentes com mais facilidade depois do estresse causado por uma grande mudança na nossa vida — uma mudança de casa, de emprego ou um divórcio, por exemplo. Dependendo da forma como reagimos mental e emocionalmente, essas situações de estresse podem afetar nossa saúde. Mesmo mudanças positivas como o casamento ou uma promoção no emprego podem criar estresse, porque exigem ajustes e adaptações.

O que isso significa? Digamos que uma mulher tenha câncer. Pode ser que exista uma predisposição genética para este tipo de câncer — a mãe e uma das irmãs já tiveram a doença. Talvez seus hábitos alimentares tenham contribuído para a doença — durante grande parte da sua vida ela comeu alimentos gordurosos e frituras e poucos legumes. Talvez ela não tenha um grande círculo de amizades — viva sozinha, tenha poucos amigos e nenhum animal doméstico. E por fim, ela pode ter passado por várias situações estressantes antes do surgimento da doença. Pode ter perdido o emprego onde trabalhava há vinte anos e achar que a única coisa com a qual podia contar havia desaparecido.

O dr. Bernie Siegel relata casos de "pacientes excepcionais", que tinham doenças "incuráveis" e ficaram bons, embora não tenham recebido nenhum tratamento médico eficaz. Qualquer um pode aumentar suas chances de ser um desses pacientes excepcionais se estabelecer princípios saudáveis em cada uma dessas áreas que influenciam a saúde: uma boa alimentação, exercícios físicos, descanso, um ambiente saudável e não-tóxico, e um maior bem-estar emocional e mental. Como o Processo de Transformação Essencial exerce uma forte influência sobre nosso bem-estar mental e emocional, pode ter um impacto positivo sobre nossa saúde.

E se minha doença foi causada por fatores físicos?

Algumas doenças têm causas físicas e genéticas muito fortes. Entretanto, mesmo quando uma doença tem causa genética ou é provocada por contaminação ou toxinas, em geral isso cria apenas uma *predisposição* para doença, e não uma certeza matemática. Isso explica por que algumas pessoas não pegam doenças que "atingem a família" e outras mantêm a saúde mesmo quando expostas a doenças contagiosas ou toxinas. Não pretendemos subestimar a importância dos fatores genéticos, orgânicos e ambientais na saúde e na doença. Algumas pessoas têm uma constituição física mais forte e são mais preparadas fisicamente para continuar saudáveis. Entretanto, é igualmente importante não subestimar o poder das nossas escolhas na área do bem-estar mental e emocional. Estamos apenas começando a tomar conhecimento da importância do nosso potencial na criação de um ambiente mental e emocional de cura.

O Processo de Transformação Essencial não substitui o médico nem o tratamento. Se o leitor tiver uma doença grave, deve procurar todos os recursos médicos disponíveis. Nós o incentivamos a consultar um médico para ter à sua disposição todas as possibilidades de cura física. A função da mente e das emoções na cura física está bem documentada, e muitos médicos vão encorajá-lo a usar todos os caminhos possíveis para melhorar. O Processo de Transformação Essencial pode ser um instrumento importante para a cura emocional, que por sua vez pode contribuir decisivamente para a cura física.

A cura espontânea e a culpa

Uma pergunta que sempre surge é: "Se posso me curar através de um processo psicológico, isso significa que sou culpado pela minha doença? Que fiquei doente porque, de alguma maneira, fiz mais bobagens do que as pessoas saudáveis?".

De jeito nenhum. Se você está doente, isso pode significar que passou por desafios maiores do que as outras pessoas, que seu organismo tem um nível diferente de resistência física, ou, ainda, que você está pronto para atingir um novo nível de bem-estar e plenitude. Pode significar também que o universo o está convocando a crescer, e que você está pronto para receber esse chamado.

Se sentir que está se culpando, vai aprender a trabalhar com essas partes que provocam o sentimento de culpa mais adiante neste capítulo.

As mensagens contidas na doença

Uma das mensagens mais freqüentes de uma doença é a de que precisamos nos cuidar melhor. A outra é que precisamos reconhecer e aceitar as partes de nós que excluímos ou deixamos de lado. Outra mensagem é: "Você está muito bem do jeito que está. Pode diminuir seu ritmo, porque você já está bem". Às vezes, a mensagem é: "Você saiu do caminho. É hora de se tornar mais fiel a si mesmo, e eu — a doença — vou ficar aqui para lembrá-lo disso".

A doença é uma maneira que nossas partes internas encontram de chamar nossa atenção. Não é fácil criar uma doença; entretanto, essas partes internas se dispuseram a chegar a esse ponto para que pudéssemos receber essa importante mensagem. Para descobrir as mensagens das nossas doenças, podemos aplicar o Processo de Transformação Essencial a cada uma das partes envolvidas.

Orientações para descobrir as partes

É mais fácil trabalhar com a doença se estivermos receptivos à possibilidade de que a cura pode acontecer imediatamente após o trabalho com uma só parte. Ao mesmo tempo, precisamos estar completamente dispostos e abertos para aceitar muitas partes. Às vezes, uma única sessão com um grupo de partes basta para desencadear o processo de cura. Quando aplicamos o Processo de Transformação Essencial a doenças crônicas ou graves, surgem múltiplas partes a serem trabalhadas. Mesmo quando a cura começa imediatamente, estaremos lançando as bases para uma saúde mais forte se continuarmos a utilizar o Processo de Transformação Essencial. As diretrizes que oferecemos a seguir para descobrir partes que possam apoiar a cura física através do Processo de Transformação Essencial devem ser usadas uma após outra, e não simultaneamente. Descubra com quantas partes você acha confortável trabalhar de cada vez. Muitas pessoas preferem trabalhar com uma ou duas partes por vez.

A parte que criou a doença

As partes mais importantes para a cura são aquelas que criaram a doença. Quando essas partes são transformadas, passam a dar apoio à saúde, em vez de sustentar a doença. A doença geralmente aparece depois de uma crise ou de um momento particularmente estressante, quando alguma das partes decidiu que a doença era a melhor maneira de atingir um objetivo. Cynthia, que tinha enxaquecas, lembrou-se de uma fase de sua vida em que estava progredindo muito na carreira. Embora trabalhasse em excesso, sempre achava que precisava trabalhar mais. Vivia estressada, mas nunca achava que tinha feito o suficiente. Cynthia atingiu o ponto crítico quando percebeu que não tinha saída. Não queria continuar naquela corrida insana, mas achava que não tinha escolha. Logo depois, começou a ter enxaquecas. Embora desagradáveis, essas enxaquecas a obrigaram a se afastar do trabalho e a descansar.

A doença física pode ser um alerta de partes de nós que, de alguma forma, deixamos de lado. Bert sentia-se infeliz no casamento. Como achava que o divórcio representava um fracasso, não queria nem pensar nessa possibilidade. No fundo, achava que nenhuma outra mulher seria capaz de gostar dele. Também se sentia incapaz de revelar à esposa seus desejos ou sentimentos e de ser ouvido por ela. Bert vivia tentando agradar à mulher, que tinha opiniões formadas sobre tudo. A crise se instalou quando ofereceram a Bert uma promoção no trabalho, um cargo de gerência que lhe permitiria ganhar mais. Mas Bert sentia-se mal sempre que pensava em assumir o novo cargo, pois preferia seu trabalho atual, de programador de computadores. A mulher insistia para que ele aceitasse a promoção. Bert ignorou seus sentimentos e fez o que achava que era o melhor para a família. Aceitou a promoção e, um ano depois, tinha desenvolvido um tumor. Bert negligenciou partes importantes de si mesmo e, com isso, lançou as bases para a doença física. Se estamos doentes talvez seja porque, como Bert, tenhamos sentido a necessidade de afogar algumas partes de nós mesmos.

Nem sempre percebemos que crise está relacionada à nossa doença. Não há problema nisso. Na verdade, mesmo que você ache que sabe exatamente a causa da doença, é melhor partir do princípio de que está errado quando começar a dialogar com suas partes internas. Diga apenas: "Por favor, gostaria que a parte de mim responsável pela minha doença aparecesse agora". Mantenha-se receptivo a qualquer resposta e então observe os sentimentos, o diálogo interno ou as imagens que surgem naturalmente.

A parte que mantém a doença

Às vezes uma parte de nós cria uma doença e outra parte ou partes a mantêm. Por exemplo, uma pessoa pode cair doente em conseqüência de um conflito interno. Então, outras partes podem passar a gostar dos cuidados que recebem quando estão doentes. Essas partes podem querer continuar doentes para receber carinho e cuidados. Quando estamos trabalhando com questões de saúde, devemos estar preparados para perceber e aceitar essas partes de nós que podem estar sustentando a doença e impedindo nossa cura.

Partes desequilibradas

Se tenho uma doença e quero curá-la, será mais fácil para meu organismo fazer isso se toda a minha energia estiver voltada para ajudar o processo. É bom que eu consiga observar todas as outras áreas da minha vida que possa "limpar". Por exemplo, qualquer coisa que provoque uma sensação de estresse é um elemento com o qual posso passar a trabalhar. Se algo me chateia, me faz sentir culpada, triste ou ressentida, trata-se de partes com as quais posso trabalhar para reequilibrar meu organismo. Mesmo que essas áreas da minha vida não estejam diretamente relacionadas a qualquer tipo de doença, é importante trabalhar com elas, porque, se sou uma pessoa que se irrita facilmente, que sente profunda culpa ou depressão, isso esvazia a energia que poderia estar sendo usada na cura. Quanto mais completa, plena e equilibrada em todas as áreas da minha vida eu for, maior quantidade de energia poderei usar para me curar.

Aceitação de todos os nossos sentimentos

É particularmente importante observar as partes que tentam sufocar nossos sentimentos. Se sentimos uma forte relutância em vivenciar certas emoções, isso pode indicar uma parte interior com a qual deveríamos trabalhar. Quando ignoradas, as emoções em geral se tornam mais intensas. Quanto mais tentamos afastar nossos sentimentos, mais distorcidos eles ficam. Se estou chateada com alguma coisa que meus filhos ou meu marido fizeram, posso reconhecer que estou chateada e conversar com eles. Essa opção não significa que eles fizeram algo de errado; significa apenas que eu não gostei do que eles fizeram. Outra possibilidade é pensar: "Ah, não foi nada. Não devo me preocupar com isso. Vou deixar pra lá". Se achar que não devo ficar chateada, estarei ignorando sinais que vêm de dentro de mim. A parte que está chateada passa a ficar irritada e logo estará com raiva. E aí não vou conseguir esquecer o incidente. Portanto, uma coisa insignificante pode se tornar importante para uma parte do meu ser.

O Processo de Transformação Essencial não é uma varinha de condão que faz com que as emoções desapareçam. Geralmente, sentir emoções como a raiva é um elemento importante da cura. Em geral, a doença surge porque não aceitamos uma parte de nós:

"Eu não *deveria* ficar zangado."
"Eu *deveria* sempre estar feliz."
"Eu não *deveria* sentir ciúmes."

O verbo "dever" é uma bandeira vermelha levantada por uma parte que precisa de atenção e aceitação. O Processo de Transformação Essencial nos oferece a possibilidade de aceitar as partes que demonstram esses sentimentos de uma maneira que possa transformá-los. Algumas emoções desaparecem. Trata-se das "emoções secundárias", como o ciúme, a inveja, a vingança, a culpa e o ódio descontrolado. E, ao desaparecerem, podemos expressar com clareza nossas emoções primárias: raiva, tristeza, ressentimento, amor, gratidão e alegria.

As partes preocupadas com o sucesso e o fracasso

Às vezes, se não ficamos imediatamente curados, após trabalhar com a doença, sentimos que fracassamos. Apresenta-se então a oportunidade de trabalhar com uma nova parte, a parte do nosso ser que "se acha um fracasso". Essa parte geralmente se manifesta em outros setores da nossa vida. Assim, a doença surge como uma oportunidade de perceber essa parte, aceitá-la e recuperar a energia que ela possui.

Partes que dependem da saúde

Muitas vezes, partes que estão "dependentes" do bem-estar físico são ignoradas. Quando alguém tem uma enfermidade muito séria, geralmente existe uma dependência excessiva da saúde que, ao invés de ajudar, atrapalha a recuperação. Se a parte *precisa* estar saudável para se sentir bem, pode achar que não tem valor ou que algo está muito errado enquanto a pessoa estiver doente. Trata-se de uma parte importante com a qual trabalhar, e que pode contribuir muito para nosso bem-estar. Para descobrir essa parte, observe se você sente um profundo desejo de ficar curado ou uma grande necessidade de se sentir bem. Após trabalhar com essa parte, você vai continuar desejando ficar curado. O que vai mudar é que, num nível mais profundo, você terá acesso a profundos estados de plenitude e bem-estar e saberá que sempre terá acesso a eles, mesmo que não esteja bem fisicamente.

Quando comecei a trabalhar com as minhas doenças, modifiquei meu objetivo de estar fisicamente bem para o objetivo de plenitude, paz interior e bem-estar. São objetivos que podem ser atingidos qualquer que seja minha condição física. Quando nos sentimos plenos emocional e espiritualmente, quando já entramos em contato com nossos estados essenciais e eles já fazem parte da nossa vida cotidiana, criamos um ambiente no qual o milagre da cura pode acontecer mais rapidamente.

Ao trabalhar com outras pessoas, descobri partes de mim que eram muito "dependentes" da recuperação da saúde do meu cliente. Elas achavam que eu teria falhado se meu cliente não ficasse imediatamente curado. Quando descobri que precisava que meus clientes ficassem bons, trabalhei com essa parte de mim mesma. Agora, posso ajudá-los a aceitar qualquer resultado no nível físico. É muito importante sermos capazes de nos aceitar — e aos nossos clientes — completamente, sobretudo nos momentos em que nós ou eles não estamos bem.

Partes que desejam morrer

Partes que desejam morrer aparecem com freqüência, e as pessoas às vezes ficam assustadas. Não há necessidade de ter medo. Basta perguntar: "E se você obtiver esse objetivo pretendido, e portanto morrer, o que você deseja obter, através desse objetivo, que seja ainda mais importante?". Em geral, a resposta é algo como "paz". As partes que querem morrer geralmente estão muito cansadas e se sentem desamparadas diante de problemas contínuos. Desejam desesperadamente sentir imediatamente uma calma interior e acham que precisam morrer para ter essa sensação. Mais uma vez, elas nos abrem o caminho para estados profundamente transformadores que já existem dentro de nós.

Partes que querem culpar

Partes ligadas à culpa — "Eu sou culpado pela minha doença" ou "Eu não sou culpado pela minha doença" — são muito comuns. Se estamos doentes, de alguma maneira a culpa é nossa. É muito fácil pensar: "Devo ter feito alguma coisa errada", ou então: "Poderia ter agido de maneira diferente". Se nos culparmos, estaremos nos impedindo de observar a mensagem contida na doença e de reagir a ela. A mensagem que a doença tem a oferecer é maravilhosa. Através do Processo de Transformação Essencial, passamos a nos sentir gratos por essa mensagem. Percebemos que se trata de uma bênção, não de algo pelo qual devemos nos culpar.

Por outro lado, às vezes uma parte de nós sente a necessidade de nos defender contra a culpa. Se percebermos uma reação defensiva interna — "Não sou responsável por isso — não há nada psicológico nesta doença" — vale a pena trabalhar com essa parte. Mesmo que não haja nenhum elemento psicológico na doença, poderemos reunir bastante energia se conseguirmos solucionar a questão da nossa atitude defensiva. Uma participante de um dos nossos seminários disse, com raiva: "Acho que os componentes físicos da doença são geralmente ignorados e culpamos as pessoas porque estão doentes. Eu sofro de asma, trata-se de algo *físico*". Provavelmente, essa raiva era uma reação a amigos e parentes bem-intencionados que a culpavam por sua doença.

Se nos sentirmos com raiva e na defensiva porque estamos sendo culpados, é interessante trabalhar com essa parte interior do nosso ser. A parte que está zangada e na defensiva precisa receber atenção e respeito. E teremos maior chance de cura se ignorarmos se nossa doença é ou não *realmente* causada por fatores físicos ou psicológicos. Na verdade, não sabemos. O que sabemos é que a culpa ou a defesa contra a culpa é muito desagradável e desvia a energia que poderíamos estar usando para a cura.

Partes que duvidam

Não é necessário acreditar que o Processo de Transformação Essencial terá um impacto positivo sobre a saúde para obter resultados. Muitas pessoas nem estavam trabalhando com questões relacionadas à saúde e no entanto sentiram uma mudança positiva no seu bem-estar. Entretanto, se você achar que a dúvida está atrapalhando o processo, trabalhe com essa parte que duvida. Em geral, trata-se de uma parte mais jovem que pode ser recuperada.

PERGUNTAS ÚTEIS

A seguir um resumo das perguntas que podem levá-lo a partes interiores capazes de ajudá-lo a se curar.

- Que parte de mim criou minha doença?
- O que existe de bom em estar doente?
- Quando me sinto desequilibrado?
- Há alguma parte de mim que estou esquecendo?
- Há algo que não aceito em mim?
- Ignorei alguma mensagem ou sentimento interior?
- Que coisas eu acho que "deveria" ser ou fazer?
- Estou muito ligado ao sucesso?
- Estou culpando a mim mesmo ou a alguém? Estou na defensiva por estar sendo "culpado"?
- Com que parte de mim devo trabalhar em seguida, para melhorar ainda mais minha saúde?

Acabamos de oferecer ao leitor muitas idéias diferentes. Por favor, examine uma de cada vez. Comece com as questões mais evidentes. Algumas pessoas começam a se recuperar logo após o primeiro processo interior, enquanto outras precisam de muito mais tempo e trabalho. Algumas não conseguem ficar boas, mas encontram uma profunda paz e uma vitalidade que enriquece suas vidas. A maioria das pessoas consegue se curar antes mesmo de chegar ao final da lista acima. Depois que se recuperar, se você achar que vale a pena continuar descobrindo partes interiores e trabalhar com elas, não hesite em continuar o processo. Ele pode ajudá-lo a manter e a aumentar sua resistência interior.

O Capítulo 26, "Descobrindo outras partes a serem transformadas", vai ajudá-lo a usar o Processo de Transformação Essencial de maneira contínua. No Capítulo 31, "Como as pessoas usam a Transformação Essencial", você terá vários exemplos de pessoas que trabalharam com questões de saúde usando o Processo de Transformação Essencial. Temos recebido muitos relatos de resultados positivos da aplicação do Processo de Transformação Essencial a questões de saúde, e esperamos que estudos sistemáticos sejam realizados a esse respeito.

CAPÍTULO 30

GENERALIZAÇÃO DO PROCESSO DE TRANSFORMAÇÃO ESSENCIAL
O todo é maior do que a soma das partes

*Cada ser do universo volta
à fonte comum.
O retorno à fonte significa serenidade.*
Lao-Tsé

Quase todo mundo possui algumas partes que foram deixadas de lado há muitos anos. Às vezes, trata-se de partes de que não gostamos ou das quais aprendemos a nos envergonhar. Outras vezes, trata-se de partes que ficaram feridas e sumiram para se proteger. Embora abandonar uma parte seja uma boa maneira de atravessar uma situação difícil, a longo prazo todos nós sentimos um anseio de plenitude.

Um dia, depois que eu (Tamara) trabalhei com uma mulher chamada Rosa, aplicando o Processo de Transformação Essencial a duas partes suas, aconteceu algo interessante. Ela viu diante de si uma multidão de partes, que lhe disseram que também queriam passar pelo Processo de Transformação Essencial!

Ao invés de aplicar o Processo de Transformação Essencial a cada uma delas separadamente, o que teria levado muitas horas, eu as convidei a passar pelo processo simultaneamente. Como Rosa já conhecia o processo, sua mente inconsciente sabia como aplicá-lo. Isso possibilitou a repetição do processo de maneira generalizada e inconsciente com todas as partes simultaneamente. Depois, ela afirmou que dera um grande passo em direção à plenitude como ser humano.

Desde então, tenho orientado outras pessoas e grupos nesse processo generalizado. Quando utilizamos o Processo de Transformação Essencial nesse formato, não identificamos conscientemente as questões com as quais estamos trabalhando. Portanto, os resultados são muitas vezes percebidos como uma mudança geral em direção à plenitude ou uma sensação de maior congruência interna. Esse processo de generalização também pode ser feito diariamente como se fosse uma meditação. Recomendamos que você faça o Processo de Transformação Essencial várias vezes com uma única parte antes de tentar generalizá-lo.

A generalização do Processo de Transformação Essencial complementa, mas *não* substitui, o processo padrão. Mesmo quando utilizamos a generalização de maneira regular, algumas vezes surgirão partes nossas que precisam de atenção individual. Geralmente, trabalhamos com uma parte de cada vez dentro do formato padrão. Além disso, trabalhar com uma parte de cada vez oferece à mente inconsciente experiências mais específicas do processo, que podem melhorar os resultados quando se aplicar o formato generalizado.

AGINDO!

A seguir, indicamos as etapas da generalização do Processo de Transformação Essencial. Para obter bons resultados, é necessário que você já tenha feito o Processo de Transformação Essencial com duas a cinco partes. Isso lhe dará uma base consciente e inconsciente sobre o funcionamento do processo.

PREPARANDO-SE

1. Sente-se ou deite-se confortavelmente. Se estiver fazendo o exercício sozinho, leia-o inteiro antes de começar. Mas, quer esteja fazendo o exercício sozinho ou com a orientação de alguém, recomendamos que as instruções sejam lidas de maneira lenta e suave.

2. Feche os olhos e relaxe. Sentado ou deitado confortavelmente, tente relaxar cada vez mais. Deixe que qualquer preocupação a respeito do passado ou do futuro vá diminuindo e desapareça enquanto você se torna cada vez mais consciente do momento presente. Torne-se consciente da escuridão ou da luz que atravessa suas pálpebras, dos sons ao seu redor e das sensações do seu corpo. A cada respiração, uma sensação maior de tranquilidade e conforto espalha-se pelo seu corpo. Leve o tempo que achar necessário para ficar confortável e relaxado.

3. Faça o seguinte "anúncio" dentro de você: "As partes de mim que desejem participar deste processo podem apresentar-se". Este convite é feito a todas as partes que você já sabe que existem dentro de você. Você também poderá convidar as partes que estão separadas e que você nem sabe que existem. Espere o tempo que for necessário para que todas as partes interiores percebam o quanto o Processo de Transformação Essencial será bom para elas. Essas partes talvez estejam esperando há muitos anos pela possibilidade de incorporar plenamente seu estado essencial. Elas podem se manifestar conscientemente através de imagens, sons ou sentimentos, ou de tudo isso junto. Partes que não desejam se revelar conscientemente também são muito bem-vindas.

DESCOBRINDO O OBJETIVO POSITIVO

4. Diga a si mesmo: "Agora, convido todas as minhas partes a verificar o que desejam para mim". Algumas partes talvez comuniquem seu desejo, ao passo que outras talvez prefiram mantê-lo em segredo. Este será o primeiro objetivo pretendido.

5. Peça à sua mente inconsciente que lhe dê um sinal quando todas as partes participantes tiverem identificado sua intenção ou objetivo positivo. Este sinal pode ser uma imagem, um som ou uma sensação. Antes de continuar, espere o sinal. Já que existem tantas partes, e algumas podem ser mais vagarosas do que outras, seja paciente. Depois de um tempo, é bom pedir de novo um sinal.

DESCOBRINDO A CADEIA DE OBJETIVOS

6. Diga mentalmente a todas as suas partes que estão participando do processo: "Convido todas as minhas partes a imaginar que já conseguiram obter seu objetivo pretendido e observem o que pretendem obter com isso que seja ainda mais importante". Agora convide todas as suas partes a continuar respondendo a essa pergunta, até chegarem ao seu estado essencial. Algumas partes podem entrar rapidamente em contato com o seu estado essencial, enquanto outras talvez necessitem que você repita várias vezes a pergunta: "Quando vocês tiverem obtido esse objetivo de maneira plena e completa, o que desejam que seja ainda mais importante?".

7. Peça ao seu inconsciente para lhe dar um sinal que lhe indique que todas as partes participantes já incorporaram plenamente seu estado essencial. Espere o sinal antes de continuar.

8. Você sabe quais são os estados essenciais que suas partes desejam para você? Se sabe, quais são eles?

LEVANDO O ESTADO ESSENCIAL PELA CADEIA DE OBJETIVOS

9. Convide todas as partes a incorporar ainda mais profundamente o estado essencial e pergunte: "Como vocês se sentiriam se possuíssem esse estado essencial de maneira plena e contínua? De que maneira as coisas serão diferentes quando seus estados essenciais forem uma maneira natural de ser?".

10. Convide todas as partes a permitir que o estado essencial transforme todos os objetivos pretendidos. Pergunte a elas: "Observem como o fato de já possuírem o estado essencial transforma cada um dos seus objetivos pretendidos".

11. Peça à sua mente consciente que lhe dê um sinal de que todas as partes participantes já permitiram que o estado essencial transfor-

masse todos os outros objetivos pretendidos. Espere pelo sinal antes de continuar.

CRESCIMENTO DAS PARTES

12. Convide cada uma das partes a identificar sua idade cronológica.
13. Agora pergunte: "Vocês gostariam de aproveitar toda a experiência, o conhecimento e a sabedoria que acumulei durante todos esses anos? Vocês gostariam de manifestar seu estado essencial de maneira mais plena, evoluindo até a minha idade atual?". Peça à sua mente inconsciente que lhe dê um sinal quando todas as partes concordarem.
14. Diga às partes: "Agora, mantendo plenamente seus estados essenciais, comecem a andar pela linha temporal, trazendo com vocês o estado essencial que permeará todas as experiências. Permitam que o estado essencial transforme cada experiência, à medida que vocês vão adquirindo capacidades, experiências e sabedoria".

INCORPORANDO PLENAMENTE OS ESTADOS ESSENCIAIS

15. Se restarem partes fora de você, convide-as a entrar dentro do seu corpo, trazendo com elas seu estado essencial. Permita que esses estados essenciais se espalhem por todas as células do seu corpo.

GENERALIZAÇÃO DA LINHA TEMPORAL

16. Permita que seu passado flua atrás de você e seu futuro à sua frente.
17. Com os estados essenciais plenamente incorporados, flutue em direção ao passado até o momento da sua concepção.
18. Permita que seus estados essenciais estejam plenamente presentes durante sua concepção, seu nascimento e em todas as suas experiências até chegar ao momento presente. Seu inconsciente fará isso automaticamente.
19. Ao chegar ao presente, veja-se indo em direção ao futuro, levando os estados essenciais a todas as experiências pelas quais você passará. Leve o tempo que achar necessário.
20. Mantendo os seus estados essenciais plenamente presentes nesse novo nível, percorra novamente passado, presente e futuro, a fim de integrar ainda mais esses estados.
21. Quando seus estados essenciais estiverem plenamente integrados ao seu passado, presente e futuro, pode voltar para o momento presente.

CAPÍTULO 31

COMO AS PESSOAS USAM A TRANSFORMAÇÃO ESSENCIAL
Aprendendo com a experiência dos outros

> *"Eu poderia contar minhas aventuras (começando por hoje de manhã)"*, disse Alice, *um tanto timidamente;*
> *"mas, não vale a pena começar de ontem, porque ontem eu era uma outra pessoa".*
> Alice no País das Maravilhas

Saber como outras pessoas mudaram pode nos inspirar e nos estimular a promover em nós as mudanças que desejamos. As histórias que contamos a seguir dão uma idéia das muitas áreas em que o Processo de Transformação Essencial provocou uma mudança significativa. Inicialmente, pretendíamos dividir essas histórias em categorias como "carreira", "relacionamento", "dinheiro", "hábitos" etc., mas descobrimos que as transformações por que as pessoas passam quando fazem o Processo de Transformação Essencial são tão profundas que cada experiência poderia se enquadrar em várias categorias. O efeito é o mesmo que ocorre quando atiramos uma pedra na água: círculos que se desdobram e se ampliam. Em cada subtítulo, indicamos as áreas principais de mudança.

Samantha: mudança de carreira e relacionamento

Todo mundo se sente desmotivado de vez em quando. Para Samantha, o medo e a frustração a impediam de progredir na carreira. Ela passou por uma grande mudança com o uso repetido do Processo de Transformação Essencial:

> Certa manhã, quando me levantei, sentia muito medo e frustração. Eu estava passando por uma fase de mudança profissional e as coisas não estavam nada bem. Eu tinha muito medo de não ter dinheiro, de perder minha casa, meus bens e outras coisas do

estilo. Isso já vinha há muitos meses, eu estava paralisada de medo. Não estava fazendo o que era necessário para que aquela mudança profissional fosse um sucesso.

Como eu havia participado recentemente de um seminário do Aligned Self, em vez de ficar com medo, fiz uma versão rápida do Processo de Transformação Essencial. Isso me ajudou durante um certo tempo. Depois, o medo retornou, e então repeti o processo. Naquela manhã, repeti o Processo de Transformação Essencial quatro vezes, e a cada vez senti-me melhor. Então, por volta do meio-dia, houve uma profunda mudança. Em vez de sentir medo e frustração, passei a sentir curiosidade e empolgação! Em vez de pensar: "Meu Deus, vou perder tudo", passei a dizer: "Como estou empolgada com o que vai acontecer!''. Naquele dia, dei os primeiros passos necessários para criar uma nova carreira para mim. Fiz alguns telefonemas que vinha adiando há algum tempo.

Outra área que mudou através do Processo de Transformação Essencial foi a dos meus relacionamentos. Fiquei casada vinte e um anos e estava divorciada há três. Agora, estou tendo um relacionamento que está ficando cada vez mais íntimo. Já estamos pensando em casamento. Antes, isso me assustava muito. Ao mesmo tempo que tinha medo da intimidade, sentia que tenho de ficar com meu companheiro, como se não houvesse ninguém mais no mundo. Após o Processo de Transformação Essencial, não sinto mais que tenho de ficar com ele. Se não for ele, alguém melhor ainda vai aparecer. Agora consigo relaxar e aproveitar o relacionamento. Foi uma grande mudança!

Meu companheiro tem dois filhos, com quem passa todos os finais de semana. Eu achava que as crianças não gostavam de mim, o que me deixava pouco à vontade perto delas. Agora, mesmo quando penso que talvez eles não gostem de mim, não me importo. Tenho a liberdade de ser eu mesma quando estou perto deles.

Também passei a usar os estados essenciais de uma maneira diferente. Quando faço minha sessão de ioga, é como se eu respirasse meus estados essenciais. Quando estou preparando minha salada, coloco mentalmente meus estados essenciais em contato com os legumes, e assim é como se eu os estivesse ingerindo! Eles estão na água do meu banho, no jardim que cultivo. E isso torna o mundo um lugar extraordinariamente amistoso!

Max: encontrando a mulher certa

Todos nós desejamos um relacionamento satisfatório e prazeroso. Por isso, nos concentramos em achar a pessoa certa. Embora isso seja importante, quase sempre nos esquecemos de nos colocarmos internamente disponíveis para o relacionamento que desejamos. Max usou o Processo de Transformação Essencial há um ano e meio para se preparar para o tipo de relacionamento que desejava. Dois meses depois, conheceu Katelyn:

> Tenho vinte e seis anos e sempre quis conhecer uma mulher e me casar, mas a maioria dos meus relacionamentos durava pouco. Conversando com as pessoas sobre suas experiências, percebi que, geralmente, entre o momento em que se conhece alguém e o casamento, leva-se um ano. Como queria me casar antes dos 30 anos, achei melhor começar a procurar.
> Várias coisas me impediram de encontrar uma mulher. Uma delas é que eu era perfeccionista. Tinha uma longa lista de critérios que ninguém conseguiria cumprir. Era uma imagem ideal de mulher: morena, com um rosto exótico, mais baixa do que eu, mas não baixa demais, corpo atlético, mas não muito etc. Era uma lista interminável. Então, trabalhei com a parte de mim que era perfeccionista ao extremo.
> Eu já tinha tido relacionamentos curtos, e, num certo momento, uma sensação forte sempre me fazia pensar: "Não é isso". E o relacionamento terminava ali mesmo. Assim, meus relacionamentos duravam no máximo três meses. Portanto, resolvi trabalhar também com aquela parte de mim que provocava essa sensação.
> Eu sabia que teria de abrir mão de algumas coisas para ter um relacionamento mais longo, mas havia uma parte de mim que não queria abrir mão de nada. Sempre fiz o que quis, quando quis, e achava isso ótimo. Podia sair quando quisesse, comer quando quisesse, fazer os cursos que desejasse. Isso era muito importante para essa parte de mim. Gosto muito de esportes, e naquele tempo dedicava a eles a maior parte do meu tempo livre. Evidentemente, se eu tivesse um relacionamento sério, nem sempre poderia fazer tudo conforme meus planos, nem passar tanto tempo quanto gostaria fazendo esportes. Assim, trabalhei com essa minha parte que não queria abrir mão de nada.
> Depois de passar pelo Processo de Transformação Essencial, minha lista de critérios ficou bem menor e mais geral. Por exemplo, eu queria que ela fosse inteligente e tivesse senso de humor, mas não me importava mais tanto com sua aparência.
> Fiz o Processo de Transformação Essencial em outubro e conheci Katelyn em dezembro do mesmo ano. Costumo dizer que esse encontro foi a manifestação do meu desejo. Eu pensava nele, falava nele o tempo todo, e fiz as mudanças internas necessárias para que ele pudesse acontecer. Conhecemo-nos poucos dias antes do Natal. Katelyn é uma pessoa muito animada e engraçada, e logo soube que queria conhecê-la melhor. Ela viajou durante os feriados de Natal e, quando voltou, no mês de janeiro, convidei-a para sair. Em fevereiro, comecei a pensar que talvez ela fosse aquela pessoa

especial. Em março, tive certeza de que poderia ser uma relação mais longa. Em abril, dei-me conta de quanto a amava. E, no momento em que decidi que ela era a pessoa ideal para mim, pedi-a em casamento. Ficamos noivos no mês de abril.

Aquela sensação de "não é bem isso" que eu tinha com todas as outras mulheres nunca surgiu com Katelyn. A sensação era: "Essa é a pessoa certa!". Era uma diferença de 180 graus. Eu estava disposto a dedicar menos tempo aos esportes e a abrir mão de muitas coisas. Durante um certo tempo, parei de jogar vôlei e reduzi muito meus compromissos para dar mais atenção a Katelyn. A maneira como eu encarava o relacionamento era totalmente diferente.

Embora meus critérios tenham mudado a ponto de muitas coisas não serem mais essenciais, ela correspondia à maioria dos meus critérios anteriores. Achei isso bastante interessante!

Com Katelyn, eu tinha vontade de conversar sobre coisas que sempre evitara abordar com outras mulheres. Por exemplo, quando ela saía com seus velhos amigos, eu ficava com ciúmes, ansioso, e queria saber em detalhes tudo o que eles tinham feito juntos. Essa questão do ciúme era muito difícil. Achei que já tinha resolvido o problema, mas tornou-se evidente que não. Agora que resolvi essa questão, gosto de saber o que ela faz, mas não fico tão ansioso e não preciso saber de todos os detalhes. Se saímos com amigos, às vezes sinto um pouco da sensação anterior, mas só o suficiente para conversar com ela sobre o assunto. Minha reação agora parece-me adequada.

Com Katelyn, deixei de ser crítico. Por exemplo, antes quando saía com outras mulheres, ficava muito preocupado com a aparência delas — sobretudo com o que os outros iam achar. Com Katelyn, só me interessava como ela era por dentro, e como eu me sentia a seu respeito. Pouco me importava como ela estivesse vestida ou penteada. Era uma experiência muito diferente para mim.

Quando a conheci, senti-me muito confiante. Sabia que ela era a pessoa certa para mim. Mas ela estava saindo com outra pessoa. Eu sabia que ela precisava resolver isso, mas não forcei a barra. Tinha certeza de que ela ia me escolher, mas não era um sentimento de arrogância. Eu nunca tinha tido essa sensação antes.

E também fui muito honesto com ela. Da primeira vez que saímos, eu estava muito nervoso. No nosso segundo encontro, contei a ela quanto tinha ficado nervoso da primeira vez. Acho que não diria isso se não tivesse feito o processo. Eu me sentia mais verdadeiro, não queria esconder nada dela. Podia estar com ela de uma maneira muito aberta, honesta e tranqüila.

Em vez de culparmos um ao outro pelos problemas que enfrentávamos, cada um assumia a responsabilidade pelos próprios problemas e ajudava o outro a resolvê-los. Por exemplo, quando surgiu a questão do ciúme, em vez de acusá-la de sair com os amigos ou de não se preocupar comigo, lidei com a questão como se fosse um problema apenas meu. E quando acho que ela tem um problema a resolver, não interfiro. Em geral, ela enxerga muito bem os seus problemas. Assim, agora eu lido com os problemas de uma maneira totalmente diferente

Quando penso no que me aconteceu, acho que o Processo de Transformação Essencial me preparou para esse relacionamento, que agora é uma das coisas mais importantes da minha vida.

Mindy: eliminando a irritação

Mindy usou o Processo de Transformação Essencial com uma questão de certa forma muito sutil. Ela não gostava de certos aspectos maldosos de seu comportamento. É fácil percebermos o que nos irrita nos outros mas geralmente é muito difícil observar as coisas que fazemos que irritam os outros. Com muita freqüência, ouvimos as pessoas dizerem: "Fulano me leva à loucura!", mas é muito raro alguém dizer: "Levei Sicrano à loucura!". Como Mindy estava disposta a observar esse comportamento em si mesma, foi capaz de usá-lo como um passaporte para um rico e forte estado de ser:

> Achei o seminário de Aligned Self incrivelmente valioso. Agora estou muito mais alinhada entre o que sou por dentro e o que sou por fora. Sou muito mais congruente do que antes. Algumas das mudanças comportamentais foram sutis: entretanto, observei dentro mim uma mudança mais clara. Vivo agora de uma maneira muito mais tranqüila.
>
> Eu achava algumas pessoas muito irritantes. Qualquer coisinha, como um jeito de falar ou andar, me tirava do sério. Por mais que eu me esforçasse, não conseguia deixar de me irritar. Então fazia ou dizia algo que sutilmente rebaixava a pessoa. Quando pedia desculpas, em geral as pessoas diziam: "Tudo bem, não fiquei chateada", mas eu sabia que tinha feito algo sórdido e ficava chateada comigo.
>
> Desde que fiz o Processo de Transformação Essencial, raramente faço isso. Sinto uma sensação de liberdade dentro de mim, percebo que tenho a opção de não me irritar. Quando uma pessoa faz alguma coisa que me aborrece, falo diretamente com ela sobre o que me chateou e o que desejo dela. E mesmo quando repito o antigo comportamento, consigo me desculpar. Não preciso mais ficar chateada comigo.
>
> Trabalho numa clínica que trata de pessoas muito doentes. É como estar numa zona de guerra. Estamos ocupados o tempo todo, temos poucos funcionários, e isso tudo gera uma certa tensão. Uma das minhas colegas de trabalho conseguia me irritar. Ela trabalha meio expediente, chega tarde, sai cedo, demora horas no al-

moço. Eu ficava muito chateada com ela, porque achava que ela estava fazendo corpo mole e sobrecarregando os outros. Entretanto, nunca conversei com ela sobre isso diretamente, mas fazia certas coisas apenas com o objetivo de irritá-la.

Um dia, eu estava no laboratório e ela entrou conversando com alguém sobre um rapaz com quem estava saindo. Senti que ela estava insegura a respeito desse relacionamento. Enquanto estávamos trabalhando no microscópio, resolvi tocar no assunto. De maneira inocente, mas num tom sutilmente sarcástico, perguntei: "Então, você está apaixonada por esse cara? Você gosta muito dele?". E ela replicou: "Não quero falar com você sobre isso". E eu respondi: "Tudo bem. Se você não quer falar comigo sobre isso, tudo bem". Eu disse isso num tom de voz levemente maldoso, de maneira que ninguém pudesse me acusar de estar sendo irônica. Parecia um comentário normal, mas eu sabia que estava querendo chateá-la. Na verdade, eu não estava dizendo que estava tudo bem. O que eu queria dizer era: "Ótimo, já que você está insegura, não precisa falar comigo sobre isso!". Embora ela tivesse me dado uma resposta grosseira, eu sabia que tinha implicado com ela de propósito. Continuei trabalhando no microscópio, pensei: "Não sei por que disse aquilo". E fiquei muito chateada comigo.

No final da tarde, ela veio me pedir desculpas: "Sinto muito ter respondido daquela maneira, mas é que estou realmente muito insegura sobre esse relacionamento", e continuou a conversar. Ela não tinha percebido a minha provocação, mas eu sabia o que estava acontecendo. Eu estava irritada porque ela não estava trabalhando direito e, em vez de ser direta, tinha sido maldosa no comentário sobre seu relacionamento.

No seminário, trabalhei com esse meu lado que me fazia implicar com aquela colega de trabalho. A experiência que tive com o Processo de Transformação Essencial foi excepcional. Chegamos a níveis muito profundos. No último dia, a reimpressão da linha temporal parental foi tão intensamente libertadora que as lágrimas escorriam pelo meu rosto. Chamei a um dos meus estados essenciais de "acabado", por ter chegado a um nível de equilíbrio e harmonia comigo mesma.

Isso não quer dizer que aquela colega não me chateie mais. Quando ela tira uma hora e meia de almoço, fico pensando: "Lá vai ela de novo". Mas volto a cuidar do meu trabalho. Nem penso mais se ela está fazendo a parte que lhe toca no trabalho — isso simplesmente não me preocupa mais. É como se eu tivesse tirado um peso de cima de mim.

Minha reação para comigo mesma, quando faço alguma coisa errada, tem sido muito mais tolerante. Não sinto mais a necessidade de ser perfeita. Se não gosto de alguma coisa que uma pessoa fez, em vez de provocá-la maldosamente sobre outra coisa qualquer, consigo ser direta e dizer o que estou pensando. Com isso, a pessoa tem a oportunidade de se explicar.

E a partir daí podemos conversar abertamente sobre o problema. É uma atitude muito mais direta e honesta do que recalcar a irritação e depois ser irônica. E mesmo quando implico com alguém, sou muito mais tolerante comigo mesma.

Tracy: curando a disfunção temporomandibular e os relacionamentos

As pessoas dizem que se sentem mais relaxadas fisicamente depois que passam pelo Processo de Transformação Essencial. No caso de Tracy, esse relaxamento aliviou a síndrome de disfunção temporomandibular, um problema crônico causado pelo excesso de tensão nos músculos ao redor da mandíbula:

> Eu não pretendia trabalhar com a disfunção temporomandibular durante o seminário. Queria descobrir por que não consegui mais escrever e se poderia melhorar meu relacionamento com meu filho. Atingi ambos os objetivos e muito mais!
>
> Comecei a sofrer de disfunção temporomandibular há cerca de quinze anos, quando tive um processo de divórcio muito difícil. Com o passar dos anos, a situação foi ficando pior. A sensação que eu tinha era a de que a articulação da mandíbula havia saído da concavidade óssea. Toda vez que abria a boca, sentia minha mandíbula se mexendo, em vez de estar encaixada na concavidade óssea. Essa sensação vinha acompanhada de um ruído muito forte. Isso acontecia sempre que eu comia, falava ou apenas abria a boca para liberar a pressão dos músculos faciais. Era muito desagradável. Às vezes chegava a ser doloroso. Eu sentia o endurecimento dos músculos da face, da mandíbula e do pescoço, e chegava a ponto de cerrar os dentes. Tive vários dentes quebrados por causa disso. Meu caso era muito sério.
>
> Sentia muito desconforto, e por isso tentei todas as possibilidades. A primeira coisa que fiz foi ir ao dentista, que me prescreveu uma espécie de retentor,* que não ajudou muito. Desde então, procurei vários profissionais: osteopatas, massagistas, quiropráticos. Nada deu resultado. Há cerca de seis meses, voltei ao dentista. Quando ele olhou minha mandíbula, disse: "Nossa mãe, está péssimo! Talvez um quiroprático seja capaz de colocar isto de volta ao lugar".
>
> "Já procurei profissionais de todas as áreas e nenhum foi capaz de me ajudar", respondi.
>
> "Neste caso", ele respondeu, "é melhor aceitar que não há nada a fazer."

---

* Retentor: qualquer tipo de grampo ou aparelho usado na fixação ou estabilização de uma prótese. Aparelho para prevenir o desvio dos dentes após um tratamento ortodôntico. (N. T.)

Assim, resignei-me a viver com o problema pelo resto da vida. Quando passei pelo Processo de Transformação Essencial trabalhei a questão da minha dificuldade de escrever, mas tive um parceiro muito inteligente, que também era um terapeuta corporal. Embora não soubesse que eu sofria de disfunção temporomandibular, ele percebeu que meu maxilar estava rígido. Chamei meu estado essencial de "tranqüilo equilíbrio". Foi a expressão que usei. Minha sensação era a de estar no centro do universo. Fiquei totalmente calma, totalmente parada. Não havia sequer um diálogo interno. Tudo estava tranqüilo. E as minhas imagens eram do espaço sideral e das estrelas. Sentia-me ligada ao universo e em união com meu corpo, mas ao mesmo tempo eu ia além dele. Era como se eu preenchesse metade da sala! Foi, sem dúvida, uma experiência incrível.

Consegui atingir um estado interior sobre o qual eu havia lido nos livros de meditação. Todos os livros de meditação aconselham a pessoa a meditar até se sentir em união com o universo, até que todo o diálogo interno cesse e se alcance internamente um silêncio total. Neste estado, de acordo com os livros, a pessoa está totalmente receptiva para os recursos do universo, o "todo", ou que quer que seja. Quem já tentou fazer isso, sabe que é uma tarefa praticamente impossível para uma pessoa do mundo moderno! Meus diálogos internos eram tão intensos que me seria praticamente impossível ficar em silêncio por mais de alguns segundos. Minhas partes em conflito tentavam tão arduamente me proteger, que havia uma cacofonia incrível. A maioria das pessoas que tenta meditar fala da dificuldade de diminuir o diálogo interno. Eu o chamo de diálogo "inferno".

As pessoas que trabalhavam comigo durante o exercício observaram quanto eu estava mergulhada naquele estado e me deixaram ficar ali por cerca de dez minutos. Foi impressionante chegar àquele ponto e permanecer nele durante tanto tempo!

Quando cheguei ao meu estado essencial e com ele refiz a cadeia de objetivos, meu parceiro fez com que eu pegasse esse estado essencial e o colocasse no meu maxilar. Fiz o que ele pediu. Coloquei-o no meu maxilar, sem sentir nada de especial. Quando terminei o processo, notei que a disfunção temporomandibular havia desaparecido! Agora consigo abrir a boca sem sentir o maxilar estalar. Terminei o seminário há três semanas e os efeitos ainda estão presentes! Durante quinze anos tentei curar o maxilar e nada me ajudou. Fiquei espantada de ver que com um simples estalar de dedos o problema desaparecera. Foi uma grande surpresa.

A partir daquele seminário, consegui duplicar esse estado durante a meditação. Várias noites, durante meus sonhos, senti o mesmo estado essencial de calma banhar-me como uma onda.

Os efeitos do Processo de Transformação Essencial também se espalharam por outras áreas da minha vida. Quando eu era pequena, minha mãe achava que eu era tímida. Mas, ao mesmo tempo, por eu ser tão quieta, ela achava que eu era teimosa e cheia de vontades. Ela não sabia conversar comigo. Quando eu tinha quatro anos, ela achou que poderia curar minha timidez levando-me a uma escola de balé. A questão é que ela nunca me perguntou se eu queria estudar balé. Foi a primeira vez em que achei que estava sendo controlada. Senti-me totalmente violentada e desrespeitada. Ninguém me perguntou nada. Levaram-me à escola de balé esperando que eu fizesse algo que não sabia fazer. A partir dessa experiência, aprendi a desconfiar da minha mãe e do controle que ela tentava exercer sobre mim. Essa desconfiança foi crescendo com o passar dos anos. Ela nunca me perguntava se eu queria ir ao médico ou cortar o cabelo. Hoje, ela diz que nunca me perguntou porque eu teria me recusado. Isso era o que ela achava. Ela me obrigava a fazer as coisas, em vez de conversar comigo. Portanto, tenho problemas em relação a controle.

Alguns meses antes de participar do seminário do Aligned Self e do Processo de Transformação Essencial, meu filho voltou a morar comigo. Ele se parece muito com o pai, meu ex-marido, que foi uma influência muito controladora na minha vida. Sempre que meu filho dizia que eu devia fazer algo, eu ficava muito irritada e, ao mesmo tempo, surpresa por ter essa reação. Era como se alguém do meu passado estivesse tentando me controlar. Eu vivia irritada. E se meu filho fizesse qualquer coisinha, eu começava a gritar com ele!

Agora, desde o final do seminário, estamos ambos muito calmos. Tudo mudou. Hoje, quando ele faz alguma coisa que antigamente me chateava, eu acho graça. O "tranqüilo equilíbrio" está presente e modificou nosso relacionamento. E como a minha reação ficou tão diferente, o comportamento dele também começou a mudar!

A história de Bárbara: trabalhando com a doença e a timidez

Geralmente, o Processo de Transformação Essencial produz dois tipos de resultados. Um é o da mudança específica que procuramos. O outro é uma mudança mais universal, que gera uma plenitude e um bem-estar que se refletem positivamente em muitas áreas de nossa vida. Por exemplo, quando aplico o Processo de Transformação Essencial ao medo de falar em público, o primeiro resultado é uma maior confiança de falar em público. O outro resultado é um bem-estar geral que provoca outras mudanças positivas e inesperadas na minha vida. Percebo que consigo me relacionar melhor com meus amigos, modificar um hábito indesejável ou sentir-me mais motivada a fazer o que realmente quero na vida. Esses benefícios gerais são contagiantes, embora a limitação original permaneça imutável.

Quando aplicamos o Processo de Transformação Essencial — sobretudo quando o repetimos várias vezes —, geralmente obtemos dois tipos de resultados: a mudança específica desejada e um bem-estar geral em todos os aspectos da nossa vida. Bárbara é um exemplo. Após um único seminário de Aligned Self, embora não tenha ainda atingido o objetivo que ela desejava, está fascinada com a mudança interior de "obter uma sensação sólida de quem eu sou". Bárbara aplicou o Processo de Transformação Essencial a um problema de saúde. Sua história mostra que, mesmo quando não conseguimos obter imediatamente aquilo que queremos, o processo é muito transformador:

> Durante o seminário de Aligned Self, tratei de um problema de saúde. Sofro de esclerose múltipla. Antes de saber da doença, eu trabalhava durante cinco anos como alta executiva de um banco importante. Cheguei a um ponto em que, todos os dias, quando ia trabalhar, sabia que não deveria estar ali. Tinha a sensação de não estar no lugar certo, mas não sabia como cair fora. Eu precisava do dinheiro, das vantagens do cargo, da segurança, e achava que não tinha outra opção. Um dia, estava sentada à minha mesa, olhei para o céu e disse: "Socorro! Estou no fundo do poço. Detesto estar aqui, estou muito frustrada, ajude-me!". Duas semanas depois, tive os primeiros sintomas de esclerose múltipla. Minhas pernas começaram a ficar dormentes, eu não conseguia andar e tive de ser hospitalizada. De certa maneira, obtive a resposta ao meu pedido, embora não da maneira que eu esperava. Como a esclerose múltipla impedia-me de trabalhar no banco, passei para o ramo de consultoria. Agora, tenho a sensação de que estou na profissão certa, fazendo a coisa certa, mas o preço que paguei para descobrir isso foi minha capacidade de andar.
>
> Embora minha saúde não tenha melhorado, tive uma profunda sensação de cura interior desde que passei pelo Processo de Transformação Essencial. Tenho uma percepção sólida de quem sou. Já tive intuições a respeito disso antes, mas esse processo tornou essas intuições mais sólidas. Cheguei a um profundo nível de percepção do que vim fazer aqui. O processo me manteve distante dos pequenos — embora aparentemente grandes — problemas diários que às vezes tenho de enfrentar. O estado essencial fez com que eu me ligasse espiritualmente, de maneira mais profunda, com as pessoas, com o amor. Sinto-me muito mais calma. Eu era uma pessoa muito medrosa e sempre tive problemas de auto-estima. Reagia mais aos outros do que a mim mesma. E sempre tive como objetivo tornar-me uma pessoa mais segura.
>
> O que aconteceu foi que atingi um estado de calma e paz interior permanente. Mesmo quando estou diante de desafios, como por exemplo em situações difíceis com meus clientes, a calma e a paz

continuam presentes. Outro dia, fiz uma conferência para mais de cem pessoas. Falar em público sempre foi um dos meus maiores desafios. Dessa vez, senti-me muito calma, equilibrada. Sabia o que dizer e disse, sem a ajuda de anotações.

Eu era uma pessoa tímida, nervosa, insegura. Às vezes, por causa desse acanhamento, dizia coisas bobas ou inadequadas. Eu vivia me questionando. Agora, como não perco mais tempo com essas dúvidas, posso prestar mais atenção nos outros e no que devo fazer. Quando estou com outras pessoas, estou mais presente, e portanto sou mais perceptiva. Como é possível prestar atenção nos outros se não estamos realmente presentes?

O seminário funcionou como um trampolim. Todas as células do meu corpo sabem por que estou aqui. Não há mais dúvidas na minha mente de que o que estou fazendo e o que estou aprendendo é exatamente o que eu deveria estar fazendo e aprendendo. Tenho uma profunda sensação de paz e calma sobre o que estou fazendo neste mundo.

Quando alguém passa pelo tipo de mudanças por que Bárbara passou, e ainda assim não fica saudável, existem várias possibilidades. Pode ser que mais partes precisem ser incluídas para que ela recupere a saúde. (Ver Capítulo 29, "Transformando a doença", para saber como descobrir outras partes relacionadas à doença.) Há também muitas coisas que desconhecemos. É impossível saber com certeza se uma pessoa vai ficar boa até que ela tenha recuperado a saúde. Entretanto, quando alguém deseja estar bem, achamos que vale a pena buscar a cura. Desconhecemos o grande plano universal do qual todos fazemos parte. Entretanto, qualquer passo em direção à plenitude e ao bem-estar já é um progresso.

Quando passamos pelo Processo de Transformação Essencial, é importante dar valor ao progresso que estamos fazendo, como Bárbara faz, mesmo não obtendo imediatamente a mudança que procuramos. O progresso pode fornecer a base para a mudança específica que gostaríamos que acontecesse posteriormente. Seja com a saúde ou qualquer outro objetivo, quando uma pessoa tem resultados incompletos após ter passado pelo processo uma vez, nós a incentivamos a continuar repetindo o processo. Isso lhe dará a oportunidade de descobrir até onde pode chegar no processo de cura — tanto emocional, como espiritual e física. No próximo exemplo, Heather nos conta como o fato de ter usado o processo repetidamente mudou sua vida.

Heather: concentrando-se no presente e recuperando-se de abuso sexual

Heather tinha dificuldades em seus relacionamentos. Quando estava com alguém, ela "viajava" mentalmente. Ela sabia que isso era inútil, e até como tudo tinha começado. Quando criança, tinha tido pólio e fora molestada sexualmente. A maneira de escapar a qualquer ameaça era "ir para o espaço". Entretanto, saber o que lhe tinha acontecido e como isso tinha começado não a ajudara a tornar-se a pessoa que ela gostaria de ser. Após passar pelo Processo de Transformação Essencial, Heather afirma que consegue estar mais presente em todos os seus relacionamentos. Ela passou pelo Processo de Transformação Essencial três vezes e achou que a repetição foi muito útil. Quando passamos pelo processo uma vez e observamos que ainda restou um pouco do antigo comportamento, sensação ou reação, podemos obter maiores benefícios se repetirmos o processo com aquele segmento que ainda está presente. Eis a história de Heather:

> Eu tinha um comportamento que atrapalhava todos os meus relacionamentos — com os homens, com meus filhos, com todo mundo. Esse comportamento impediu-me de ter intimidade com qualquer pessoa. Eu o chamei de "desconcentração". Quando estava com alguém, sentia que não estava totalmente presente. Não conseguia me comunicar. Meus pensamentos fugiam e eu "viajava".
> Meus filhos me diziam: "Mamãe, lá vai você de novo para o espaço!". Embora eu jamais tivesse notado que fazia isso com meus filhos, eles percebiam. Eu conseguia repetir o que eles tinham acabado de dizer, mas a sensação que eles tinham é que eu não os estava realmente escutando. Embora eu me sentisse mal ao ouvir dos meus filhos que estava fora do ar, esse problema era ainda mais doloroso quando interferia no meu relacionamento com os homens. Como não estava presente, eu jamais conseguia ter um bom relacionamento e estabelecer um nível de intimidade com eles. Tive alguns poucos relacionamentos, que fracassaram, inclusive um divórcio.
> Essa dificuldade vem desde a minha infância. Aos quatro anos, tive poliomielite e fiquei temporariamente paralisada. Tive a experiência de estar incapacitada. Em minhas lembranças mais antigas, vejo-me sentada no sofá, incapaz de me mexer. E depois, quando tinha cinco anos, fui molestada sexualmente. Embora eu tenha me curado da poliomielite, o fato de ter passado por essa experiência de incapacitação total quando estava paralisada tornou o episódio do abuso sexual ainda mais intenso. Eu sentia que não podia fazer nada para cuidar de mim.
> Mais tarde, sofri agressões verbais e emocionais por parte de meninos mais velhos. Eles me jogavam cobras e sapos no rosto, me colocavam dentro de um buraco no chão, me chateavam pelo fato de eu ser menina, esse tipo de coisas. Como eu me sentia incapacitada, era um tormento. Eu ficava morta de medo. Embora eles jamais tivessem feito realmente nada terrível fisicamente, era muito doloroso emocionalmente, porque eu vivia em pânico, temendo que eles chegassem a fazer alguma coisa.

Quando sofri o abuso sexual, reagi ao medo da única maneira que conseguia, isto é, fugindo mentalmente. Depois disso, diante de qualquer ameaça, eu simplesmente "viajava". Isso acabou se tornando um hábito. No final, eu escapava mentalmente sempre que estava com outras pessoas, mesmo quando não corria perigo. Essa reação tornou-se tão natural que eu nem a percebia mais — simplesmente sabia que tinha dificuldade de me concentrar no momento presente quando estava com alguém. Agora, ficou muito claro para mim que a parte do meu ser que estava tentando escapar daquelas experiências traumáticas tinha uma intenção muito positiva!

Passei pelo Processo de Transformação Essencial três vezes em nove meses. A cada vez, atingi um nível mais profundo. Era como ir descascando uma cebola até chegar ao núcleo. O trauma foi tão profundo que levei algum tempo para vê-lo realmente e conseguir curá-lo. A cada vez que eu fazia o processo, chegava mais perto do meu "eu" real e obtinha um estado essencial ainda mais intenso. Na terceira vez, tomei consciência de outros abusos que sofri e pude chegar a uma cura ainda mais profunda.

O Processo de Transformação Essencial mudou minha vida. Agora consigo estar presente com qualquer pessoa — não preciso mais fugir. Consigo estar numa situação de intimidade sem "viajar". Posso estar presente e sentir-me à vontade e segura. Não me sinto mais incapacitada. Isto afetou todas as minhas amizades e o relacionamento com meus filhos. Eles sentem que não estou mais tão ausente. Agora que tive a experiência de estar plenamente presente com eles, consigo perceber quando estou ausente e voltar ao presente.

Profissionalmente, voltei a trabalhar na área de vendas e sinto que o Processo de Transformação Essencial me tornou uma vendedora muito mais eficiente. Observo uma grande diferença na minha capacidade de permanecer presente com um cliente e concentrar-me na comunicação.

Estou fazendo as pazes com meu ex-marido. Não sei no que isso vai dar, mas estamos tentando resolver nossos problemas. Nós nos amamos muito. Gosto de estar com ele. Sou mais capaz de estar presente e criar uma sensação de intimidade. Embora não saiba se vamos ficar juntos, minha nova capacidade de estar presente numa situação de intimidade está tornando o relacionamento muito mais agradável para nós dois.

Marlin: vício

Marlin vinha lutando com o vício há vinte anos quando começou a trabalhar com um terapeuta de PNL. Antes de iniciar a terapia, Marlin bebia doze cervejas por dia. As técnicas de PNL o ajudaram a diminuir a quantidade de bebida, mas o Processo de Transformação Essencial solucionou o problema de maneira mais profunda. Atualmente, Marlin reage ao álcool de outra maneira, esperamos que ele mantenha essa mudança. Consideramos esse trabalho com Marlin e com outras pessoas que sofrem de problemas semelhantes um trabalho preliminar, já que não houve tempo para um acompanhamento por um certo número de anos. Entretanto, os resultados preliminares indicam que o uso constante do Processo de Transformação Essencial é altamente eficaz em limitações sérias como dependência de álcool e de drogas, distúrbios de múltipla personalidade e maus-tratos físicos e sexuais.

    Cheguei a um ponto na minha vida em que senti que, se não parasse de beber, ia morrer, porque eu bebia há mais de vinte anos. Estava muito infeliz, como sempre havia sido em toda a minha vida. Mas o principal é que percebi que precisava me livrar do álcool para poder resolver outros problemas da minha vida.

    Depois de passar algum tempo numa clínica de desintoxicação, consegui ficar três meses sem beber. Isto foi há dois anos. Mas foi muito complicado, porque eu ainda queria beber, a bebida ainda fazia parte de mim. Sentia-me mal porque minha mente ainda era atraída pelo álcool. Eu sabia que a mudança não seria duradoura.

    Quando voltei a beber, às vezes conseguia ficar um dia inteiro sem tocar em bebida, mas nunca dois dias seguidos. Antes de me internar na clínica de recuperação, digamos, durante uns dez anos, nunca fiquei três dias seguidos sem beber. Mesmo quando estava muito doente, eu bebia.

    Na terceira sessão com um terapeuta de PNL, ele me fez passar pelo Processo de Transformação Essencial. Depois disso, finalmente conscientizei-me de quem eu realmente era. Era isso que eu estava buscando. Parar de beber era o meu grande problema, mas a solução foi muito além, pois cheguei à paz interior, à alegria. A palavra "milagre" é fraca demais para descrever como me sinto agora.

    Tive dias terríveis em que, antigamente, teria sido impossível não beber. Entretanto, não bebo mais. Não estou dizendo que jamais voltarei a beber — não sei. Mas o que sei é que sinto esta paz interior e que a bebida deixou de ser um problema. De certa forma, nem penso mais em beber. Antigamente, isso era o centro da minha vida, consumia toda a minha energia — querer beber, querer parar de beber. Agora, é como se eu jamais tivesse bebido. É difícil explicar, porque ainda estou me acostumando à mudança. É o que eu sempre quis. Simplesmente nunca tinha encontrado uma maneira de fazer com que isso acontecesse. Todo dia fica um pouquinho melhor.

    Sempre acreditei que o álcool não era o problema em si. O problema estava dentro de mim, e simplesmente cortar a bebida não iria resolvê-lo. Com esse processo, estou me curando de dentro para fora, e essas coisas destrutivas simplesmente desapareceram. Não é natural uma pessoa beber demais. Isto está me permitindo ser a pessoa que eu sempre quis ser, que eu nasci para ser. E quanto mais me torno essa pessoa, menos coisas destrutivas faço contra mim.

Mudei tanto que as pessoas me dizem: "O que está acontecendo com você? Você anda por aí cantarolando e sorrindo". Eu nem tinha notado isso, mas eles percebem porque antigamente eu era uma pessoa deprimida.

Durante um certo tempo, repeti o Processo de Transformação Essencial todos os dias. Continuo a fazê-lo com freqüência, embora não diariamente. Quando surge algum problema, simplesmente faço o Processo de Transformação Essencial para resolvê-lo. E as coisas vão melhorando. É fantástico! Mas é um pouco estranho, porque estou tendo que me acostumar a me sentir bem.

Devo ter gasto milhares de dólares em fitas de pensamento positivo, de auto-hipnose, qualquer tipo de fita ou livro que contivesse uma promessa ou algum tipo de esperança. Fui explorado por muitas pessoas, mas valeu a pena ter arriscado. Comprava qualquer coisa que pudesse me ajudar. E também — e aqui não vai nenhuma crítica à religião — me envolvi no movimento carismático e vários pastores tentaram me curar pela imposição das mãos. Participei de uma sessão de quatro horas em que dois diáconos da igreja tentaram "expulsar os demônios que estavam dentro de mim". Eu me internei numa clínica de desintoxicação. Cheguei a comprar um aparelho de luz e som que, supostamente, iria me reequilibrar e fazer com que eu me sentisse melhor. Comprei um tanque de flutuação. Dezenas de coisas. Qualquer coisa.

Há cerca de dez anos, um psiquiatra me disse que eu sofria de psicose maníaco-depressiva com tendências suicidas e me receitou antidepressivos. Logicamente, eu me senti melhor, deixei de ficar tão deprimido, mas isso era porque eu simplesmente não estava sentindo mais nada. Mas consegui parar de beber. Alguma coisa dentro de mim dizia que aquilo não estava certo, eu não queria viver como um zumbi o resto da minha vida. Tenho vários parentes que tomam esse tipo de remédios e não queria terminar minha vida como eles.

Agora, vejo meu inconsciente como um amigo, e não como um inimigo, e um amigo que tem um certo poder. Como disse antes, sempre achei que a cura tinha que vir de dentro de mim, mas nunca soube como fazer isso. Agora, é como se isso já estivesse sendo feito. É algo muito natural. Claro, inicialmente, não foi tão natural, porque era algo que eu nunca tinha feito. Mas agora parece-me a coisa mais natural do mundo e, para mim, o céu é o limite! Estou muito contente. Entretanto, esse contentamento é diferente, pois estou empolgado e feliz, mas de uma maneira calma — se é que isso faz algum sentido. Tive de me acostumar com isso, porque antes eu ficava muito empolgado, mas era uma excitação nervosa, esvaziadora. Agora, a empolgação me dá energia, e também calma. Sinto-me vivo pela primeira vez na vida. Capaz de viver a vida. Meu ponto de vista mudou completamente. Agora sinto que minha vida flui. Não tenho certeza do que vai acontecer e sei que provavelmente surgirão problemas no futuro, mas acho que eles vão ser resolvidos em tempo hábil, da maneira como devem ser. Isso não quer dizer que a vida será perfeita, mas que uma solução será encontrada. Não sei que tipo de solução será, não sei o que vai acontecer, mas sei que serei capaz de lidar com o que vier pela frente, sem medo. O medo desapareceu.

Sinto também uma harmonia com as outras pessoas que jamais senti. As pessoas não mudaram. Às vezes, enfrento problemas no trabalho, mas agora reajo de outra maneira — sinto que as pessoas não estão fazendo nada de propósito para me machucar. Elas são como são. E não me incomodo mais com isso. Antigamente, quando as pessoas feriam meus sentimentos, eu as odiava e me sentia humilhado. Agora, simplesmente as ignoro.

Meu chefe é um homem gentil e somos bons amigos, mas, quando algo sai errado, ele adota uma atitude paternalista e fala de maneira condescendente comigo. Isso sempre me incomodou, sobretudo porque não tive um bom relacionamento com meu pai, e era exatamente assim que ele me tratava. Eu ficava muito sentido e sentia-me profundamente humilhado. Desde que comecei a fazer o Processo de Transformação Essencial, simplesmente ignoro essa situação. Aceitei o fato de que as coisas são assim e que meu chefe não faz isso por maldade. E agora não me sinto mais humilhado.

Tenho uma garrafa de cerveja na geladeira e, quando olho para ela, sinto como se olhasse para um pote de mostarda. Não sei por que não jogo a garrafa fora, mas é como se eu não precisasse fazer isso. Antes, se eu tivesse uma garrafa de cerveja na geladeira, ela iria direto para o meu estômago. Este é outro aspecto muito bonito do processo. Quando tentei abandonar a bebida, fui avisado nos centros de tratamento de que tinha que mudar toda a minha vida. Não podia freqüentar pessoas que bebem, não podia chegar perto de nenhuma bebida alcoólica. Não podia fazer isso nem aquilo. Agora, posso ter um engradado de cerveja perto da minha cadeira todas as noites sem dar a mínima bola para ele.

Fiz o processo com um sentimento de ódio que eu tinha contra mim, e a raiva surgiu como uma objeção. Fiz duas ou três vezes o processo quando estava odiando Dottie, minha ex-noiva. Não é que eu estivesse *realmente* odiando Dottie. Eu a amava, e odiá-la era a única maneira que eu conhecia de lidar com o fato de ela ter ido embora. Também consegui resolver essa questão. Eu achava também que estava meio obcecado por ela. Ainda a amo e sinto falta dela, mas isso estava sendo um problema para mim, pois eu só pensava nela, e isso não era bom. Portanto, fiz o processo com essa questão e ele me ajudou imensamente. Meus filhos estão notando a mudança que aconteceu comigo. Eles sabem, mais do que ninguém, o que significa para mim não beber. Eles passaram a vida inteira vendo-me tentar parar de beber. Isso teve um efeito poderoso sobre eles, sobretudo sobre minha filha. Outro dia, ela me abraçou e disse: "Eu o amo por não estar bebendo". Então, dei-me conta de quanto os tinha magoado durante todos esses anos, de quanto fora doloroso para eles ver o pai se matar aos poucos. Ela estava preocupada comigo. Senti-me bem com isso.

As mudanças pelas quais Marlin passou estão se irradiando para sua família e seu ambiente de trabalho. Embora Marlin tenha dito que a clínica de desintoxicação não foi eficaz, o Processo de Transformação Essencial pode ser fácil e naturalmente incorporado em ambientes de tratamento, como por exemplo em clínicas de desintoxicação e outros programas.

Martha: ajudando os outros

Martha já participou de inúmeros seminários de Aligned Self e aplica continuamente o Processo de Transformação Essencial. Também já orientou outras pessoas no processo. Recentemente, Martha passou por uma experiência interessante quando estava fazendo o processo com sua mãe idosa.

Quando estamos guiando alguém no processo, não precisamos saber em detalhes aquilo com que eles querem trabalhar. Podemos orientá-los simplesmente lendo o roteiro e anotando seus objetivos pretendidos. O mais importante quando se guia alguém através do Processo de Transformação Essencial é respeitar suas partes, seu ritmo, e aquilo que a pessoa deseja.

Quero agradecer a vocês pelo Processo de Transformação Essencial. Acabei de usá-lo com minha mãe, que está num asilo para velhos. Durante muito tempo, ela quis morrer. Vivia perguntando às minhas irmãs e a mim: "Por que ainda estou viva?". Estava muito zangada por ainda não ter morrido. Nós respondíamos que não sabíamos, que talvez houvesse um motivo para ela continuar viva, mas ela ficava muito chateada quando dizíamos isso.

Há alguns dias, eu a orientei através do Processo de Transformação Essencial. Começamos com a sua parte que queria morrer. Ela parou de falar durante algum tempo, mas continuei lhe pedindo que buscasse um novo objetivo. Às vezes, ela apenas sorria e balançava delicadamente a cabeça. Ela nunca me contou quais eram seus objetivos pretendidos ou seu estado essencial, e nem precisava saber. Então, ela ficou radiante, bonita e descansada. Sorria o tempo todo. Duas irmãs estavam comigo. Quando nos despedimos, ela disse: "Eu amo vocês!", como se já estivesse indo encontrar seus entes queridos do outro lado. Minhas irmãs e eu ficamos tão emocionadas com essa experiência que tínhamos lágrimas nos olhos quando saímos do quarto.

Desde então, ela nunca mais se queixou de ainda não ter morrido e sempre parece muito calma. Há pouco tempo, perguntei se ainda queria morrer e ela me disse, com um grande sorriso: "Ora, quando chegar a hora, tudo bem para mim. Vai depender de Deus, e *Ele* vai me avisar quando chegar o momento!".

Lance: curando a esquizofrenia

Um terapeuta de PNL que tem um consultório particular nos escreveu a respeito de um jovem que sofria de esquizofrenia e reagiu de maneira impressionante ao Processo de Transformação Essencial.

Quando comecei a trabalhar com Lance, ele tinha cerca de vinte anos e não se sentia "normal" desde os sete ou oito anos. Por volta dos treze anos, começou a acreditar firmemente que era muito diferente das outras crianças. A maioria dos seus relacionamentos emocionais eram frios e estressantes. Ele sempre tivera uma queda para a eletrônica, computadores e máquinas em geral, e tinha um intelecto brilhante.

Lance terminou o segundo grau, embora estivesse começando a ter mania de perseguição e algumas alucinações auditivas e cinestésicas (como se houvesse pequenos grupos de pessoas dentro dele controlando-o e falando com ele). Ele mal conseguiu terminar o primeiro ano da faculdade. Sentia muita ansiedade. Esquecia-se de comer durante dias inteiros. Suas emoções variavam de uma indiferença total a uma ansiedade extremamente paranóica. Por mais de um ano, acreditou que todas as pessoas ao seu redor eram robôs e que ele era a única pessoa de carne e osso. Quando ficava ansioso (o que acontecia praticamente o tempo inteiro), agitava as pernas e os braços e seu rosto tremia incontrolavelmente. No fim, passou a ter manias de grandeza e alucinações religiosas, e a acreditar que demônios viviam dentro do seu corpo. Foi hospitalizado durante seis meses e recebeu altas doses de medicação antipsicótica e ansiolítica.

Quando recebeu alta do hospital para doentes mentais, Lance passou a viver com os pais, uma existência de eremita, evitando o máximo possível outras pessoas. Não conseguia manter um emprego e não tinha motivação nenhuma na vida.

Quando seus pais me telefonaram para saber se eu poderia trabalhar com Lance, ele não estava fazendo terapia. Nos seis anos anteriores, tinha sido tratado por um psiquiatra que passava a maior parte do tempo conversando com ele, dizendo-lhe que devia cuidar do corpo, se dar bem com a família e não ficar zangado. Quando esse psiquiatra se mudou para outro estado, Lance passou a ter sessões com outro profissional, que, após duas consultas, lhe disse que seu caso não tinha solução. Disse que Lance deveria continuar tomando os remédios, mas sem nenhuma esperança de cura. Como achava que não podia ajudá-lo, o psiquiatra achou melhor não aceitá-lo como paciente.

Lance e eu passamos alguns meses trabalhando com as técnicas tradicionais de PNL, e muitos dos seus sintomas diminuíram. O médico reduziu sua medicação antipsicótica de 15 mg para 10 mg por dia e confessou que isso era excepcional. Segundo ele, o normal era que a medicação fosse aumentada, e não diminuída. Lance também conseguiu criar laços de amizade mais íntimos, passando a sair com amigas, e seus períodos de ansiedade foram diminuindo de maneira significativa. Seu relacionamento com os pais melhorou e ele voltou à faculdade. Embora tendo feito progressos significativos, Lance ainda tinha uma sensação de que havia algo errado "dentro de mim e na minha mente". Sentia como se houvesse uma "bola negra de mal" dentro dele.

Recentemente, comecei a trabalhar com o Processo de Transformação Essencial e decidi experimentá-lo em Lance. A "bola negra de mal" dividiu-se em quatro partes: uma parte que queria ficar sozinha; uma parte que queria que Lance controlasse a situação e fosse uma pessoa segura; uma parte que queria que ele conseguisse controlar melhor seus conflitos internos; e uma parte que queria agredir verbalmente as outras partes. Os estados essenciais dessas partes eram: paz de espírito, plenitude — riqueza — tranqüilidade interior, paz de espírito (mais uma vez) e paz através da plenitude.

Imediatamente depois do processo, Lance disse: "Sinto-me um pouco tonto. Como se visse o mundo com novos olhos. Todas as minhas partes interiores decidiram trabalhar juntas para que tanto eu quanto elas possamos nos sentir melhor e encontrar novas maneiras de atingir nossos objetivos, sem ansiedade". Após passar pela reimpressão da linha temporal parental, ele também se sentiu muito mais ligado aos pais.

Uma semana depois do processo, ele me disse: "Sinto-me normal. Da última vez que me lembro de ter me sentido assim eu tinha oito ou nove anos. Sinto uma grande calma interior. Estou me divertindo e não fico cansado o tempo todo. Não senti nenhuma ansiedade grande na semana passada. Algumas vezes pensei que ela estivesse começando, mas logo desaparecia. Há cerca de duas semanas, tive de cancelar uma viagem com meu pai porque, quando comecei a fazer as malas, meu nível de ansiedade subiu tanto que não consegui fazer mais nada. Há dois dias, comecei a fazer as malas, sem nenhum problema. Sentia-me ótimo e muito empolgado por ser capaz de viajar com meu pai, sabendo que vai ser muito divertido. Estou sentindo uma grande empolgação! Desde criança, é a primeira vez que me lembro de me sentir empolgado, sem sentir ansiedade ao mesmo tempo".

Durante essa sessão, os tiques faciais de Lance e os tremores nas pernas e nos braços que tinham sido freqüentes em todas as outras sessões praticamente desapareceram. Exceto por alguns raros momentos, ele parecia relaxado e calmo. Existem ainda muitas áreas da sua vida e do seu comportamento que precisamos trabalhar, mas a mudança que ele obteve numa única sessão de transformação essencial foi surpreendente. E quando passarmos a trabalhar com áreas específicas da sua vida, vamos abordá-las a partir do Processo de Transformação Essencial.

Lance declarou que, na semana seguinte à sessão do Processo de Transformação Essencial, encontrou uma mulher atraente que conhecia vagamente. Normalmente, numa situação dessas, sentiria uma ansiedade extrema e uma vontade de sair correndo. Quando ela lhe pediu para tentar um truque que tinha inventado, ele não conseguiu. Mas, em vez de ficar ansioso, por estar diante dela e de outras seis pessoas, Lance começou a rir. Sem nenhuma ansiedade, passou a brincar, e logo todos estavam rindo, inclusive ele. Lance não era o tipo de pessoa que "ria de si mesmo". Em geral, era uma pessoa muito séria, e ficava ansioso diante da menor pressão exterior. Só quando saiu dali percebeu que tinha um novo comportamento.

O médico de Lance acredita que ele precisa de medicação em parte porque sua alta reação de estresse cria desequilíbrios neuroquímicos. Se conseguirmos controlar a reação de estresse, há boas possibilidades de que seu nível neuroquímico volte a se equilibrar. Lance, seu médico clínico e eu temos agora como objetivo eliminar sua dependência de remédios no futuro próximo.

Apliquei o Processo de Transformação Essencial a vários clientes e vi muitas mudanças positivas, mas a mudança de Lance é a mais impressionante. A mudança permaneceu estável e levou-me a tirar algumas conclusões. Não apenas Lance não é um caso desesperador, como havia afirmado seu último psiquiatra, como sou capaz de apostar que ele vai conseguir progredir ainda mais e encontrar plenitude na sua vida. Em seis meses, vi-o passar de uma esquizofrenia a um nível de muita ansiedade. E agora essa ansiedade está sendo rapidamente controlada.

Este capítulo foi uma pequena mostra das muitas histórias pessoais que poderíamos mostrar ao leitor. Elas lhe dão uma idéia da amplitude e da natureza abrangente dos resultados que podem ser obtidos com o uso contínuo do processo. Esperamos que ele possa fortalecer sua capacidade de usar o Processo de Transformação Essencial.

CAPÍTULO 32

TRANSFORMAÇÃO ESSENCIAL E ESPIRITUALIDADE
Contatando o nosso Deus interior

Não somos seres humanos que têm uma experiência espiritual. Somos seres espirituais que estão tendo uma experiência humana.
Pierre Teilhard de Chardin

As pessoas que estão num caminho espiritual e aprendem o Processo de Transformação Essencial nos seminários de Aligned Self ficam surpresas com a semelhança entre o que sentem imediatamente no seminário e o que têm procurado na sua busca espiritual. Ficam muito emocionadas por ter acesso à sua profunda espiritualidade de uma maneira tão fácil.

Pessoas que receberam uma educação religiosa aprenderam uma série de crenças e regras sobre a realidade espiritual. Disseram-lhes o que era verdade, em vez de guiá-las para descobrir as profundas verdades que existem dentro delas. Um dos efeitos intrigantes do Processo de Transformação Essencial é que ele nos leva diretamente a estados espirituais, mesmo que não seja esse o nosso objetivo. Em vez de impor regras a partir do exterior, o Processo de Transformação Essencial nos leva a sentir nossa experiência ímpar interna de maneira mais plena. Para mim (Connirae), descobrir que cada parte tem um estado essencial que pode ser vivenciado como uma experiência espiritual foi uma prova impressionante da presença divina. O fato de cada uma de nossas partes inconscientes ter um conhecimento interior e único desses estados essenciais impressionou-me mais do que qualquer religião.

O Processo de Transformação Essencial provoca uma necessidade menor de crenças e regras. No capítulo anterior, Max nos contou como suas crenças e expectativas sobre o tipo de mulher com quem queria se casar se tornaram mais flexíveis. Ele nem teve de pensar conscientemente e tomar novas decisões; foi uma conseqüência natural do Processo de Transformação Essencial. Quando vivemos a partir do nosso estado essencial, muitas das nossas crenças já não têm mais significado para nós. Crenças rígidas sobre espiritualidade ou religião também tendem a se tornar mais flexíveis à medida que as pessoas têm a experiência de universalidade oferecida pelos estados essenciais. Há muitas coisas que não conhecemos sobre o reino espiritual. Se nos agarrarmos a um forte sistema de crenças sobre o que seria a "verdadeira" espiritualidade, nos veremos diante de armadilhas que já conhecemos bem. Nossos livros de história e os noticiários diários nos mostram os grandes danos causados em nome do fervor religioso.

Fortes crenças sobre a espiritualidade podem inclusive impedir a vivência de estados espirituais. O que as nossas partes interiores têm a nos oferecer possui uma qualidade levemente diferente (ou muito diferente) daquilo que temos em mente quando tentamos "entender" o que deveria ser a espiritualidade. Trabalhei com um rapaz chamado Richard que tinha estudado religião durante anos. Ele estava convencido de que todas as suas partes deveriam ter como estado essencial "um estado de luz", já que era esse estado que ele tentava atingir quando meditava. Quando perguntou às suas partes inconscientes o que *elas* queriam, descobriu estados essenciais importantes, como por exemplo bem-estar e calmo equilíbrio. Embora parecessem menos esotéricas, eram experiências muito mais sólidas e verdadeiras para ele. Esses eram os estados de que ele precisava para caminhar em direção à plenitude.

Laurel tinha um mestre espiritual há muitos anos e passava grande parte do dia meditando. Quando percebeu um bloqueio no seu crescimento espiritual, tentou aplicar o Processo de Transformação Essencial:

> Trabalhei com a parte de mim que era tão devotada ao meu mestre que parecia apaixonada por ele. Quando falava com ele, eu ficava fora do ar durante dias, feliz e abençoada, porém não muito prática, e sempre caía das nuvens dias depois. Cheguei a um ponto em que isso estava me fazendo mal. Queria que minha experiência espiritual fosse mais estável e mais interior, menos "dependente de algo externo", ou seja, de um guia espiritual. Também queria sentir que minha espiritualidade se baseava em algo mais profundo.
>
> O primeiro objetivo dessa parte devota era "estar feliz". Depois, a cadeia de objetivos revelou que ela queria "calma completa", "estar com Deus", "coesão com a minha alma". Achei que esse fosse o meu estado essencial, porque era maravilhoso. Mas, quando perguntei a essa parte o que mais ela queria, a resposta foi uma sensação que eu chamaria de "apenas ser". É quase impossível colocar isso em palavras, porque era um estado de calma completa, um estado de "ser".
>
> Tive algumas experiências espirituais profundas nos últimos anos, mas esse estado essencial de "apenas ser" levou-me a um ponto além do simples fenômeno. Apenas "era". É como se muitas par-

tes de mim estivessem procurando isso há muitas vidas passadas. A sensação que eu tenho é que não preciso fazer nada. Basta-me apenas ir para esse local e ser. Talvez isso possa parecer meio bobo, mas para mim foi uma revelação. Não é uma sensação de êxtase como a que eu tinha anteriormente, mas que sempre acabava dias depois. Trata-se apenas de um local onde eu sou.

Agora, quando me pego procurando Deus ou a espiritualidade fora de mim, vou para esse local onde eu sou, que não está nem dentro nem fora de mim, que apenas existe. Estou muito grata por ter tido essa experiência. Este processo dá fundamento aos estudos que sigo com meu mestre espiritual, mas tenho a sensação de que estou partindo de um nível mais maduro, de um local onde existe mais calma e neutralidade. É muito mais fácil para mim entrar em contato com o meu espírito nesse local onde eu apenas sou, porque não tenho de ir a lugar nenhum e ele está sempre presente.

Procurando Deus nos lugares errados

Durante milhares de anos, os guias espirituais e as tradições religiosas afirmaram: "Deus está em toda parte". Entretanto, nossa visão humana torna muito difícil aceitar essa realidade. Como Deus pode estar dentro do mal que existe no mundo? Algumas coisas parecem horríveis demais para que Deus sequer chegue perto delas. É muito mais fácil pensar que, para encontrar Deus, precisamos criar uma distância entre nós e qualquer coisa que se pareça com o "mal". Por isso é que as pessoas religiosas tentam se afastar de tudo o que consideram ruim, pecaminoso ou "negativo", para adotar a terminologia da nova era. Quando nos separamos das nossas partes interiores que consideramos ruins, provocamos conflitos interiores. Tentamos agir e nos sentir de uma maneira amorosa, equilibrada e plena mesmo quando algumas partes de nós não querem isso. Essa abordagem resulta em conflito e na sensação de que precisamos controlar nossos pensamentos, raivas e desejos negativos ou então deixá-los de lado. Entretanto, sabemos que deixá-los de lado não funciona, porque não nos sentimos plenamente congruentes na nossa "bondade".

Gloria era uma pessoa muito respeitada na sua comunidade. Era muito religiosa e ia regularmente à igreja. Todos os que a conheciam gostavam dela. Entretanto, ela estava muito perturbada, porque sentia ondas de raiva dentro de si. Quando estava assim, gritava com os filhos e chegava a bater neles. Gloria estava com medo de machucar os filhos e também de que alguém descobrisse isso. Esforçava-se para crescer espiritualmente, mas, no esforço de ser amorosa, sufocava seus sentimentos de raiva. Tentava reprimi-los, até que, um dia, a raiva "explodia".

Muitas pessoas fazem como Gloria. Tentam ser uma pessoa maravilhosa, mas descobrem que os aspectos "maus" continuam a existir, às vezes até amplificados. As qualidades que consideramos "boas" e "más" podem estar desequilibradas. Se me obrigo a agir de uma maneira delicada com as pessoas mesmo quando me sinto chateada, isto pode ser visto pelos outros como uma "virtude". Mas, pelo fato de ser um comportamento socialmente aceito, significa que é equilibrado. Estou sendo boa por causa das minhas amizades ou da imagem que quero manter, em detrimento do meu equilíbrio emocional e daquilo que é verdadeiro em mim. Sempre que sou levada a agir ou a sentir de uma certa forma, e para tanto tenho de eliminar outras partes de mim mesma, fico desequilibrada. Isto pode incluir o desejo de ter sempre razão, ser bem-sucedida, rica, inteligente, linda, corajosa, ter um físico perfeito, ser delicada, generosa ou calma. Esses desejos são objetivos valiosos, mas o fato de eu depender deles cria desequilíbrio.

Quando tomamos um caminho espiritual, procuramos "Deus" nos lugares óbvios. Procuramos partes de nós mesmos e dos outros que já sentem amor, compaixão e calma profunda. Tentamos sentir esses sentimentos "positivos" e eliminar as partes que não se encaixam. Isto cria uma polaridade entre os estados espirituais e a vida diária — uma divisão entre as partes "boas" e "menos boas". Os estados espirituais são maravilhosos por si mesmos, mas estão separados das partes "não espirituais" da vida diária — a impaciência, a raiva, a irritação, o ciúme, o preconceito e qualquer comportamento, sentimento e reação negativos inerentes à condição humana. Partes que julgamos inaceitáveis e "não espirituais" são suprimidas. O resultado é que elas nunca chegam a se expressar e nunca têm acesso aos estados espirituais. As partes "espirituais", por sua vez, ficam desligadas, para poderem se manter afastadas dessas partes consideradas "não espirituais". Este tipo de busca espiritual pode inclusive nos diminuir. Sempre que ignoramos uma emoção, um desejo e qualquer reação indesejável — "Isto não sou eu. Sou superior a isso!", —, tornamo-nos um pouco "menores". Perdemos uma parte da nossa vitalidade, da nossa essência. Distanciamo-nos das verdades universais. Tentar suprimir o nosso "lado negro" atrapalha o nosso crescimento espiritual.

Com o Processo de Transformação Essencial, *partimos* dos nossos piores defeitos. Começamos com aquilo que não gostamos em nós, que julgamos menos "divino", e então compreendemos que, mesmo aí, encontramos Deus. A vida espiritual se integra à vida cotidiana. Em vez de vivenciarmos a espiritualidade como algo separado, descobrimos estados espirituais no âmago de qualquer limitação, de qualquer hábito negativo, de qualquer emoção ou comportamento ruim que desejaríamos não ter. Em vez de restringir o estado espiritual a algumas horas por dia, a alguns dias por semana, a algumas atividades ou a alguns cômodos da casa, a transformação essencial conecta esses estados espirituais às situações reais do dia-a-dia.

Uma auto-aceitação profunda emerge gradativamente da transformação dessas limitações. A mensagem desse processo é: "Toda limitação, toda reação de que não gosto, tem Deus (bom) dentro dela". O processo ensina o inconsciente a permitir que esse âmago espiritual que existe em cada parte de nós nos modifique automaticamente. Qualquer característica desagradável, qualquer ação "não espiritual", qualquer emoção ou pensamento torna-se um meio de vivenciarmos nossa essência espiritual. Passamos a entender e sentir que nosso lado escuro é, em potencial, um aspecto maravilhosamente enriquecedor, pode nos levar à essência do nosso ser.

Três verdades espirituais

Existem algumas verdades básicas comuns à maioria das religiões, embora sejam expressas de formas levemente diferentes pelos mestres espirituais. Dentre elas, considero três realmente importantes. A primeira e a mais importante delas é a mensagem de unicidade, que foi examinada no Capítulo 4: "Os cinco estados essenciais". Eis como Carl Jung vivenciava a unicidade: "Às vezes, sinto como se estivesse espalhado pela paisagem e dentro de cada coisa. Vivo dentro de cada árvore, no movimento ondulante das ondas, nas nuvens, nos animais que vão e vêm, na mudança das estações".

Outra verdade espiritual — que se perdeu em várias versões das religiões organizadas — diz respeito à aceitação e à compaixão. Implica não julgar, a nós mesmos e aos outros, e também uma maior aceitação de nós mesmos e dos outros, inclusive de nossas limitações. Sempre que me critico ou critico alguém, percebo que fico mais tensa fisicamente. A crítica suga nossa energia — tira nossa vitalidade. Quando passamos a um estado de aceitação, podemos relaxar em todos os níveis — física, emocional, mental e espiritualmente. Atingimos uma plenitude e uma alegria interior e libertamos nossa energia para coisas mais úteis.

Mas, se nos *obrigamos* a aceitar e não julgar, estamos criando outra regra que nos torna ainda mais tensos e rígidos. Sempre que nos pegarmos criticando a nós mesmos ou a alguém, precisamos descobrir um local dentro de nós onde temos o potencial de maior compaixão.

Um bom começo é aceitar aquilo que existe dentro de nós, em vez de tentarmos ser algo que não somos. Aceitação total é aceitar tudo o que acontece dentro de nós e no mundo. Isso não significa gostar de tudo ou tolerar qualquer coisa passivamente, ou abrir mão do que poderíamos fazer para tornar o mundo melhor, mas estar em sintonia com o Deus que existe dentro de todas as coisas, mesmo daquilo que nos parece horrível. Começamos a perceber que tudo faz parte de um plano maior que nos ama e nos rodeia. Quando um adulto arranca violentamente uma criança diante de um carro em alta velocidade, ela pode se sentir magoada por ter sido brutalmente agarrada, sem se dar conta de que o adulto acabou de salvar sua vida. Da mesma forma, talvez não estejamos conscientes de como a vida se desenrola no plano maior do universo, mas podemos ter consciência de que a vida é muito maior do que nós e flui com perfeição. Há, portanto, uma aceitação fundamental *daquilo que é*. Quando a vida nos "agarra com brutalidade", sabemos que talvez ela tenha acabado de salvar nossa vida. Quando vivemos em estado de aceitação, passamos a reagir ao mundo com bondade e compaixão.

A terceira verdade espiritual diz respeito à entrega. Posso encarar minhas ações como frutos da minha vontade, das minhas preferências e desejos, ou posso perceber que estou sujeita a um propósito maior, do qual faço parte. Ao contrário da submissão, que significa desistir da minha vontade, esse tipo de entrega é um alinhamento congruente de mim e da minha vontade com algo muito mais amplo do que eu. Minhas ações, meu movimento, meus pensamentos, tudo brota dessa congruência com o todo maior, e não da vontade individual. Esse tipo de entrega não é passividade — esperar passivamente que o "espírito" me mova —, mas, ao contrário, a sensação dinâmica de que me movo em harmonia com o todo, que me permito caminhar naturalmente nesse espaço de unicidade.

Tanto a "aceitação" quanto a "entrega" são extensões naturais da verdade primordial, a "unicidade". O julgamento pressupõe uma separação entre a pessoa que julga e o que está sendo julgado. Se, de uma maneira mais profunda e espiritualmente verdadeira, estou realmente unida ao todo, então o julgamento deixa de ter sentido. Quando me sinto unido ao todo — uma experiência muito mais ampla do que minha percepção habitual de mim mesma —, passo a agir a partir dessa consciência ampliada. De certa forma, já me "entreguei" àquilo que está dentro de mim, que é tudo, que é verdadeiramente o que sou.

Se partirmos de um estado espiritual que já vivenciamos e o impusermos às nossas partes que estão desequilibradas, mesmo a experiência sendo positiva haverá uma certa coerção. O estado essencial que nossa parte interior está procurando pode ter uma qualidade e uma origem levemente diferentes. Embora os nomes e a sutil sensação dos estados essenciais que descobrimos dentro de nós possa variar de maneira infinita, a qualidade comum da experiência é a de "unicidade" ou "ligação com o todo". E faz uma grande diferença o fato de atingirmos esses estados através das nossas partes desequilibradas e defeituosas. É isso que nos dá a certeza de que nossa transformação interna é orgânica e real, pois é a descoberta de algo que já existe dentro de nós.

CAPÍTULO 33

INTEGRAÇÃO DA TRANSFORMAÇÃO ESSENCIAL NA NOSSA VIDA
Os estados essenciais podem estar sempre conosco

Quando estou preparando minha salada, coloco mentalmente meus estados essenciais em contato com os legumes, e assim é como se eu os estivesse ingerindo! Meus estados essenciais estão na água do meu banho, no jardim que cultivo. E isso torna o mundo um lugar extraordinariamente amistoso!
Samantha

As pessoas que mais saem ganhando com o Processo de Transformação Essencial são as que o usam de maneira constante. Ele pode transformar-se num processo simples, delicado e positivo, a ser feito todos os dias ou várias vezes por semana, desde que você sinta que ele está sendo útil. Você poderá criar um momento de grande ligação com os profundos estados essenciais que existem dentro de você.

O primeiro nível de mudança ocorre da primeira vez que aplicamos o Processo de Transformação Essencial completo. Muitas pessoas obtêm a mudança desejada e ainda outras, inesperadas e bem-vindas. Embora nem todos obtenham uma mudança significativa da primeira vez, basicamente todos os que o repetem conseguem mudanças positivas na sua vida. Se você tem aplicado o processo e as mudanças que deseja ainda não ocorreram, talvez seja útil participar de um seminário de Aligned Self e ser orientado por alguém que conheça bem o processo. Isso o ajudará a escolher as partes com que trabalhar, a entrar em contato com suas partes interiores e seus estados essenciais e a aproveitar a experiência de outras pessoas que já usaram o processo de maneira profunda e efetiva.

A repetição do Processo de Transformação Essencial aprofunda os níveis de mudança. Se você deseja aproveitar ao máximo o processo, nós o aconselhamos a utilizá-lo todos os dias, durante um certo período. Eu (Connirae) assumi um compromisso comigo mesma de aplicar o processo pelo menos uma vez por dia durante alguns meses seguidos. Depois que me familiarizei com o processo, levo geralmente cerca de 15 minutos. É sempre uma experiência tranqüilizadora, que abre minha experiência para profundos estados interiores. Ao cumprir minha promessa, passei a aceitar e a incluir camadas cada vez mais sutis do meu ser interior. Os estados essenciais que eu estava atingindo pareciam seguir uma progressão. No início, não cheguei aos estados espirituais que muitos dos meus clientes descobriam e me contavam. Na época, pensei que essas pessoas estavam interpretando o que sentiam do ponto de vista espiritual. Entretanto, à medida que passei a trabalhar com muitas outras partes do meu ser, comecei a descobrir estados que só podia descrever como espirituais. Todos esses estados tinham uma qualidade de unicidade. Eles geravam uma profunda calma e me permitiam compreender o que os líderes espirituais vêm descrevendo há séculos. Com a prática contínua do processo, atinjo estados essenciais cada vez mais profundos, em níveis que só consigo descrever como estados cada vez mais profundos de unicidade. Observei também o mesmo progresso nas pessoas que usam continuamente o processo.

É muito importante não tentar pular etapas e impor um estado espiritual a uma parte interior que deseja algo mais mundano. Aceitar cada estado essencial que se apresenta nos dá a base para realmente vivenciar o nível que vem a seguir. É possível que você passe por ciclos. Após entrar em contato com partes muito espirituais, talvez você venha a trabalhar com uma parte que deseja algo mais material. Voltar a alguns dos estados essenciais básicos pode lhe dar a base para vivenciar um novo nível. Felizmente, podemos confiar que nossa sabedoria interior sempre saberá nos oferecer o estado essencial de que mais precisamos no momento. Em todo o caso, o que as nossas partes desejam é justamente aquilo do que nos separamos e precisamos recuperar.

Convém esclarecer que o Processo de Transformação Essencial não nos transforma em seres humanos perfeitos. Entretanto, a constante repetição do processo quase sempre leva a profundos níveis de conhecimento e sabedoria interior.

Fazendo o processo diariamente

Se você optar pela aplicação diária do Processo de Transformação Essencial, ele funcionará melhor se você o praticar sempre à mesma hora, de forma a torná-lo um hábito — sobretudo se você for praticá-lo durante alguns meses seguidos. Experimente o que é melhor para você. Talvez você prefira fazê-lo assim que acordar, pela manhã. Algumas pessoas preferem praticá-lo à noite, antes de dormir. Se você gosta de fazer uma pausa no meio do dia, talvez esse seja o melhor momento. Se você já tem um momento em que pára para meditar, talvez possa integrar o Processo de Transformação Essencial à sua meditação diária. Alguns dos participantes dos nossos seminários que meditam regularmente comentaram que o processo ajuda a atingir os objetivos da meditação. Enquanto algumas pessoas conseguem entrar em um maravilhoso estado meditativo, algumas partes parecem ser deixadas de lado durante a meditação. Quando praticamos regularmente o Processo de Transformação Essencial, todas as nossas partes interiores conseguem vivenciar esses estados poderosamente transformadores.

Houve épocas em que apliquei o processo quase diariamente, durante meses seguidos. Num desses períodos, lembro que uma noite estava dirigindo por uma estrada quando de repente me senti agitada, sem saber exatamente por quê. Antes que tivesse tempo de pensar conscientemente no assunto, me vi passando por uma série de estados até chegar a um lugar maravilhoso, que era o estado essencial da parte que se sentia agitada. Logo, senti esse estado essencial irradiar-se por todos os meus objetivos pretendidos. Nem sempre o processo é tão rápido. Geralmente, tenho de trabalhar especificamente com uma parte. Quando repetimos com freqüência o processo, passamos a viver a vida de outra forma. Não importa o que esteja acontecendo conosco, mesmo quando estamos desequilibrados, percebemos, num nível inconsciente, os objetivos pretendidos e o profundo estado essencial. Sabemos que eles estão presentes, mesmo antes de o percebermos.

A história de Lindsay

No depoimento seguinte, Lindsay conta como integrou o processo à sua vida diária:

> Estou muito grata por ter aprendido o Processo de Transformação Essencial, pois agora ele me ajudou a vencer uma semana bastante difícil. Fui encarregada de negociar um contrato importantíssimo entre minha empresa e outra companhia. Tratava-se de um projeto de grandes proporções, que exigia o acordo de pessoas-chaves dentro da empresa. Durante as negociações, várias pessoas da minha empresa mostraram-se irredutíveis em seus pontos de vista. Embora algumas das suas reivindicações fossem justificadas, elas só estavam dispostas a concordar com a negociação se obtivessem certas concessões que eu achava totalmente individualistas.
>
> À noite, após um dia inteiro de reuniões, eu não conseguia dormir. Estava muito frustrada, porque sabia que aquela negociação era primordial para a empresa. Sabia que era um projeto relativamente barato, que beneficiaria os funcionários, além de oferecer um serviço importante. E parecia que perderíamos a oportunidade.
>
> Assim, resolvi fazer o Processo de Transformação Essencial com todas as minhas partes: a parte que se sentia frustrada, a parte que estava zangada por perder o negócio, a parte que estava ressentida com o tratamento de um dos colegas. Em questão de minutos, meu estado mudou completamente. Fui invadida por uma enor-

me sensação de alívio e relaxamento. Podia senti-la da cabeça aos pés. Nem precisei chegar ao estado essencial. Às vezes, quando não conseguia chegar ao estado essencial, pedia à minha mente inconsciente que completasse o processo de maneira que fosse respeitosa para mim.

Foi uma revelação perceber que não precisava fazer o processo inteiro para obter resultados. Mesmo fazendo apenas uma parte, eu me sentia ótima e podia dormir tranqüila, tendo bons sonhos em vez de pesadelos. E, assim, comecei a compreender o que era realmente importante dentro do projeto. Foi como se tudo o que não era importante tivesse desaparecido, revelando o que realmente tinha importância. Agora, sinto claramente que devo encontrar um acordo que satisfaça a todos ou simplesmente recusar o negócio.

Antes de aprender o Processo de Transformação Essencial, eu não conseguia chegar a esse nível de compreensão. E gosto ainda mais dele porque posso usá-lo de uma maneira prática. É muito bom saber que, quando me encontro numa situação difícil ou tenho uma reação "indesejável", posso utilizar esse sentimento de maneira positiva, em vez de tentar ignorá-lo, evitá-lo ou me sentir culpada.

Galgar todas as montanhas

A transformação essencial é um processo, e não um evento isolado. Cada etapa ajuda a revelar o próximo nível. Minha experiência de evolução pessoal assemelha-se à escalada de uma alta montanha. Quando eu tinha nove anos, tive a oportunidade de escalar o Pike's Peak.* Eu era a mais nova do grupo e estava em estado de êxtase. Até hoje lembro-me do início da escalada. Não podíamos ver o pico mais alto da montanha, mas estávamos satisfeitos em ir subindo em direção a ele. Começamos a escalada, e logo atingimos o pico da primeira "colina". Quando chegamos lá, ficamos maravilhados com o nosso progresso. De lá, podíamos ver o próximo pico, mais alto, que nos levaria ao topo. A cada pico que atingíamos, um outro, mais alto, se tornava visível. Assim, "descobrimos" oito picos, que nos levaram ao topo do Pike's Peak.

Sempre que você chegar a um "pico" dentro de você, agradeça por ter chegado lá e observe o progresso que fez. É ao chegarmos a um pico que podemos ver claramente o que vem a seguir. É o nosso progresso interior que nos permite observar o próximo passo, que agora se torna possível para nós. Nessa jornada interior, não existe um pico "mais alto", um ponto de chegada.

E, acima de tudo, lembre-se de que isso é um processo fácil, alegre, leve, destinado a nos ajudar a descobrir a luz onde julgávamos só haver trevas.

---

* Pico escalado por Zebulon M. Pike, nas Montanhas Rochosas, e que tem seu nome. Pike ficou famoso por liderar a expedição para descobrir a nascente do Mississippi. (N. T.)

Bibliografia

Outros livros de NLP

ANDREAS, CONNIRAE e ANDREAS, STEVE. *Heart of the Mind: Engaging Your Inner Power to Change with Neuro-Linguistic Programming*. Utah, Real People Press, 1989. [*Essência da Mente — Usando seu poder interior para mudar*. São Paulo, Summus, 1993].
ANDREAS, STEVE e ANDREAS, CONNIRAE. *Change Your Mind — And Keep the Change*. Utah, Real Press, 1987. [*Transformando-se... mais coisas que você ainda não sabe*. São Paulo, Summus, 1991.]
BANDLER, RICHARD e GRINDER, JOHN. *Frogs into Princes: Neuro-Linguistic Programming*. Utah. Real People Press. 1979. [*Sapos em príncipes. Programação Neurolingüística*. São Paulo, Summus, 1982.]
BANDLER, RICHARD e GRINDER, JOHN. *Reframing: The Transformation of Meaning*. Utah, Real People Press, 1982. [*Resignificando — Programação Neurolingüística e a Transformação do significado*. São Paulo, Summus, 1986.]
BANDLER, RICHARD. *Using Your Brain for a change*. Utah, Real People Press, 1987. [*Usando sua mente — As coisas que você ainda não sabe que não sabe*. São Paulo, Summus, 1987.]
CAMERON-BANDLER, LESLIE. *Solutions: Enhancing Love, Sex, and Relationships*. Utah, Real People Press, 1985. [*Soluções — Antídotos práticos para problemas sexuais e de relacionamento*. São Paulo, Summus, 1991.]
GRINDER, JOHN e BANDLER, RICHARD. *Trance-Formations: The Structure of Hypnosis*. Utah, Real People Press, 1981. [*Atravessando — Passagens em Psicoterapia*. São Paulo, Summus, 1984.]

Bibliografia de referência

A bibliografia a seguir inclui os livros de onde extraímos citações, e outros livros relacionados ao Eu Essencial.

BLY, ROBERT. *Iron John*. MA, Addison Wesley, 1990.
CARROLL, LEWIS. *Alice in Wonderland*. Nova York, Scholastic Inc., 1865.
CHOPRA, DEEPAK. *Unconditional Life*. Nova York, Bantam Books, 1991.
COVEY, STEPHEN R. *The 7 Habits Highly Effective People*. Nova York, Simon & Schuster, 1989.
ESTES, CLARISSA PINKOLA. *Women Who Run With the Wolves*. Nova York, Ballantine Books, 1992.
FRANKL, VIKTOR E. *Mans Search of Meaning*. Nova York, Simon & Schuster, 1959.
GIBRAN, KAHIL. *The Prophet*. Nova York, Alfred A. Knopf, 1923.
HANH, THICH NHAT. *Being Peace*. Berkeley, Parallax Press, 1987.
HESSE, HERMAN. *Damian*. P. Londres, Owen, 1958.

HOUSTON, JEAN. *The Search for the Beloved*. Los Angeles, Jeremy P. Tarcher, 1987.
HUANG, AL. *Embrace Tiger, Return to Mountain*. Utah, Real People Press, 1973.
The I Ching: Or Books of Changes. Princeton, Nova Jersey, Princeton University Press, 1950.
JAMPOLSKY, GERALD G. *Love is the Answer: Creating Positive Relationships*. Nova York, Bantam Books, 1990.
JAMPOLSKY, GERALD G.. *Teach Only Love: The Seven Principles of Attitundinal Healing*. Nova York, Bantam Books, 1983.
JOHN-ROGER. *The Power Within You*. Los Angeles, Mandeville Press, 1976.
JUNG, CARL. *Man and His Symbols*. Nova York, Bantam, 1964.
JUNG, CARL. *Memories, Dreams and Reflections*. Nova York, Random-Vantage, 1989.
The Juniper Tree and Other Tales from Grimm. Selecionado por Lore Segal e Maurice Sendak, traduzido por Lore Segal. Nova York, Farrar, Straus and Giroux, 1973.
JUSTER, NORTON. *The Phantom Tollbooth*. Nova York, Bullseye Books, Alfred A. Knopf, 1989.
MAY, ROLLO. *The Art of Counseling*. Nova York, Gardner Press, 1989.
MILLMAN, DAN. *Way of the Peaceful Warrior: A Book That Changes Lives*. Tiburon, California, HJ Kramer Inc., 1980.
MITCHELL, STEPHEN (ed). *The Enlightened Heart: An Anthology of Sacred Poetry*. Nova York. Harper & Row, 1989.
MITCHELL, STEPHEN. *Tao Te Ching*. Nova York, Harper & Row, 1988.
MOYERS, BILL. *Healing and the Mind*. Nova York, Doubleday, 1993.
PEACE PILGRIM. *Peace Pilgrim: Her Life and Work In Her Own Words*. Santa Fé. An Ocean Tree Book, 1982.
RINPOCHE, SOGYAL. *The Tibetan Book of Living and Dying*. Nova York. Harper Collins, 1992.
RUMI, JALAUDDIN. *Open Secret: Versions of Rumi*. Putney, Vermont, Threshold Books, 1984.
RUMI, JALAUDDIN. *RUMI: We are Three*. Athens, Georgia, Maypop Books, 1987.
SAINT-EXUPERY, ANTOINE. *The Little Prince*. Nova York, Harcourt, Brace, Javanovich, 1943.
SATIR, VIRGINIA. *Making Contact*. Berkeley, California, Celestial Arts, 1976.
SATIR, VIRGINIA. *The Nova Peoplemaking*. Mountain View, California, Science and Behavior Books Inc., 1988.
STEINEM, GLORIA. *Revolution From Within*. Boston, Little, Brown and Co., 1992.
ZUKAV, GARY. *The Seat of the Soul*. Nova York, Simon & Schuster, 1989.

Connirae Andreas, Ph.D., é uma famosa psicoterapeuta, cofundadora e organizadora da instituição de treinamento internacional NLP Comprehensive, fundada 1978. Ela e seu parceiro e marido Steve Andreas escreveram e publicaram vários livros no campo da Programação Neurolingüística (PNL) que foram traduzidos em muitos idiomas. Seu livro mais recente foi *Heart of the mind*. Connirae mora em Boulder, Colorado, nos Estados Unidos, com seu marido Steve e seus três filhos.

Tamara Andreas, M.M., organiza seminários de transformação e atende em seu consultório particular. Depois de aplicar o Processo de Transformação Essencial à sua própria vida, transformou-o no ponto básico de seus seminários, organizados em todo o território americano. É uma instrutora de PNL bastante procurada, ensinando nos níveis de *practitioner* (praticante) e *master practitioner* (mestre praticante). Organiza grupos para empresários, profissionais da área da saúde e da educação. É fundadora da NLP of Ohio, Inc., instituto de treinamento de PNL.

SBPNL é pioneira em Programação Neurolinguística no Brasil

Criada em 1981, a Sociedade Brasileira de Programação Neurolinguística foi a primeira empresa a trabalhar esta ciência no Brasil. Associada à American Society of Neurolinguistic Programming, tem o aval de qualidade dos criadores mundiais da PNL. Mantém intercâmbio de tecnologia com o Dynamic Learning Center (Robert Dilts e Todd Epstein), Grinder DeLozier & Associates (John Grinder) e NLP Comprehensive (Steve e Connirae Andreas).

A SBPNL é referência em PNL no país, tornando-se também um centro gerador e formador de novas ideias, estudos e pesquisas sobre PNL. Seus cursos vão desde a introdução à PNL até o seu aperfeiçoamento, como o Practitioner e o Master Practitioner.

Os cursos são ministrados por Gilberto Cury e pela equipe de instrutores da SBPNL, formados pelos principais nomes da PNL no mundo, como Richard Bandler, John Grinder e Robert Dilts. Todos com sólida formação e experiência. Também participam assistentes treinados pela SBPNL. Além de qualificados, passam por constante atualização.

Escrever para a SBPNL é a maneira de garantir a qualidade do treinamento recebido, além de obter o endosso de Richard Bandler, John Grinder e Steve Andreas.

Sociedade Brasileira de Neurolinguística
Rua Fernandes Borges, 120 – São Paulo/SP
Telefone: (11) 3887-4000
Internet: www.pnl.com.br
E-mail: pnl@pnl.com.br

www.gruposummus.com.br

IMPRESSO NA
sumago gráfica editorial ltda
rua itauna, 789   vila maria
02111-031   são paulo   sp
tel e fax 11 **2955 5636**
sumago@sumago.com.br